Ernst Pasqué

Auf den Spuren des französischen Volkslieds - Dichtung und Wahrheit

Ernst Pasqué

Auf den Spuren des französischen Volkslieds - Dichtung und Wahrheit

ISBN/EAN: 9783743421875

Hergestellt in Europa, USA, Kanada, Australien, Japan

Cover: Foto ©Thomas Meinert / pixelio.de

Manufactured and distributed by brebook publishing software (www.brebook.com)

Ernst Pasqué

Auf den Spuren des französischen Volkslieds - Dichtung und Wahrheit

AUF DEN SPUREN

DES

FRANZÖSISCHEN

VOLKSLIEDS

DICHTUNG UND WAHRHEIT

VON

ERNST PASQUÉ UND EDUARD VON BAMBERG.

FRANKFURT A/M.

LITERARISCHE ANSTALT

RÜTTEN & LOENING

1899.

Vorwort.

——•••——

Der Titel, welchen die Herren Verleger gewählt haben, entspricht den Rathschlägen Iherings: er tönt trefflich, ist aber etwas weit und allgemein. Man wolle »Volkslied« in dem doppelten Sinn von Chant und Chanson populaire auffassen, das Uebergewicht der letzteren Klasse aber aus dem in der französischen Literatur thatsächlich bestehenden Verhältniss erklären.

Dem Ursprung solcher allgemein verbreiteten Gesänge nachzugehen, gehörte zu den Lieblingsbeschäftigungen Ernst Pasqué's, und sobald er dabei auf etwas Menschliches oder Allzumenschliches stiess, rundete sich ihm auch alsbald eine Erzählung ab, welcher er pour bonne bouche Notizen über die weitere Geschichte von Text und Musik beigab. Da seine historischen Plaudereien und Erzählungen auch heute noch gern gelesen werden, erschien eine Sammlung dieser zerstreuten Arbeiten nicht unangemessen. Meine Arbeit begann damit, dass ich das rein Historische zu berichtigen und zu erweitern suchte, darauf gestaltete ich diese ganzen Partien um, und musste endlich der Gleichmässigkeit halber auch das Uebrige neu schreiben. Im Ganzen sind in den erzählenden Theilen Pasqué's Ideen beibehalten; bei den historischen Aufsätzen konnte ich indess nur einen kleinen Bruchtheil der ursprünglichen Fassung verwenden.

Wegen einiger — übrigens leicht ersichtlicher — Druck-fehler bitte ich um Nachsicht.

Frankfurt a. M.
October 1898.

B.

Inhalt.

— ◦◦◦ —

I.

Das Milchmädchen von Trianon.

(»Pauvre Jacques«, Romanze der Marquise von Travanet.)

1. Ein Besuch in „Petit Trianon".

Versailles mit seinen Gärten, Wasserkünsten und den beiden Trianon ist als Schauplatz weltgeschichtlicher Ereignisse, phantastischer Feste und pikanter Scenen aus den Zeiten des »Roi soleil« und seiner Nachfolger für den Fremden von ausserordentlichem Reiz, besonders hat sich aber um »Petit Trianon«, das mit seinem »Hameau« fünfzehn Jahre (1774—1789) der Lieblingsaufenthalt der unglücklichen Königin Marie Antoinette war, ein Sagenkreis gewoben, der einen geheimnissvollen Zauber ausübt.

Als ich im Sommer 1880 das letzte Mal in Paris weilte, verbrachte ich mehrere Tage in diesem kleinen Paradies, das in liberalster Weise täglich geöffnet war und doch so gut wie nicht besucht wurde. Für mich war dieser Umstand indess sehr nützlich, denn ungestört durfte ich meinen Träumen nachhängen, ja es gelang mir sogar, den rothhosigen Troupier im Wächterhäuschen durch freundliche Worte und einige Regiccigarren zu bewegen, dass er mit mir die verbotenen Bauten des arkadischen Dörfchens durchwanderte. In der Mühle setzte er das Rad in Schwung, und es sang sein melancholisches Klippklapp wie damals, als Ludwig XVI. das Müllerhandwerk hier betrieb; in der Laiterie stand die weisse Marmortafel, auf welcher Marie Antoinette ihren Gästen die Milch auftischte, ich sah die Futterspeicher, zu denen man auf Mahagonileitern hinanstieg, die Wirthschaftsräume, in denen man mit Bläueln von Ebenholz die Wäsche schlug und die

1

Schäfchen mit goldenen Scheeren schor. Auch das Schulhaus in-
spicirte ich, in welchem der junge Graf von Provence (später
Ludwig XVIII) den Bakel schwang, während sein Bruder, der
Graf von Artois (später Karl X.) als Flurschütz in dem jetzigen
Wächterhäuschen residirte; dann kam die Wohnung des Bailly an
die Reihe, den meist der gewandte Graf d'Adhémar vorstellte,
der Marlboroughthurm, das Pfarrhaus und endlich das schönste und
grösste Gebäude des Dörfchens, die Wohnstätte der königlichen
Pächterin mit ihren Lauben und Gängen.

Als sich mein freundlicher Führer verabschiedet hatte, warf
ich mich am Ufer des kleinen Sees auf den Rasen nieder und
versenkte mich in die alten Zeiten. Soweit mein Auge drang,
auf den grünen Auen, in den besonnten Baumgruppen, dem lau-
schigen Wäldchen, tiefe Stille; der See lag wie ein glitzernder
Spiegel da, und die Häuschen am Ufer beschauten sich lächelnd
darin mit ihren bunten Farben. Da erblickte ich die jugendschöne
Königin in ihrem weissen Kattunkleid mit dem gekreuzten Flor-
halstuch und dem breitrandigen Strohhut; bald ein Chanson, bald
ein Liedchen ihrer Heimath trällernd, durchstreifte sie ihr Arkadien.
Vom Pachthof ging es zur Melkerei, dann klang es »Madame à
sa tour monte, Mironton, ton, ton, mirontaine!«, und eilends flog
sie die Wendeltreppe des Marlboroughthurmes hinan; ich sah sie
im gewohnten Kreise ihres engeren Hofstaates, dann wieder im
glänzenden Treiben der Feste — am Ende kamen trübe, es kamen
entsetzliche Bilder. Doch still davon; nur von einem Idyll aus
ihren sonnigen Tagen will ich erzählen.

2. Das Dörfchen der Königin. (1780.)

Im Jahre 1774 starb Ludwig XV. und sein Enkel bestieg
als Ludwig XVI. den Thron Frankreichs. Als Angebinde schenkte
er seiner jungen, damals neunzehnjährigen Gemahlin das Schlösschen »Petit Trianon« mit seinen Gärten, und dankbar nahm die
lebensfrohe Königin die Gabe an, jedoch mit der halb im Ernst,
halb im Scherz gestellten Bedingung, dass der König nur auf besondere Einladung auf dem Landsitze erscheinen dürfe. Nun begann sie Schlösschen und Garten, die ihr sofort ans Herz wuchsen,
nach ihrem Geschmack und ihren Neigungen umzuwandeln und

zu verschönern. Jedem Zwange abhold, war sie auch eine Gegnerin
der steifen altfranzösischen Gartenkunst Le Nôtre's, und während
der Architekt Micque das Schlösschen, das kleine Theater und die
verschiedenen Pavillons umbaute und einrichtete, zeichneten der
Architekt Leroy und der Maler Hubert Robert nach ihrer
Anordnung den neuen englischen Garten mit seinen Wiesen und
Wäldchen, seinen natürlichen Felspartieen, Grotten und Wasser-
fällen, seinem Bächlein, dem See und dem kleinen zierlichen Dörfchen. Es dauerte mehrere Jahre, bis diese Arbeiten unter Leitung
der genannten Künstler ausgeführt waren, und erst 1781, beim Be-
suche Josephs II., fand die eigentliche Einweihung dieser eigensten
Schöpfung der Königin statt.

Nun begann sie auch die ländlichen Maskeraden zu veran-
stalten, an welchen ausser dem König und seinen Geschwistern, dem
Grafen von Provence und von Artois sowie Madame Elisabeth,
nur noch wenige Damen und ältere Herren Theil nahmen, unter
denen der Baron von Besenval, die Grafen d'Adhémar und
Vaudreuil die bevorzugtesten waren. Das Dörfchen erhielt erst
gegen 1783 seine volle Ausdehnung; die ersten ländlichen Bau-
werke waren die Meierei und die Milchkammer mit dem marmor-
gepflasterten Stall, welche dem Bedürfniss der Königin nach frischer
süsser Milch ihr Dasein verdankten. Das malerische Aeussere und
die kokette Ausstattung machten ihr viel Freude; sodann liess sie
sich im Canton »Fribourg« zwei prächtige Schweizerkühe kaufen,
und als diese kaum in ihrem Prachtstalle heimisch geworden
waren, wurde eine frische hübsche Dirne Namens Emmi von
ebendaher zur Pflege verschrieben. Das Mädchen sah in der
nationalen Bauerntracht mit dem weissen, bauschigen Linnenhemd
und dem schwarzen, kettengezierten Mieder allerliebst aus, der
flache, stets mit Blumen ausgeputzte Strohhut hob das rothwangige
Gesichtchen mit den grossen braunen Augen vortheilhaft hervor,
und die beiden braunen, bis weit unter die Taille hängenden Zöpfe,
über welche man zuerst gelächelt hatte, wurden für die hoch-
toupirten und gepuderten Hofdamen bald ein Gegenstand neidischer
Bewunderung. Natürlich war der Eindruck der hübschen Emmi
auf die Herren noch lebhafter, doch hatte sie anscheinend nichts
zu fürchten, denn wie gesagt, zur Société intime waren nur
ältere Cavaliere herangezogen.

Graf d'Adhémar, der auf dem Privattheater der Königin die
Liebhaberrollen spielte — den Schäfer Collin im »Dorfwahrsager«
von J. J. Rousseau, den Graf Almaviva in Beaumarchais' »Barbier
von Sevilla« — war zum Beispiel ein Sechziger; seine Stimme
zitterte beim Declamiren oft so bedenklich, dass die Königin als
Colette und Rosine auf der Scene in helles Gelächter ausbrach.
Von den Brüdern des Königs schien der zweiundzwanzigjährige Graf
von Provence viel zu ernst beanlagt, um sich in Amouren einzulassen; der Graf Artois allerdings, ein lebensfroher, zu allen galanten Abenteuern aufgelegter Zwanziger, konnte einem jungen
Mädchen gefährlich werden, doch setzten ihm Rang und Ort na-
türliche Schranken, welche er nicht zu überschreiten wagen konnte.
Desto eifriger bemühte er sich bald im Geheimen um die schöne
Schweizerin, und siehe da, noch heimlicher folgte ihm kraft seines
Rollenfaches und seiner Lebenserfahrungen der alte Graf d'Adhémar
nach, denn wenn jener unter vier Augen den feurigen Bewunderer
spielte, so warb dieser in der Stille unter der Maske des väterlichen Freundes. Ihrerseits begann die kleine Emmi das Amt als
königliche Kuhhirtin und Milchmädchen mit der vollen Unbefangen-
heit eines fröhlichen Kindes der Schweizer Berge; zum grössten
Vergnügen der Königin und ihrer Gesellschaft erklang den ganzen
Tag ihre helle Stimme, wo sie sich auch immer befand, und bald
sang sie französische, bald deutsche Liedchen, jodelte bald einen
Ranz-des-vaches, bald einen Kuhreigen. Nur zu bald änderte
sich das indess; sie wurde stiller und stiller, und endlich verstummte sie ganz, während die Rosenwangen sichtlich zu er-
bleichen begannen. Eines Tages überraschte sie die Königin sogar
in Thränen, und auf die Frage nach der Ursache der plötzlichen
Wandlung floh sie, ohne eine Silbe herauszubringen, zu ihren
Kühen auf der duftenden Weide.

»Sie hat Heimweh«, sagte Marie Antoinette sinnend vor sich
hin und dachte dabei an ihr liebes Oesterreich. »Nur das kann
die Ursache ihrer Traurigkeit sein, denn es fehlt ihr doch an nichts.
Wird vorübergehen! Ich musste ja sogar mit fünfzehn Jahren von
dem schönen Wien fort, und sie ist älter und kommt aus einem
armen Dörfchen — es wird vorübergehen!« Es ging jedoch nicht
vorüber; das »Heimweh« wurde sogar täglich schlimmer und Emmi
liess ihren Thränen freien Lauf, ob nun Zeugen zugegen waren

oder nicht. Jetzt versuchte man von allen Seiten das arme Kind
zu trösten, von dem sich die Königin durchaus nicht trennen wollte,
und die beiden Liebhaber fanden eine herrliche Gelegenheit, sich
zu nähern. Am Tage weilte Emmi mit Vorliebe auf den einsamen,
zwischen Baummassen und Gebüsch versteckten Rasenflächen des
Parkes, die sie als Weideplätze für ihre Kühe benutzte; aber
auch Abends trennte sie sich nicht von ihren Pflegebefohlenen,
sondern sass — bis spät in die Nacht hinein — im Stalle —
sinnend und weinend. Auf diesen Umstand bauten die beiden
Bewerber ihren Plan. Glaubte sich das Mädchen in der Wald-
einsamkeit allein, dann trat plötzlich der hübsche Graf von Artois
keck zwischen den Bäumen hervor und raunte ihr in feurigen
Worten zu, wie man das böse Heimweh am sichersten durch ein
süsses Herzeleid vertreiben könne. Wohl machte Emmi bei seiner
unerwarteten Ankunft grosse Augen, aber sie floh nicht, bangte
nicht, hörte die schönen Reden ruhig an und erwiderte kein
Sterbenswörtchen. Wenn der Prinz aber endlich auf Antwort
drang, dann schaute sie ihn mit ihren grossen Augen so traurig
an, dass er sich nicht darüber täuschen konnte, wie wenig Eindruck seine Worte gemacht hatten.

Weit glücklicher war der alte Graf d'Adhémar, der nicht
umsonst den Ruf eines geistvollen Roués und vorzüglichen Schau-
spielers genoss. Er wählte sich für seine Schäferstunden den Abend
und die Milchkammer, wenn es sein musste, auch den Stall. Er
redete dem trostlosen Mädchen väterlich zu, fasste ihre Hand,
drückte ihr Köpfchen an seine Brust, und Emmi fasste Zutrauen,
weinte sich aus und gelangte am Ende sogar dazu, das Geheimniss
ihres Herzens zu offenbaren. Das war an einem Abend im Stalle
mit dem weissen Marmorboden und der marmornen Krippe. Graf
d'Adhémar hatte sich auf dem dreibeinigen Mahagonischemel niedergelassen, der zwischen den beiden Kühen stand und gewöhnlich der
Melkerin bei ihrem Geschäfte diente; neben ihm kauerte Emmi,
stützte den Arm mit dem Köpfchen auf die lebhaft zitternden Kniee
des alten Herrn und erzählte ihm, häufig von Thränen unterbrochen,
ihr Herzeleid. Heimweh habe sie freilich, aber weniger nach ihrem
Lande, als ihrem — Jakob, dem pauvre Jacques, den sie mehr
als ihr Leben liebe, der ohne sie sterben werde, wie sie ohne ihn
nicht leben könne.

Es war eine einfache, alltägliche Geschichte, aber so frisch
und duftig, wie eine Gessner'sche Idylle oder eine Erzählung
Florian's, von dem die Königin sagte, es wäre ihr beim Lesen zu
Sinne, als ob sie eine köstliche Milchsuppe verspeise. Emmi hatte
früher die Kühe eines Bauern gehütet, während Jakob die dörf-
liche Ziegenheerde führte; auf den Weideplätzen lernten sich die
Kinder kennen und spielten so lange mit einander, bis sie sich
liebten. Hätte Emmi gewusst, welch Herzeleid ihr die Trennung
bringen würde, sie hätte nimmer ihre Berge verlassen, und wenn
der Weg nach Versailles mit Gold gepflastert gewesen wäre.
Denn trotzdem sie nun in Hülle und Fülle lebte, freute sie nichts
mehr, sie weinte vom Morgen bis zum Abend, der Sonnenschein
verursachte ihr Qual, im Waldesschatten fand sie keine Ruhe, im
Traume drückte ihr die Sehnsucht das Herz ab — »und so werde
ich wohl nur noch im Grabe Ruhe finden«, schloss sie unter er-
neutem Schluchzen.

Graf d'Adhémar, der sich von seiner Enttäuschung allgemach
erholt hatte und schliesslich von dem naiven Vertrauen des tief-
bewegten Kindes seltsam ergriffen war, wollte nun die Tröstung
beginnen und hätte gewiss auch die rechten Worte und den Weg
zum Herzen gefunden, als er in seiner Nähe ein Geräusch vernahm, welches unmöglich von den beiden königlichen Schweizer-
kühen herrühren konnte. Als er aufschaute, wäre er bald von
seinem Mahagonimelkstuhl herabgesunken, denn vor ihm stand
Marie Antoinette und vor der geöffneten Stallthür die ganze Hof-
gesellschaft. Wie war das zugegangen?

3. Das Lied der Marquise von Travanet.

Die Königin hatte an diesem Abend eine musikalische Unterhaltung angeordnet, und unter anderen Damen auch die Marquise
von Travanet geladen, die nicht allein vortrefflich Clavier spielte
und sang, sondern auch hübsche Lieder dichtete und componirte
— in der melodisch sentimentalen Weise Monsigny's und Gretry's.
Das kleine Concert fand in einem Musikpavillon statt, dessen
offene Thüren nach dem Park gingen, und da es gestattet war,
den Productionen auch draussen unter den Bäumen zu lauschen,

so fand Graf d'Adhémar bald Gelegenheit, sich zu der kleinen Schweizerin hinwegzustehlen.

Unglücklicherweise kam auch der junge Graf von Artois auf denselben Gedanken, indem er den Erfolg, den er auf der Wiese verfehlt hatte, im Stalle nachzuholen hoffte. Wiewohl er nun im ersten Augenblick sprachlos war, als er, nach der Schönen durch das bleigefasste Stallfenster ausschauend, den glücklicheren Rivalen entdeckte, löste sich Aerger und Neid doch alsobald in ein fröhliches Lachen auf, so originell war die Gruppe, welche das ungleiche Paar im Verein mit den königlichen Wiederkäuern bildete. Eiligst kehrte er nach dem Musikpavillon zurück und theilte der Königin geheimnissvoll, aber dringendst mit, dass sie den wahren Grund von Emmi's Schwermuth erfahren könne, wenn sie ihm nach der Meierei folgen wolle. Marie Antoinette war in ihrem lebhaften Interesse für das junge Mädchen sofort von der Partie; das Concert wurde unterbrochen, und die ganze Gesellschaft folgte dem Grafen, um unbemerkt Zeuge des Stallidylls zu werden. Als man durch die halb offene Thür den alten Amoroso erblickte, war die Entrüstung allgemein, aber die Erzählung Emmi's, von welcher kein Wort verloren ging, brachte rasch eine andere Stimmung hervor. Die Königin sah, dass das Mädchen keine Schuld traf und der Graf Lob verdiente; Thränen glänzten in ihrem Auge, als sich das Herzweh der Kleinen in so tiefen Naturlauten offenbarte.

Als nun die Königin nach Schluss der Erzählung vortrat, war der Schreck des alten Grafen momentan zwar ein ganz gewaltiger, aber nachdem er der lächelnden Miene des Grafen von Artois gegenüber das thränenfeuchte Auge der Königin bemerkt hatte, machte er sich ebenso rasch zum Herrn der Situation. Noch bevor Letztere ein Wort hervorbrachte, hatte er sich schon erhoben und ihr Emmi entgegengeführt; auf einen vielsagenden Händedruck sank das Mädchen vor ihrer Herrin in die Kniee, und mit vollendeter schauspielerischer Routine begann der edle Beschützer seine Standrede. »Der Zustand Emmi's rührte mich,« führte er aus; »ich suchte ihr Vertrauen zu gewinnen, um ihr helfen zu können, und so hat sie mir wie einem Vater gebeichtet, dass die Liebe zu ihrem armen Jakob im Heimathlande den Grund ihres Kummers bildet. Unsere angebetete Königin«, schloss er

mit einem schelmischen Seitenblick auf den jungen Nebenbuhler,
in dessen Angesicht das Lächeln zusehends verschwand, »unsere
angebetete Königin wird, davon sind wir überzeugt, nur dieses
Geständnisses bedürfen, um ihrer treuen Magd ihren pauvre Jacques
zurückzugeben.«

»Ich danke Ihnen, lieber Graf«, entgegnete Marie Antoinette
mit huldvollem Lächeln, das Mädchen zu sich heraufziehend, »ich
danke Ihnen, dass wir durch Ihre geschickte Fürsorge endlich
die Ursache des Uebels gefunden haben. Und Ihre Hoffnung soll
nicht betrogen werden, was zur Heilung unserer lieben Patientin
nöthig ist, das will ich aufbieten.« Wiederum wollte Emmi,
der Königin zu Füssen sinken, diese entzog sich aber dem Dank,
indem sie mit freundlichem Lächeln von ihr Abschied nahm und
das Zeichen zum Aufbruch gab. »Diese glückliche Wendung ihres
Schicksals hat meine Schutzbefohlene im Grunde wohl nur Ihnen zu
danken, Monseigneur,« sagte Graf d'Adhémar auf dem Wege zum
Grafen von Artois, indem er ihm eine verbindliche Verbeugung machte.
»Dafür wird Ihnen die noch ehrenvollere Aufgabe zufallen,« erwiderte dieser, »den pauvre Jacques in die Arme seiner Geliebten
zu führen und den Stall zum Brautgemach auszuschmücken.« Der
beissende Ton und spöttische Blick zeigte, dass Graf Artois unfähig war, seinen Aerger über die verfehlte Rache zu verbergen;
ohne den Sieger eines Weiteren zu würdigen, eilte er davon und
schloss sich der nächsten Umgebung der Königin an. Diese kehrte
nicht nach dem Musikpavillon zurück, da die Stunde des Soupers
bereits herangekommen war; man wandte sich nach dem Schlösschen,
aber während der Tafel blieb die kleine Emmi und der arme Jakob
der ständige Stoff der belebten Unterhaltung. »Pauvre Jacques«
klang es hier mit sentimentalem Ausdruck, dort mit leichter Ironie;
nur die sonst so lebhafte Marquise von Travanet schien auffallend
theilnahmlos und mit anderen Gedanken beschäftigt. Als die
Königin diesem Widerspruch Worte gab, erklärte die Marquise
indess, das Schicksal der armen Emmi habe sie im Gegentheil
so stark berührt, dass sie bereits ihre Empfindungen in Verse
gebracht und auch die Melodie dazu gefunden habe; wenn die
Majestät gestatte, wolle sie gleich ihre Improvisation vom pauvre
Jacques zum Vortrag bringen. Sofort hob die Königin die Tafel
auf und schritt in den Musiksalon voran; die Marquise setzte sich

an das Clavecin — es ist heute noch vorhanden — und unter lautloser Stille wurde das Liedchen vom armen Jakob zur Welt geboren. Die Zuhörer waren von Text wie Melodie so gerührt, dass
die Autorin den Vortrag mehrmals wiederholen musste, und als
man endlich aufbrach, ertönte von allen Seiten die rührende Weise
des Refrains:

> »Pauvre Jacques, quand j'étais près de toi,
> Je ne sentais pas ma misère;
> Mais à présent que tu vis loin de moi,
> Je manque de tout sur la terre.«

Die Damen des Hofes brachten das Liedchen nach Versailles,
von dort wanderte es nach Paris, verbreitete sich rasch durch
ganz Frankreich und wurde zu einer Lieblingsromanze. Und das
mit Recht, denn die eigenartige empfindsame Färbung jener ersten
Epoche Marie Antoinette's wird durch Text und Melodie ohne
Zweifel treffend charakterisirt.

4. Der glückliche Jakob und ein deutsches Lied.

Während nun »Pauvre Jacques« mit Vorliebe gesungen
wurde, arbeitete Marie Antoinette eifrig an Erfüllung ihres Emmi
gegebenen Versprechens. Der französische Agent in der Schweiz,
der Kühe und Milchmädchen besorgt hatte, erhielt den Auftrag,
so rasch wie möglich nun auch den Ziegenhirten nach Trianon zu
expediren. Doch Enttäuschung und Schrecken! Besagter Jakob
war aus seinem Dörfchen spurlos verschwunden, und zum Höchsten
gab man der Vermuthung Ausdruck, dass er denselben Weg ein-
geschlagen haben werde, den vorher die Kühe und die Hirtin genommen hätten. Der Königin schien dies nicht unwahrscheinlich,
dennoch war sie nicht ohne Besorgniss, denn der Weg von Frei-
burg nach Paris war für einen Fussgänger recht langwierig, unterwegs konnte er allerlei Gefahren erliegen und selbst wenn er
glücklich in Paris ankam, seinen Zweck verfehlen, da ihm Niemand zu verrathen vermochte, dass sich seine Emmi in der
Meierei von Versailles in Sehnsucht nach ihm verzehrte. Nur eine
Hoffnung leuchtete, von der ein deutsches Volksliedchen singt:

»Die Liebe hat Flügel | Ueber Ströme und Seen,
Und Zaubergewalt, | Ueber Abgrund und Steg,
Sie fliegt über Hügel | Ueber Felsen und Höh'n
Und Berge und Wald. | Findet Liebe den Weg.«

So vergingen Wochen; Marie Antoinette zog mit dem König und dem ganzen Hof nach Marly. Als sie wieder in ihrem Paradiese zu längerem Aufenthalt einkehren durfte und den ersten Morgenspaziergang nach der Meierei machte, war sie nicht wenig überrascht, schon aus der Ferne die lang entbehrte Stimme zu vernehmen, und beinahe klang sie wieder so wie in den Tagen, als Emmi ihren glücklichen Einzug in Trianon gehalten hatte. Doch jetzt — eine neue Ueberraschung! — setzte eine zweite, eine männliche Stimme ein, und der Zwiegesang erklang so hell und frisch, wie er nur der Brust zweier glücklichen Menschen zu entquellen vermag. Die Königin beflügelte ihren Schritt, und als sie die Milchkammer betrat, da warfen sich ihr zwei Liebende mit freudigem Rufe und Thränen der Dankbarkeit zu Füssen. Der arme Jakob hatte, von der Liebe geleitet, ganz allein den Weg zu seinem Engel gefunden, und wenn die Marquise von Travanet jetzt ein Lied auf ihn gesungen haben würde, so hätte es nur »der glückliche Jakob« heissen können.

Marie Antoinette vermählte das junge Paar, stattete es reichlich aus und wies ihm die grössere Meierei als Wohnung an. Die Hochzeit wurde als ein ländliches Fest von der Königin und ihrem intimen Hofstaat gefeiert, und die beiden ehemaligen Rivalen um die Gunst der Braut, Graf Artois und Graf d'Adhémar, nahmen den fröhlichsten Antheil an der Maskerade, welche sich seitdem mit vertheilten Rollen und entsprechender Costümirung oft wiederholte und dem Phantasiedörfchen der Königin erst seine volle Bedeutung und das rechte Leben lieh. Das junge Paar erfreute sich freilich nur wenige Jahre dieses idealen Bauerndaseins; die Zeiten wurden bald ernster und die Idylle verstummte. Reichbeschenkt entliess die Königin ihre Schützlinge, die in die Schweizerberge zurückkehrten, aber wohl oft genug in der Erinnerung das schöne Märchen von Petit Trianon wieder durchlebten.

5. Weitere Schicksale des Liedes.

»Pauvre Jacques« sollte bis auf unsere Tage sein Leben fristen und noch mancherlei Schicksale erfahren, fröhliche und ernste. Zuerst wanderte er nach England. In einem Intermezzo, das 1788 in London unter dem Titel »die Launen eines Augenblicks« von dem Verfasser, dem Schauspieler Dibdin, vorgetragen wurde, erregte das Lied »Poor Jack«[1] solches Aufsehen, dass in wenigen Wochen 17,000 Exemplare davon verkauft waren. Man hat zwar auch versucht, das Lied der Marquise von Travanet als eine Nachahmung des »Poor Jack« hinzustellen, da jenes aber vor 1781 erschien, so ist darüber nicht zu sprechen.

Eine traurige Verwendung fand hierauf die Melodie unseres Liedchens, als man 1793 nach ihr eine rührende »Complainte« auf den Tod des unglücklichen Königs sang[2]. In neun Strophen wurden die Tugenden Ludwigs hergezählt, der weder Schmeichler gehört noch Maitressen gehalten habe, den das französische Volk schon Vater genannt hätte, ehe er noch König gewesen sei, während dessen zwanzigjähriger Regierung weniger Bürger getödtet worden wären wie jetzt an einem Tage. Man sieht, dass es auch in der Schreckenszeit noch gute Royalisten gab; laut gesungen haben sie aber ohne Zweifel nicht.

Als die blutigen Wogen der Revolution verlaufen waren, erinnerte man sich sogar des Ursprunges des Liedchens, und zwei Vaudevillisten, Sewrin und Chazel, brachten die Geschichte der schönen Schweizerin unter dem Titel »Pauvre Jacques« auf die Bühne. Das Stück wurde oft mit Beifall gegeben und wanderte sodann, wie manches andere französische Werk nach Wien, um dort als deutsche Oper neu aufzuleben. Der fruchtbare Dichter J. F. Castelli schrieb »frey nach dem Französischen« »die Schweizerfamilie, lyrische Oper in drey Aufzügen«, Joseph Weigl, der damalige »Operndirector und Capellmeister des k. k. Hoftheaters« setzte die Musik, und am 14. December 1809 fand in Wien die erste Aufführung statt. Die Oper machte die Runde über alle deutschen Bühnen und versetzte das Publikum in Ent-

---

[1] Die Umwandlung des Jacques in Jack ist lediglich dem Gleichklang zuliebe erfolgt.

[2] cf. Almanach des gens de bien von Montjoye.

zücken, besonders nachdem die Schröder-Devrient die Emmeline
zu ungeahnter Wirkung gebracht hatte. Die Melodien wurden
so volksthümlich, wie »Pauvre Jacques« in Frankreich gewesen
war; »Setz dich liebe Emmeline«, »Wer hörte wohl jemals mich
klagen?«, »Ach, wie herrlich ist der Morgen!«, »Nur in dem
Land, wo wir geboren« waren Stücke, deren sich unsere Väter
mit Freude erinnerten. Nur die Romanze vom »Pauvre Jacques«
enthielt die Weigl'sche Oper nicht, doch sollte auch sie der
Schweizerfamilie nicht erspart bleiben.

Wie die letzte Königin von Frankreich, war die zweite Gemahlin des ersten Kaisers eine österreichische Erzherzogin, und
nur der Glanz des Hofes wie der Ruhm ihres Gemahls mochte
Marie Louise, welche noch nicht zwei Decennien nach dem gewaltsamen Tod ihrer Grosstante in Paris erschien, die Vergangenheit
mit einem dichten Schleier verhüllen; sie war heiter und lebens-
froh wie Marie Antoinette, liebte Oper und Theater, die in ihrer
Heimath eine so bevorzugte Stellung einnahmen. Jetzt wünschte
sie, die Pariser mit den gefühlvollen Gesängen der Schweizerfamilie bekannt zu machen, und Sewrin und Chazel — Letzterer
nunmehr kaiserlicher Hofpoet — übersetzten ihr von Castelli um-
gedichtetes Werk ins Französische zurück, wobei sie indess nicht
vergassen, die noch immer beliebte Romanze der Marquise von
Travanet wieder in die Handlung einzuflechten. In dieser neuen
Form wurde Weigl's Oper am 31. October 1812 zum ersten Mal
in der Pariser komischen Oper aufgeführt, da aber am 11. Februar
1797 auf derselben Bühne die Première der ersten für Paris ge-
schriebenen Oper Boieldieu's »la famille suisse« stattgefunden
hatte, musste sie es sich wohl oder übel gefallen lassen, dass sie
zum Unterschied in »La vallée suisse« umgetauft wurde.¹) Wie
Marie Antoinette Gluck in Paris gehalten hatte, so poussirte
Marie Louise ihren Weigl, auf die Dauer konnte sich sein Werk
aber nicht behaupten. Der Waffenlärm hielt in Frankreich die

¹) Boieldieu's einaktige »Famille suisse« hat in der Handlung nicht das
Mindeste mit der »Schweizerfamilie« gemein, ebensowenig wie das kleine Comédie-
Vaudeville »Pauvre Jacques« mit ihr oder dem Lied der Marquise von Travanet
zusammenhängt. In den 40er Jahren erlebte dasselbe mit Bouffé in der Titelrolle im Gymnase einen grossen Erfolg und zahlreiche Wiederholungen, ist in.
dess nur eine französische Bearbeitung des »Armen Poëten« von Kotzebue.

Empfindsamkeit nieder, heroische Klänge übertönten die gefühlvollen Melodien; Spontini hatte bereits seine »Vestalin« und seinen »Cortez« gesungen, Boieldieu's »Johann von Paris« war eine gefährliche Concurrenz und auch die Erinnerung an das alte Vaudeville schwächte die Wirkung.

Als indess friedlichere Zeiten wiederkehrten und die Idylle neue Beachtung fand, arbeitete Sewrin das Buch der »Vallée suisse« nochmals um, und als »Emmeline ou la famille suisse« hielt Weigl's Oper am 6. Februar 1827 im Odeontheater ihren Einzug. Bedeutend war der Erfolg auch diesmal nicht, dagegen machte eine gastirende deutsche Oper drei Jahre darauf mit dem Original Weigl's in demselben Theater geradezu Furore, wobei freilich nicht ausser Acht gelassen werden darf, dass die Darstellerin der Emmeline Wilhelmine Schroeder-Devrient hiess. Uebrigens gab es damals auch noch eine französisch-englische Emmeline; Planard hatte den Stoff neu bearbeitet und nach England verlegt, Herold die Musik geschrieben, aber die erste Aufführung in der Pariser komischen Oper (28. November 1829) machte vollständig Fiasko. [1])

Zum sechsten Male lebte das Lied der Marquise von Travanet sammt der zu Grunde liegenden Anekdote etwa dreissig Jahre später in einem kleinen Bühnenstückchen auf, das indess nur einem auserwählten Publikum vorgeführt wurde. Als Rossini am 18. December 1858 in seiner Villa in Passy-Paris ein Fest veranstaltete, wurde auch »La laitière de Trianon« gegeben, Text von d'Onquaire, Musik von Weckerlin, einem Deutschelsässer, der sich besonders um die ältere musikalische Literatur grosse Verdienste erworben hat. Die Idylle wurde von Mlle. Mira als Milchmädchen, und Mr. Biéval als armen Jakob gesungen, scheint auch unter Rossini's Auspicien gefallen zu haben und erschien bei dem Pariser Verleger Heugel in Druck. Das war das letzte Mal, dass die schöne Schweizerin sich auf der Bühne zeigte: ob aber damit die Geschichte des Liedchens der Marquise von Travanet zu Ende ist, wer will es sagen?

---

[1]) Dafür revanchirte sich Herold zwei Jahre später mit seinem »Zampa«.

6. Einige Blätter aus der Chronik von Trianon.

Es ist bekannt, wie sorglos L u d w i g XVI. seinem Verhäng-
niss entgegenging, Marie Antoinette dagegen nicht ohne bange
Ahnung die Revolution herannahen sah. Während der König sich auf
der Pürschjagd im Walde von Meudon befand, flüchtete sie nach
ihrem geliebten Trianon, mutterseelenallein schritt sie durch alle
Gemächer, besuchte all ihre Lieblingsplätze im Garten, Park und
Dörfchen und weinte dem reichen Glück, welches sie hier genossen
hatte, die bittersten Thränen nach. Es war gewiss nicht das
Bitterste, was sie zu durchleben hatte, aber vielleicht hat sie ihr
Unglück nie so bitter empfunden als an diesem 5. October, wo
sie sich des Königsprunkes entäusserte und in die Einsamkeit ging,
um für alle Fälle vom Leben Abschied zu nehmen. Gegen Abend
sass sie noch lange in der Grotte — da wurde ihr ein Brief des
Marquis von Saint Priest überbracht, der sie beschwor, ins Schloss
zurückzukehren, da Paris gegen Versailles anmarschire. Gewaltsam ermannte sie sich und folgte dem Rathe, um Trianon nie
wiederzusehen — es war der Anfang vom Ende!

Die Revolution verschonte die beiden Trianon, und Napoleon,
der sie, besonders das grössere, neu hergerichtet hatte, setzte seine
Schwester, die Prinzessin Pauline Borghese, zur Herrin von Petit
Trianon ein — nach der königlichen Märtyrerin Canova's Frau
Venus! Am Tage seiner Trennung von Josephine (16. Dec. 1809)
suchte der Kaiser diese idyllische Einsamkeit auf, im Sommer des
folgenden Jahres zeigte er sie seiner neuen Kaiserin. Man sollte
wohl glauben, dass die österreichische Erzherzogin mit sonderbaren
Gefühlen hier weilen musste, wo jedes Plätzchen an ihre unglückliche Vorgängerin auf dem Throne erinnerte; aber wer glücklich ist, spottet aller Vorbedeutungen. Marie Louise kehrte oft
nach Trianon zurück, und nach der Geburt des Königs von Rom
wurde ihr Namenstag daselbst durch ein prunkvolles Fest gefeiert,
bei welchem das Dörfchen das Bild einer flämischen Kirmess nach
Motiven des jüngeren Teniers zeigte. Wenige Jahre, und
das Kaiserglück war zu Ende! Ganz zuletzt kam Napoleon
noch einmal mit Petit Trianon in Berührung, indem er die dort
aufgestellte auserlesene Bibliothek von 2200 Bänden nach St. Helena
mitzunehmen wünschte; das Verlangen wurde ihm auch bewilligt,

kam aber nicht zur Erfüllung, da sich merkwürdigerweise plündernde Preussen an diesen Kostbarkeiten vergriffen — die Chronik sagt »hatten«, wir dürfen dasselbe aber wohl in ein »haben sollten« verändern.

Und nun ein anderes Bild. In der Frühe des 31. Juli 1830 langen zwei Wagen von St. Cloud in Petit Trianon an; sie bergen Karl X., die Herzogin von Berry mit ihren Kindern, sowie den Herzog Armand und den Fürsten Jules von Polignac. Die Revolution ist vorüber, und auf der Flucht sieht der König die Stätte wieder, wo er einst als Graf von Artois an der Seite der schönen Herzogin von Polignac, der Mutter seines Unglücksministers, die heitersten Stunden seines Lebens verbracht hatte. Die Schatten des Königspaars, das sie in der Stunde der Gefahr verlassen hatten, mochten ihm wie seinem königlichen Bruder den Aufenthalt in Trianon während ihrer Regierungszeit verleidet haben; jetzt führt ihn das Unglück zu der so bedeutsamen Stätte, dann geht es weiter nach Rambouillet und ins Exil nach England.

Ludwig Philipp that viel für die beiden Trianon und Napoleon III. erst recht. Gelegentlich der grossen Weltausstellung von 1867 wurden die Möbel, die sich einst im Schlösschen befunden hatten, wieder zusammengesucht und alles möglichst wieder hergestellt, auch das Dörfchen in den Zustand zurückversetzt, den es zu Zeiten Marie Antoinette's gehabt hatte. Das kann man heute noch sehen und bewundern; Napoleon aber ging auf noch dornenvollerem Pfade demselben Ziele zu, wie sein Vorgänger Karl X. Das märchenduftige Trianon ist ein beredter Zeuge dafür, dass auch Königsthronen das Unglück nicht erspart bleibt.

II.

Der Troubadour der Königin.

(»Un jeune Troubadour«, Romanze von d'Alvimare.)

1. Auf dem Wege nach Versailles.

Das war im wunderschönen Monat Mai des Jahres 1782, als ein zehnjähriger Knabe auf der Strasse, die von St. Germain nach Versailles führt, mit hellem Gesang dahinwanderte. Offenbar war er das Kind wohlhabender Leute; ein goldbordirter Dreispitz sass keck auf dem dunklen Lockenhaare, das im Nacken mit einem schwarzen Tafftband gebunden war, durch die Schösse des braunen Habits hatte er einen kleinen Galanteriedegen gesteckt, auf dem Rücken aber trug er ein verhülltes Etwas, wahrscheinlich eine Laute oder ein ähnliches Instrument. Den Stock schwingend schritt er wacker aus, während die dunklen Augen in begeistertem Glanze über das schöne Fleckchen Erde dahinschweiften, das durch die zahlreichen Schlösser, Gärten und Parkanlagen, welche später meist der Revolution zum Opfer fielen, ein ausserordentlich malerisches Gepräge erhielt.

Zur selben Zeit, wo der Knabe von St. Germain, seinem Nachtquartier, aufgebrochen war, fuhr eine mit einem Viererzug bespannte offene Kalesche von Versailles in der Richtung nach Marly ab. Ausser dem Vorreiter wurde das Gefährt noch von einem bildschönen Cavalier in sehr elegantem Reitanzug begleitet; die beiden Damen, welche auf dem Hintersitz Platz genommen hatten, waren dagegen ganz einfach in glatte Kleider von englischem weissen Jaconnet gekleidet, auf der Brust kreuzte sich ein schwarzseidenes Tuch, das hinten in der Taille geknotet war, und die ungepuderten Locken deckte ein breitrandiger, lediglich mit einem Band verzierter Strohhut. Jung und schön, wie sie waren, bedurften sie freilich keines ausgesuchten Putzes; im Uebrigen schienen sie von verschiedenem Temperament zu sein, denn wenn die Augen der einen ernst und strenge blickten, zeigte das Antlitz der anderen einen ausgeprägt heiteren und lebensfrohen Ausdruck. Allerliebst war aber das zwölfjährige Mädchen, welches den Rücksitz einnahm; das Kinderköpfchen mit den hellen Augen und dem goldblonden Haar harmonirte mit dem zierlichen Figürchen, und auch die einfache, nur mit Schleifen und Bändern gezierte Tracht hatte nichts von einem hochgeborenen Fräulein.

Als der Wagen das Dörfchen St. Michel passirte, kam die heitere Dame in lebhafte Erregung. »Das ist die Stelle«, rief sie, »wo ich vor fünf Jahren Armand fand. Sieh, Louise, in der Hütte dort wohnte seine Mutter. Ach, das war ein schrecklicher Augenblick, als die Pferde über das Kind hinweggehen wollten, ein Wunder, wie dasselbe noch im letzten Augenblick gerettet wurde.« »Ich will nur hoffen«, entgegnete die Angeredete in zweifelndem Ton, »dass das gute Werk auch gute Früchte bringt.« »Nun, ein Knabe muss austoben« lachte die Freundin; »an mir soll es aber nicht fehlen, dass aus ihm etwas Ordentliches wird.«

Unterdessen trabten die Pferde auf die Höhe von Louveciennes, und der herrliche Anblick, welchen das Seinethal von hier aus gewährte, nahm die Damen gänzlich gefangen. Da ertönte der frohe Gesang einer hellen Stimme, und während sich jene noch stritten, ob ihnen ein Knabe oder ein Mädchen diesen Morgengruss entgegenbrächte, hatte der Wagen unseren Wanderer erreicht, der mit Anstand seinen Dreispitz lüftete. Die Dame, welche einst den kleinen Armand gerettet hatte, liess sofort halten und rief den netten Burschen mit liebenswürdigem Frohmuthe an: »Woher des Wegs, mein kleiner Troubadour mit Deinem fröhlichen Lied?« »Ich komme von Dreux in der Normandie und will nach dem Schlosse Sceaux«, entgegnete der Knabe mit höflicher Verbeugung. »Ah, nach Sceaux! An den Hof des Herzogs von Penthièvre?« »Zu dienen, Madame.« »Und wohl gar als Sänger, nicht wahr? Denn was Du da mit Dir trägst, ist doch sicher eine Laute.« »Mit Verlaub, nur eine spanische Guitarre.« »Ist das ein hübsches Instrument?« »Gewiss, Madame. Doch lieber spiele ich noch das Clavecin, am liebsten die Harfe.« »Ei ei, wie

kunstfertig[1])! Und wie ist Dein Name, mein junger Orpheus?«
»Martin-Pierre d'Alvimare, zu dienen.« »Also ein Edelmann!
— Wahrhaftig, ein ächter Troubadour mit Harfe und Schwerte,
wandte sie sich lachend an ihre Gefährtin, »wenn es auch vorläufig nur Guitarre und Galanteriedegen ist. — Wie haben Sie
aber die Bekanntschaft des Herzogs gemacht, mein kleiner Herr
d'Alvimare?« »Ach, Madame, das ist eine lange Geschichte.«
»Desto besser für uns«, lachte die Dame. »Steigen Sie ein, Herr
d'Alvimare, wir wollen Sie zu Ihrem Herzog bringen, indess Sie
uns Ihre lange Geschichte erzählen. — Herr Graf, lassen Sie
wenden; über St. Cyr nach der Avenue von Sceaux!«

Der elegante Reiter, dem die letzten Worte galten, verbarg
seine Ueberraschung in einer unterthänigen Verbeugung; auch die
andere Dame schien einigermassen betroffen, das junge Mädchen
dagegen lächelte dem hübschen Knaben aufmunternd entgegen,
als derselbe, von einem Lakaien unterstützt, schüchtern neben ihr
Platz nahm. Zusehends verschwand indess seine Befangenheit, als
die neuen Gönnerinnen mit Theilnahme seinen Worten lauschten, und
er setzte sie recht hübsch und gewandt, das musste man ihm lassen.

Er stammte aus einer adeligen, aber armen Familie. Sein
Vater, Parlamentsadvocat und Verwalter der Salzsteuer in dem
Städtchen Dreux hatte ihm die beste Erziehung geben lassen, aber
Lust und Talent zur Musik, welche er von seiner Mutter, einer
spanischen Edeldame, ererbt hatte, traten bald so stark hervor,
dass ihm die juristische Laufbahn, für welche er bestimmt war,
je länger je gleichgültiger wurde. Nach dem Tode seiner Mutter, die
ihn die Guitarre gelehrt hatte, genoss er den Unterricht wackerer
Meister des Claviers und der Harfe und erregte schon mit sieben
Jahren das Erstaunen seiner Zuhörer. Als nun der Herzog von
Penthièvre mit seinem Schwiegersohn, dem Herzog von Chartres,
und seinem Cavalier, dem Dichter Florian, im vergangenen Winter
nach Dreux kam, wo die fürstlichen Familien reich begütert waren,
veranstaltete die Stadt den hohen Gästen zu Ehren ein Fest, auf
dem sich auch der junge d'Alvimare auf der Harfe hören lassen
durfte. Der Herzog war darüber so entzückt, dass er den Vater
bat, ihm Pierre nach Sceaux zu schicken, wo er für seine weitere

[1]) Uebrigens componirte er auch schon damals und entwickelte eine
gleiche Geschicklichkeit im Zeichnen.

musikalische Ausbildung Sorge tragen werde; jener aber hatte
die Idee immer noch nicht aufgegeben, in seinem Sohn dereinst
einen berühmten Advocaten zu sehen, und weigerte sich beharrlich.
Da lud sich der Knabe eines Tags das Instrument seiner Mutter
auf den Rücken und verliess heimlich das väterliche Haus; »der
Herr Herzog wird es schon richten«, dachte er und wanderte
kecken Muthes fürbass, um sich fortan ganz der geliebten Musica
zu widmen.

Die Dame, welche ihn so huldvoll aufgenommen, hatte seine
Erzählung oft durch theilnehmende Nebenfragen und freudige Zu-
stimmung unterbrochen, und die Kleine liess es nicht an Aus-
rufen des Staunens und Wohlgefallens fehlen. »Sie müssen mir
auf der Guitarre und der Harfe spielen, und ich werde dazu singen«,
meinte sie schliesslich mit einem bittenden Blick auf Mama, welche
sich anfänglich nur dem Wunsche ihrer Nachbarin gefügt, zusehends aber Vergnügen an dem netten Burschen gefunden hatte.
Da hielt der Wagen am Ende einer breiten, schattigen Allee;
d'Alvimare stattete in wohlgesetzten Worten seinen Dank ab, die
Damen versprachen, sich demnächst von seiner Kunst überzeugen
zu wollen, und das junge Mädchen reichte ihm mit einem treu-
herzigen »auf Wiedersehen« ihre kleine Hand. Lange starrte er
mit offenen Augen dem Wagen nach, bis ihn der Reiter, dem er
bislang keine Beachtung geschenkt hatte, aus seinen Träumen
aufscheuchte. »Sie haben Glück, junger Herr«, meinte er launig;
»Glück bei Damen und solchen Damen das heisst Glück für's
Leben.« »Ach bitte, mein Herr,« stotterte d'Alvimare, »wer ist
das schöne Fräulein, neben dem zu sitzen ich die Ehre hatte?«
»Sie nennt sich Gräfin Aglaë von Polignac«, gab jener lustig
zurück; »die schöne Dame, die Ihnen gegenüber sass, ist ihre
Mutter, und in Ihrer besonderen Gönnerin dürfen Sie die Königin
von Frankreich verehren.«

Ein langgedehntes »Ach« war Alles, was der Knabe hervorzubringen vermochte. Dem Reiter machte diese Verlegenheit anscheinend ein ausgesuchtes Vergnügen; dann warf er sein Pferd
herum und sprengte mit einem »Sie haben Glück, denken Sie an
den Grafen von Coigny« lachend davon. »Die Königin!« murmelte d'Alvimare mehrmals vor sich hin, als traute er sich nicht,
an dieses Glück zu glauben; dann hob er plötzlich den Kopf und

schritt muthig dem Schlossthore zu, an dem der Portier, der das Gefährt der Königin erkannt hatte, bereits dienstbereit wartete und den Ankömmling trotz seines sonderbaren Gepäcks mit tiefen Reverenzen begrüsste.

2. Ein Fest im Schloss Sceaux.

Als die geistvolle und lebensfreudige Herzogin du Maine in dem von Colbert mit Kunstschätzen aller Art ausgestatteten Schlosse Sceaux residirte, herrschte daselbst ein glänzendes Leben; unter seinem jetzigen Besitzer, dem alten Herzog von Penthièvre, dem reichsten Privatmann Frankreichs, der aber nur in der Pflege von Wissenschaft und Literatur sowie im Wohlthun Freude fand, war dagegen tiefe Ruhe über den prächtigen Landsitz verbreitet. Er besass zwei Kinder; die Tochter wurde 1769 die Gemahlin des Herzogs von Chartres, späteren Herzogs von Orleans, des berüchtigten Philippe Egalité der französischen Revolution, und der Sohn, Prinz von Lamballe, heirathete zwei Jahre vor seiner Schwester die achtzehnjährige Prinzessin Marie Therese Louise von Savoyen - Carignan. Der leichtfertige Prinz starb bereits 1769, die ebenso herzensgute wie bildschöne Prinzessin, die durch ihren entsetzlichen Tod (3. Dec. 1792) später zu einer traurigen Berühmtheit gelangte, erwarb sich dagegen sofort die Zuneigung der jungen Dauphine. Um die geliebte Freundin immer um sich zu haben, ernannte Marie Antoinette dieselbe nach ihrer Thronbesteigung zur »Surintendante«, und erst als die schöne Gräfin, spätere Herzogin von Polignac ihre Gunst erhielt, erkaltete das lange Jahre sorgsam gepflegte Verhältniss zur Prinzessin.[1])

Etwa um 1779 zog sich dieselbe zu ihrem Schwiegervater nach Sceaux zurück; sie liebte ihn wie einen Vater und wies auch um seinetwillen eine zweite Vermählung ab. Als Marie Antoinette aber zweimal Mutter geworden war, erwachte in ihrem neuen Glück die Sehnsucht nach der früheren Freundin, und um ihr ein Zeichen dieser Gesinnung zu geben, beschloss sie,

---

[1]) Später war dasselbe wieder so innig wie vorher. Die Prinzessin ward ein Opfer ihrer Treue, aber auch die Herzogin von Polignac bewährte, trotz ihrer Flucht aus Frankreich, ihre Anhänglichkeit; sie starb wenige Monate nach der Königin in Wien an gebrochenem Herzen.

dieselbe mit dem König und ihrem intimen Hofstaat in Sceaux zu besuchen. Vielleicht wurde dieser Gedanke an jenem Maimorgen lebendig, als sie den kleinen d'Alvimare mit seiner Guitarre in die Nähe des Schlosses geleitete; jedenfalls erfolgte kurz darauf die Anzeige des Besuchs, welcher für den kommenden Monat Juni angesetzt wurde und nun auf einmal das alte Märchen der üppigen Rococozeit in dem bislang so stillen Schlosse wieder zum Leben erwecken sollte.

Der Leiter des Festes war Florian, ein wohl angesehener Dichter, den der Herzog einst, wie heute den Knaben von Dreux, mit zwölf Jahren in seinen Hofstaat aufgenommen und allgemach zu seinem ersten Cavalier befördert hatte. Ausser verschiedenen prosaischen Schriften hatte derselbe bereits mehrere Arlekinaden für die Pariser Comédie italienne geschrieben und mit Beifall aufgeführt; jetzt dichtete er in dieser damals beliebten Form mit Beziehung auf die hohen Gäste ein Stückchen »le bon ménage«[1], schuf ein Empfangsspiel für den speciellen Anlass und richtete für vorbezeichnete Leistungen eine Anekdote dramatisch zurecht. Für die musikalischen Ueberraschungen sorgte der berühmte Operncomponist Monsigny, der zugleich als Haushofmeister des Herzogs von Orleans fungirte; vor allen Anderen sollte aber der junge d'Alvimare mitwirken, dessen Kunst den Herzog in immer gesteigertes Entzücken versetzte. Die Verzeihung des Vaters und dessen Einwilligung zur musikalischen Laufbahn war zu Pierre's grosser Freude bereits eingetroffen, und als ausser Kindern der Herzogin von Chartres auch die junge Gräfin Aglaë von Polignac zu der Aufführung zugezogen wurde, war sein Glück vollständig.

Endlich kam der grosse Tag heran; Alles war zum Empfang der königlichen Gäste bereit. Von der grossen Einfahrt bis zur Freitreppe, welche zum Schlossportal führte, standen in zwei Reihen die Lakaien in goldschamarrirten Livréen und die Stallmeister, Jäger und Haiducken in bunten Uniformen, unter

---

[1] Wie „le bon ménage" (1782) eine Fortsetzung des 1779 aufgeführten hübschen Stückchens „die beiden Billets" bildet, so liess Florian 1783 der „wackern Familie" noch eine Komödie „der brave Vater" folgen, und 1785 die „brave Mutter", endlich den „braven Sohn". Le bon ménage ist der Königin, die folgenden Stücke sind dem Herzog von Penthièvre, der Herzogin von Orleans und dem Prinzen Heinrich von Preussen gewidmet.

dem Portal aber harrte der Herzog mit seiner Tochter, umgeben
von seinem »Maison«, den Cavalieren, Pagen und Damen. Endlich rollten die Staatskarossen in den Hof. In der ersten, von
acht Pferden gezogen, reich vergoldet und gemalt, sassen
Ludwig XVI. mit dem Grand Cordon, Marie Antoinette in dem
von Mlle. Bertin erfundenen Hute mit den überhohen Federn und
Madame Elisabeth; dann folgten die Brüder des Königs mit ihren
Gemahlinnen, weiter der Herzog Jules von Polignac mit seiner
schönen Gattin und seiner älteren Schwester Diane, endlich die
Damen und Cavaliere des intimen Kreises, darunter die Grafen
von Coigny, von Vaudreuil, d'Adhémar und Baron Besenval.

Die hohen Gäste wurden von dem Herzog in den grossen,
reich mit Kunstwerken und blühenden Blumen geschmückten
Empfangsaal geführt, und nun entwickelte sich ein Glanz von
Toiletten und Uniformen, wie ihn die schönsten Tage des Schlosses
nicht strahlender sahen. Vergebens suchte das Auge der Königin
nur die Prinzessin von Lamballe, und schon wollte sie ihrem Be-
fremden Worte leihen, als plötzlich Harfenklänge ertönten und
sich im grossen Vestibul ein zauberhaftes Bild entrollte, das Florian
mit aller Freiheit seiner Phantasie ersonnen hatte. Auf einer Wolken-
maschine thronte ein herrliches, phantastisch geschmücktes Weib,
in dem die Gesellschaft sofort die ebenso schöne wie talentvolle
Schauspielerin des Théâtre français Louise Contat, erkannte, und
bat die Königin sammt ihrem Hofstaat in zierlichen Versen, ihr,
der Göttin der Freude, zu folgen, um die Schlossfee zum Leben
zu erwecken, welche wie die »Belle au bois dormant« seit vielen
Jahren im Zauberschlafe liege. Dann setzte sich die Wolken-
maschine in Bewegung und schwebte der Gesellschaft in den
Garten voran, bis zu einem Bosquet, dessen grüne Taxuswände
sich bei der Berührung mit dem Zauberstabe weit öffneten. Lebendige Bäume und Büsche bildeten einen grossen Saal, und im
Hintergrund erhob sich auf schlanken goldenen Säulen ein Tempel,
von dessen durchbrochener goldener Wölbung blühende Rosen
aller Arten und Farben in langen Ketten herabflossen. An den
grünen Wänden schlummerten auf weichen Polstern Ritter und
Edelfrauen, Nymphen und Dryaden in prächtigen Gewändern,
und im Rosentempel lag auf schwellenden Kissen die verzauberte
Fee, in ihrem weissen Idealgewande ein wahrhaftiges Bild aus

dem Märchenlande. Ein Hauch freudiger Bewunderung ging durch
die Gesellschaft, Marie Antoinette aber konnte einen Jubelruf
nicht unterdrücken, denn diejenige, welche sie durch ihren Kuss
zum Leben erwecken sollte, war die Freundin ihres Herzens.
Die Scene, welche nun folgte, war der schönste Lohn für
den sinnigen Dichter. Kaum, dass die Göttin der Freude ihre
wenigen Worte beendet hatte, eilte die Königin mit der Leicht-
füssigkeit eines Mägdleins die Stufen des Rosentempels hinan,
schloss die Geliebte in die Arme und presste einen heissen Kuss
auf ihre Lippen. In diesem Augenblick ertönte hinter den Büschen
eine rauschende Musik, welche bald in sanftere Weisen überging;
das Gefolge der Schlossfee, welches durch Chor und Ballet der
königlichen Opéra (Académie royale de Musique) dargestellt wurde,
stimmte erwachend den Nymphenchor aus Monsigny's Oper »Die
schöne Arsène« an, schilderte das Glück des neuen Lebens und
pries die Herrliche, welche den Zauberbann besiegt hatte. Noch
hielten sich die Königin und Prinzessin unter Freudenthränen umfangen, als der Chor seine Stellung verliess; nun nahm der Hofstaat auf den Polstern Platz, und während die Königin ihre glück-
strahlende Freundin dem König zuführte, begannen die Ritter auf
dem freien Plan ihre Spiele und die Nymphen und Dryaden
ihre Tänze. Endlich ertönten Trompetenfanfaren, welche die
hohe Gesellschaft zur Tafel riefen, und dem Range nach, wie
sie gekommen waren, zogen die Paare in den Speisesaal, wo
sie wiederum eine ausgesucht feinsinnige Decoration und festliche
Musik begrüsste.

3. Ein Vorspiel und zwei Stücke.

Das Schlosstheater, welches nach der Tafel in Action treten
sollte, war von der Herzogin du Maine erbaut worden. Neben
der Königin Marie Antoinette und der Frau von Montesson die
bedeutendste und — leichtfertigste Vertreterin der Mimomanie,
welche unter der vornehmen Gesellschaft des XVIII. Jahrhunderts
grassirte, hatte dieselbe sich hier als Tragödin, Salondame und
Sängerin bewundern lassen, deshalb natürlich auch für eine möglichst glanzvolle Ausstattung dieser Räume gesorgt. Der Theatersaal zeigte eine blendende Pracht von Kronleuchtern und Spiegeln,

Statuen und Vasen, Stuccaturen und Malereien, die Bühne aber
war nicht weniger trefflich eingerichtet wie die der öffentlichen
Theater, obwohl sie deren Grösse nicht im Entferntesten erreichte.
Dahinter dehnte sich eine lange Doppelseite von Gemächern aus, von
denen die nächstliegenden zu Ankleide- und Conversationszimmern
der Mitwirkenden benutzt wurden, während die entfernteren
Florian und anderen Cavalieren zum ständigen Aufenthalt dienten.

In einem dieser Appartements hinter der Bühne finden wir
nun, während die Herrschaften noch zu Tafel sitzen, vier Knaben
beisammen. Der jüngste, ein Sohn der Herzogin von Chartres,
ist ein netter Blondin von sechs Jahren, angethan mit rosaseidenen
Höschen, einer blauseidenen Jacke, welche von einer weissseidenen
Schürpe umwunden ist, und einem runden gefültelten Halskragen;
er soll wie sein um drei Jahre älterer Bruder, welcher in einem
vollständigen Arlequincostüm von schillernden Seidenstoffen ein-
herschreitet, in dem Stückchen Florian's auftreten. Der Dritte
trägt als Troubadour en miniature ein seidenes Gewand mit reicher
Goldstickerei, ein Barett mit wallender Feder und eine kleine
goldene Harfe, während den zwölfjährigen Senior der kleinen
Gesellschaft ein phantastisches Pagencostüm von Sammt und Seide
mit Schleifen an Knie und Schulter und einer rothgoldenen Mütze
voll bunter Federn auszeichnet; in jenem erkennen wir den
neuesten Schützling der Königin und des Herzogs, den kleinen
d'Alvimare wieder, dieser aber ist der Bauernknabe, den Marie
Antoinette einst von der Strasse aufgelesen und in Armand umgetauft hatte.

Als er eintrat, machte er sich sofort über die beiden Söhne
des Hauses her. »Wie seht ihr denn aus, Jungen?« rief er
hohnlachend. »Der Herr Graf von Valois ist ein Hanswurst geworden und sein edles Brüderchen ein in seidene Lappen ge-
wickelter Dorfschuljunge!« Die jungen Grafen wussten nicht, was
sie zu diesem spöttischen Ton sagen sollten, so dass Pierre für
sie eintrat und sich das dreiste Hänseln verbat. »Was willst du
denn, du Musikant?« lachte Armand hässlich auf. »Bildest dir
wohl was darauf ein, dass du mit der kleinen Gräfin singst und
klimperst? Nun, wir werden ja sehen, was ihr auf die Beine
bringt, und unser Möglichstes thun, das Lachen zu verbeissen.«
Das war dem kleinen Chevalier zu viel; zorngeröthet forderte er

den Störenfried auf, das Zimmer zu verlassen, widrigenfalls der
Musikant zeigen würde, dass er sich noch auf etwas Anderes als
Singen und Klimpern verstehe. Mit einem giftigen Blick nahm
jener die Fehde an und schritt auf seinen Gegner los; dieser war
ihm aber ebenso an Gewandtheit wie an Kraft überlegen, und
ehe er es sich versah, sah er sich draussen auf dem Corridore
wieder, um zähneknirschend das Feld zu räumen.

Als Pierre in das Zimmer zurückkehrte, fand er die Gesellschaft durch ein kleines Fräulein in der Tracht einer Ritterdame
und ihre Kammerfrauen vermehrt, die wahrscheinlich der laute
Wortwechsel herbeigelockt hatte. Mit einem Ausruf freudiger Bewunderung eilte er dem lieblichen Kinde entgegen und drückte
seine Hände, während sie, ihre Rolle parodirend, dem Herrn Ritter
ihren Dank abstattete, dass er den Unhold so heldenhaft besiegt
hätte. »Mama hat wirklich Recht,« schloss sie, in ihre natür-
liche Sprache einlenkend, »dieser Armand ist ein böser Bursche,
vor dem man sich hüten muss.« Pierre fühlte sich aber in allem
Ernst als Streiter für Recht und Frauenehre; »wenn ich bei
Ihnen bin, liebe Gräfin,« flüsterte er, »so soll Sie niemals ein Unhold stören.« Die Kammerfrauen glaubten nicht anders, als dass
die Kinder Stellen aus ihren Rollen wiedergäben und bewunderten
die hübsche Nachahmung: das kleine Edelfräulein lachte aber hell
auf und kehrte, ohne sich durch die näher tretenden Gräflein in
ihrer Laune stören zu lassen, nun zur Abwechslung einmal den
Spiess herum. »Ei, ihr Helden mit euren Grossthaten! Das sind
freilich furchtbare Unholde, die ihr euch vormalt, und furchtbar
muss der Muth sein, sie in die Flucht zu schlagen! O, gegen meinen
Rittersmann ist Orpheus nur ein Morpheus, die ganze Hölle harrt
er zusammen! Aber lieb habe ich ihn doch, meinen guten Pierre!«
. Damit streckte sie dem Partner ihr Händchen entgegen, der,
bis unter die Haarwurzeln erröthend, jetzt gerade so hilflos dastand
wie vorher die kleinen Grafen. Zu seinem Glück erschien Frau
von Genlis, die Gouvernante der Letzteren, und kurz darauf der
Chevalier Florian, der mit einem Jubelruf begrüsst wurde, aber
nicht etwa, weil der Beginn der Vorstellung nun nicht mehr auf
sich warten liess, sondern weil er in dem Costüm des Vater
Arlequin, den er in seinem Stückchen darstellte, gar so drollig
aussah. Frau von Genlis gab den Kindern noch einige gute

Rathschläge mit auf den Weg, dann übernahm der Dichter die
Führung, und mit klopfendem Herzen ging es hinter die Coulissen.
    »Le bon ménage«, welches den Reigen eröffnete, machte
seinem Autor alle Ehre. Die sinnigen Anspielungen auf das glückliche Eheleben und die Elternfreuden des Königspaares, aber auch
der Umstand, dass diese in einem Märchen von den Enkeln des
Herzogs vorgetragen wurden, rührten die Betheiligten zu Thränen
und erweckten den lautesten Jubel der Zuhörerschaft. Dazu
spielte Florian vortrefflich, und Louise Contat, welche seine Ehe-
hälfte, die Mutter der jungen Arlequins, vorstellte, nicht minder;
als das Stückchen wenige Monate später (am 28. Dcbr.) in der
Comédie italienne und zwar auch in Anwesenheit des Königspaares wiederholt wurde, war der Jubel womöglich noch grösser,
aber die intime Wirkung der Première wurde nicht wieder
erreicht.

    Nun folgte eine längere Pause, indessen die kleinen Schau-
spieler von Hand zu Hand oder richtiger von Mund zu Mund
wanderten, um den Lohn für ihre hübsche Leistung einzuernten;
dann begann das kleine Singspiel, welches Florian nach einer
Episode der »Nouvelle Astrée« vom Abbé de Choisy zu Arietten
von Monsigny und zwar für die vokalen und instrumentalen Talente
der geschmackvollen Aglaë von Polignac und des kunstfertigen Pierre
zusammengestellt hatte. Ein junger Troubadour »mit Schwert und
Harfe« kehrt siegreich vom heiligen Grabe in die Heimath zurück.
Als er sich der Kapelle eines Einsiedlers nähert, bei der er einst
oftmals mit seiner Dame zusammentraf, hemmt er die Schritte,
und siehe da, eine Pilgerin erscheint, in der er trotz Kapuze und
Muschelhut die Züge der Geliebten erkennt. Er schlüpft in die
Klause, wirft sich in das Gewand des Einsiedlers und tritt zu der
Pilgerin, welche nach Trost für ihr Herzeleid verlangt. Aber
auch sie erkennt ihren Ritter und vergilt nun dessen Neckerei
durch die Beichte einer heimlichen Untreue, bis endlich die beider-
seitige Demaskirung erfolgt und unter Freudengesängen und
Schwüren der Treue das Wiedersehen festlich begangen wird.

    Waren nun die beiden Darsteller auch kaum dem Kindes-
alter entwachsen, so fehlte die künstlerische Verve und Fertig-
keit doch keineswegs. Die zierliche Gräfin entwickelte ein Feuer,
welches ein junges Mädchen ihrer Kreise wohl nie öffentlich zu

zeigen gewagt haben würde, und sang tadellos; der kleine Chevalier schien dagegen etwas an sich zu halten, pointirte dafür
sehr fein, und seine Harfensoli waren geradezu virtuos. Dass das
Spiel mehr wie Spiel war, fiel Niemandem ein; man lobte die
herrlichen Talente und die vortreffliche Schulung, welche sie bei
den Proben, erst im Palais royal zu Paris unter Monsigny, dann
bei Florian in Sceaux erhalten hatten, und da die junge Aglaë
die Tochter der allmächtigen Freundin der Königin war, so kann
man sich denken, welche Superlative im Saale laut wurden. Am
ehrlichsten meinte es vielleicht die Königin, welche bezüglich
Pierre's den Wunsch äusserte, ihn auf einer vollständigen Harfe
zu hören und den Herzog ersuchte, ihr denselben bei ihrem
nächsten Musikabend zuzuführen. Dann entliess man die jugendlichen Virtuosen, um sich umzukleiden und dem Feuerwerk an-
zuwohnen, welches den Schluss des festlichen Tages bilden sollte.

4. Ein Nachspiel ausserhalb des Programms.

Mit mütterlichem Stolz geleitete die Herzogin von Polignac
ihr Töchterchen durch die bewundernden Reihen nach dem Appartement, welches ihr im ersten Stock angewiesen war. Dort
übergab sie dasselbe den Kammerfrauen, doch Aglaë bat, dieselben zu entlassen. »Ich weiss nicht, Mama, was mir ist; ich
bin so glücklich und möchte doch weinen. Ach, lass' mich, bitte,
mit mir allein, ich mag das Feuerwerk nicht sehen, aber zur
Rückfahrt werde ich rechtzeitig bereit sein.« Die Herzogin fand
die Aufregung nicht unerklärlich und eine Ruhepause wohl angebracht: ohne Zögern gab sie also ihre Einwilligung, meinte
aber, das Feuerwerk brauche sie sich desshalb doch nicht ent-
gehen zu lassen, zumal dasselbe vom Balcon aus vielleicht noch
besser zu beobachten sei als von der Terrasse.

Als die Herzogin gegangen war, warf sich Aglaë in einen
Stuhl, und ein Thränenstrom stürzte ihr aus den Augen; dann
lachte sie hell auf, breitete ihre Arme weit aus und nickte und
schüttelte mit dem Köpfchen. In komischer Eile trocknete sie
sich die Wangen, aber das Umkleiden nahm doch eine geraume

Zeit in Anspruch, denn bald hüpfte sie durch das Zimmer, bald
stand sie vor dem Spiegel und sprach mit ihrem Ebenbild in
freudiger Pantomime. Endlich schlug sie die schweren Draperien
zurück, trat durch die Glasthüre auf den Balcon, und als ob man
nur auf ihr Erscheinen gewartet hätte, begann auch alsbald das
Knattern des Feuerwerks. Mit kindlicher Freude überliess sie
sich diesem neuen Schauspiel, als sie plötzlich mehrmals ihren
Namen leise rufen hörte; erschrocken wandte sie sich um und erblickte am andern Ende auf der Balustrade ihren Ritter. »Um
Gotteswillen, Du wirst fallen« rief sie lauter, als sie beabsichtigen
mochte. »Verzeih mir, Aglaë«, flüsterte Pierre und eilte zu ihr,
»ich musste Dich noch einmal sehen.« »Und wenn Du hinab ge-
stürzt wärst von dieser Höhe!« »Fürchte nichts, ich kletterte
an den Säulen so sicher herauf, als ob ich auf einer Himmelsleiter
emporstiege.« »Und wenn man Dich entdeckte!«

Wie ein Reh flog Aglaë in das Zimmer und schob den
Riegel vor; im nächsten Moment war sie wieder zurück. Feuer-
räder, Raketen und Sterne stiegen auf, aber das Pärchen achtete
ihrer nicht; grelle Lichter flogen über ihren Häuptern dahin, sie
fühlten sich in glücklicher Sicherheit. Aber zwei hämische Augen
hatten Alles gesehen; Armand war dem Musikanten, dessen Ruhm
seinen Hass vermehrt hatte, nachgeschlichen, hatte hinter den
Orangenbäumen gestanden, während er mit der Gewandtheit eines
Eichhörnchens emporkletterte und seiner Partnerin in die Arme
eilte. Schon hatte er »Diebe!« schreien wollen, aber rasch trat
er in das Dunkel zurück, um noch mehr zu sehen; seine Erwartung täuschte ihn nicht, und als eine verrätherische Feuer-
kugel ihren Schein auf den Balcon warf, ballte er wüthend die
Faust, um sich eilends nach der Terrasse davonzustehlen.

In langer Reihe sass dort die königliche Familie mit ihren
bevorzugten Lieblingen, darunter auch die Prinzessin von Lamballe,
während die Herzogin von Polignac sich diesmal mit einem hin-
teren Sitze hatte begnügen müssen. Armand, den man als Schützling der Königin kannte, fand rasch seinen Weg und flüsterte der
Herzogin zu: »Madame, Ihre Tochter ist in Gefahr!« Sie schrack
zusammen; da aber Alles nur Augen für das Feuerwerk hatte,
beachtete es Niemand, und unbemerkt konnte sie dem Knaben
folgen, der den Weg nach dem Appartement Aglaë's einschlug.

Frühreif wie Julia, war dieselbe, nicht minder sittig, eben bei dem Heirathscapitel angelangt, um mancherlei Bedenken Raum zu geben. »Du wirst nach Paris gehen«, meinte sie seufzend, »vielleicht zu Herrn von Monsigny ziehen, und wir bleiben in Versailles und Marly. Ja, wenn Du einen andern Stand wähltest — « »Würde ich Dir als Parlamentsadvocat näher stehen?« warf Pierre ein, der Mahnungen seines Vaters gedenkend. »Bewahre! Aber als Garde du Corps des Königs, gewiss. Und hast Du nicht dasselbe Recht in das »maison du Roi« einzutreten, wie Herr d'Alayrac, der so schöne Opern und Lieder schreibt?« »Ach, wie wäre mir das möglich?« zweifelte der Kleine: seine Freundin liess sich aber nicht beirren. »Sieh, da kannst Du Capitain, kannst Colonel werden, und dann — — die Geschichte ist ja ganz einfach. Wenn Du vor der Königin spielst, wirst Du natürlich sehr schön spielen, man wird Dir eine Gnade gewähren, und dann wirst Du Garde du Corps sein.« »Du bist mein Engel!« jubelte Pierre und drückte das Mädchen stürmisch in seine Arme — da wurde heftig an der Thüre gerüttelt und die Stimme der Herzogin rief Aglaë's Namen.

»Die Mutter!« hauchte die Kleine; aber die Gefahr machte die Minute doppelt kostbar, herzhaft umschlang sie den Hals des Geliebten und drückte einen Kuss auf seine Lippen, so brünstig, dass die wiederholten Rufe spurlos verhallten. Endlich riss sich Pierre los und schwang sich über die Balustrade. Merkwürdig, jetzt sah Aglaë nicht die geringste Gefahr mehr in der gähnenden Tiefe, immer wieder kehrte sie zu neuem Abschied zurück, indem sie zwischendurch in das Zimmer rief: »Ich komme schon! Das Bouquet ist ja noch nicht zu Ende! Ach, wie herrlich!« Erst als sie sich überzeugt hatte, dass der Freund glücklich Boden unter den Füssen hatte, hüpfte sie hinein und zog laut jammernd, dass man ihr die beste Freude verdorben habe, langsam den Riegel zurück.

Die Herzogin trat ein, und hinter ihr ward Armand's spöttisches Antlitz sichtbar. »War Jemand hier?« fragte die Mutter, indess Aglaë, ohne den offenkundigen Spion einer Beachtung zu würdigen, ihrem forschenden Blick mit dem heitersten Lächeln begegnete. »Ich war ja auf dem Balcon, Mama, wie Du mir riethest«, gab sie zurück und starrte Armand erstaunt an,

als ob sie seiner erst jetzt gewahrte. Der liess sich aber durchaus
nicht verblüffen. »Jawohl auf dem Balcon, da werden Sie den
Jemand auch finden, Frau Herzogin«, drängte er hastig weiter.
Natürlich war nichts Verdächtiges zu sehen, und ein Blick in die
Tiefe genügte, um die Unmöglichkeit eines Entweichens darzu-
thun, so dass Aglaë Oberwasser bekam und dasselbe auch weidlich ausnützte. »Der böse Bursche hat Dir gewiss etwas vor-
gemacht«, stammelte sie unter Thränen; »überall läuft er mir
nach, und wenn ich ihm ausweiche, sucht er mich schlecht zu
machen.« Die Herzogin küsste ihr Töchterchen zärtlich auf Stirn
und Wange, dann wandte sie sich mit strengem Ton an den
Angeber: »Entfernen Sie sich, Armand, augenblicklich! Ich werde
Ihrer Majestät berichten, mit welch' hässlichen Streichen Sie deren
Huld vergelten. Gehen Sie!« Der Bursche begriff wohl, dass er
verspielt hatte und eine Erzählung von dem Eichkätzchen jetzt
ihre Wirkung verfehlen musste; eine grimmige Gebärde war Alles,
was er vorbrachte. Draussen aber liess er seinen Worten freien
Lauf. »Verlogne, aufgeblasne Brut!« knirschte er. »Aber die
Zeit wird schon kommen, dann will ich es euch heimzahlen.
Nur Geduld! Die Welt dreht sich, und wenn ich einmal hoch
komme, dann wehe euch Allen!«

4. Ein Hofconcert.

Wochen, ja Monate vergingen, ehe Pierre seine kleine Freundin wiedersah; das Concert wurde durch den Aufenthalt des
Hofes in Marly verschoben, und Aglaë verliess Versailles nicht,
wo sich ihre Mutter als Gouvernante der königlichen Kinder auf-
hielt. Vielleicht hatte die erfahrene Frau auch die Neigung
ihres Kindes bemerkt und etwas nachgeholfen, dass Pierre nicht
zum Spielen kam; endlich freilich war das Concert nicht mehr
zu verhindern, ja besondere Umstände sorgten für möglichste Be-
schleunigung. Ein seltenes Gesangstalent erregte damals in Paris
Aufsehen. Garat, der Sohn eines Advocaten in der Nähe von
Bayonne, sollte sich der Jurisprudenz widmen, aber seine ausnehmend herrliche Stimme mit ihrem grossen Umfang, seine natür-
liche Geläufigkeit und sein geschmackvoller Vortrag erregten sofort

ein solches Entzücken, dass er nur noch der Musik lebte. Dabei
besass er ein so fabelhaftes Gedächtniss, dass er eine Melodie nur
einmal zu hören brauchte, um sie nachzusingen; er kannte ganze
Opern auswendig und sang, so unglaublich es klingen mag, nicht
blos alle Partien sammt den Chören, sondern auch die Orchester-
zwischenspiele und die Ouverture.[1]) Sofort sprach die Königin
den Wunsch aus, Garat bei Hofe zu hören, und um ihn hoffähig
zu machen, ernannte ihn der Graf von Artois zu seinem Secretär;
das Concert wurde schleunigst in Versailles anberaumt, und nun
hatte man zwei musikalische Wunder zu geniessen, den gefeierten
jungen Sänger und den angestaunten kleinen Harfenisten.

Zur Einleitung spielte Pierre mehrere Soli auf der grossen
Harfe der Königin und erzielte damit einen unglaublichen Enthusiasmus: der Beifall, welcher den Liedervorträgen Garat's folgte,
war nicht grösser. Dieser sang einen ganzen Act aus Gluck's
erstem Meisterwerk, »Orpheus«, sowohl die Klagen des Sängers
und seiner Freunde wie die Arien Amors, dann auf besonderes
Verlangen noch die erste Scene des zweiten Actes mit den Chören
der Furien und den Gesängen des Orpheus. Nun verlangte die
Königin, Garat mit d'Alvimare in Duetten zu hören, und so kam
eine ganze Reihe von Stücken aus den beliebtesten Opern von
Gretry, Monsigny und d'Alayrac zu Gehör, so zwar, dass Garat
frei aus dem Gedächtniss, d'Alvimare aber direct vom Blatte sang
und dazu noch ausserdem die Orchesterbegleitung fehlerlos auf
der Harfe wiedergab. Für einen so jugendlichen Künstler grenzte
diese Leistung an das Wunderbare, der Beifall wollte kein Ende
nehmen, und sogar Garat betheiligte sich daran.

Nach dem Concert gab es nochmals Complimente und Glück-
wünsche von allen Seiten, die Königin aber, ganz entzückt über
die Leistungen des von ihr so zufällig entdeckten Sternes, führte
ihn dem König zu, der gutmüthig wie immer, sofort fragte, was
er für seine fernere Ausbildung thun könne. Da gedachte Pierre
der Worte seiner kleinen Freundin, und dem König mit be-

---

[1]) Louis Ponchard (geb. 1789 gest. 1868), derselbe Sänger, für den
Boieldieu 1827 den George Brown in der »weissen Dame« schrieb, war ein
Schüler Garat's. Ernst Pasqué genoss von 1842—1844 Ponchard's Unterricht
im Pariser Conservatoire und vernahm direct aus seinem Munde, wie die
Leistungen Garat's, sowohl was Gedächtniss als Geläufigkeit und Umfang der
Stimme anbetrifft, an's Wunderbare gegrenzt hätten.

geistertem Blick in's Auge schauend, hob er mit fester Stimme
an: »Sire, nur ein einziger Wunsch lebt in mir, Eurer Majestät
und Dero hoher Gemahlin mein Leben zu weihen. Wollen
Majestät mir eine Gnade gewähren, so bitte ich, in die Gardes du
Corps des königlichen Hauses eintreten zu dürfen.« »Bravo!«
rief die Königin in ihrer natürlichen Heiterkeit; »habe ich es
nicht von Anfang gesagt, der Chevalier wird noch ein Troubadour
mit Schwert und Harfe?« »Und er würde gewiss das Eine wie das
Andere für Eure Majestät gleich eifrig zu gebrauchen wissen,«
entgegnete der Kleine unter einer tiefen Verbeugung. »Aber Sie
sind noch sehr jung, Chevalier,« warf der König ernst dazwischen.
»Um so mehr werde ich mich üben, einen um so tüchtigeren
Diener werden Majestät an mir finden.« Ludwig lächelte; »gut
denn,« schloss er, »ich werde dem Herrn Herzog von Gramont
die nöthigen Befehle für Ihre Aufnahme ertheilen«. »Aber vergessen Sie über dem Schwert die Harfe nicht«, scherzte die Königin und entliess ihn huldvoll.

Noch lange blieb er an dem Platze stehen, wo ihm ein Glück
wurde, das er noch gar nicht zu fassen vermochte; da fühlte er
einen leisen Händedruck, und mit strahlendem Gesicht wiederholte
ihm die schalkhafte Aglaë die Worte der Königin mit deren Tone:
»Der Chevalier wird noch ein Troubadour mit Schwert und Harfe.«
Und dann ging es in vollem Zuge weiter: »Siehst Du, siehst Du,
wie Recht ich hatte? Du musst mir nur immer folgen, dann
wirst Du glücklich sein. Bist Du glücklich? Jetzt soll uns nichts
mehr trennen, bald wirst Du dich auszeichnen, und dann —«
»Aglaë«, klang plötzlich die Stimme der Herzogin in der nächsten
Nähe, »ich bringe Dir eine Freudenbotschaft. Morgen wirst Du
mit Papa, der mit einer hohen Mission betraut wurde, nach Madrid
fahren. Komm, wir müssen zur Königin — sag dem Herrn Chevalier
Adieu. Und viel Glück zu der neuen Carrière, Herr d'Alvimare!«

Alles das klang so freundlich und wurde vom huldvollsten
Lächeln begleitet; die Kinder aber starrten sich wie versteinert an,
kein Adieu kam von ihren Lippen, und während sich Aglaë willenlos davonführen liess, versank Pierre wieder in seine Träume.
Zwischen Lippe und Kelchesrand! Die Harfe und das Schwert
hatte er nun wohl, was war aber ein Troubadour ohne Dame!

5. In der Nacht des 5. Octobers 1789.

Aglaë wurde für d'Alvimare bald eine süssschmerzliche Jugend-erinnerung; die Herzogin operirte so geschickt, dass er sie nie wieder sprach, ehe sie sich dem reichen und glänzenden Herzog von Guiche-Gramont, Capitain der Gardes du Corps, vermählt hatte.[1]) Dafür spielte er vor der Königin oft die Harfe, sowohl in Versailles als Petit Trianon, und erfreute sich wie in seinen militärischen Dienstverhältnissen so im Umgang mit den Kameraden des besten Lobes[2]). Das letzte Mal trat er als Troubadour der Königin auf, als er gelegentlich des in seinen Folgen so unheilvollen Verbrüderungsfestes der Offiziere des Regiments von Flandern mit den Gardes du Corps im Theatersaal des Versailler Schlosses (1. October 1789) die zur Königshymne erhobene Arie »O Richard, o mein König« unter allgemeinem Enthusiasmus vortrug. Nun kam das Schwert an die Reihe; aber was er einst dem König gelobt hatte, das hielt er und führte dasselbe tapfer und treu mit derselben Begeisterung, wie er sie der Musica weihte.

Der 5. October war herangekommen. Gegen Mittag langte der erste Zug des Pariser Pöbels in Versailles an, eine Horde von 7000 Weibern, welche Maillard, einer der Helden bei Erstürmung der Bastille, anführte; bald folgte weiterer Zuzug, Männer der schlimmsten Sorte mit Gewehren, Aexten und Piken sowie ein wahrer Abschaum von Weibern, die sich an die Kanonen gespannt hatten. Sie drangen in die Nationalversammlung, um Hilfe gegen die Hungersnoth zu verlangen, und als sich der Präsident Mounier im Auftrag der Deputirten ins Schloss verfügte, sah er sich gezwungen, eine Deputation von Weibern mitzunehmen. Da kehrten die berittenen Garden, die den König nach Meudon begleitet hatten, zurück und sprengten, ohne die Ursache des Ansturms gegen das Schloss zu kennen, in die Menge hinein. Als die Deputation zurückkehrte, fielen sogar Schüsse, und auf beiden Seiten gab es Verwundete, bei den Garden auch zwei Todte, denen ein Unmensch, das Malermodell Nicolas, die Köpfe abhieb, um sie auf Piken unter Lärm und Gejohle durch Versailles tragen zu lassen.

---

[1]) So wurde Aglaë von Polignac die Grossmutter des Herzogs von Gramont, des bekannten Ministers Napoleon's III.

[2]) Jal erzählt weiter, er habe den Degen getragen, »sans laisser la plume du compositeur, le clavecin et la harpe du virtuose, le crayon du dessinateur?«

Ludwig XVI., dem es ebenso an Muth fehlte, vorzugehen
wie zu fliehen, befahl den Garden, sich in das Schloss zurückzu-
ziehen und von ihrer Waffe keinen Gebrauch mehr zu machen.
D'Alvimare verhehlte seinen Unwillen über diese gleich schwach-
müthige wie unkluge Massregel nicht im Geringsten; um seiner
Königin aber doch wenigstens in etwas zu nützen, beschloss er,
unter dem Schutz einer gewöhnlichen Bürgerkleidung genaue
Kundschaft einzuholen, was die immer drohender erregte Menge
im Schilde führe. Im Schlosshof sah er zu seinem Schrecken, wie
die Soldaten des Regiments von Flandern, denen die Wache vom
König anvertraut war, mit jungen hübschen Weibern aus dem
Pöbel schäkerten und lachten; draussen, auf dem Plaçe d'Armes,
brannten mächtige Feuer, an denen die Pferde der getödteten
Gardes du Corps unter wüstem Lärm und sinnbetäubendem Gesang gebraten wurden, um von dem ausgehungerten Volk halb
roh verschlungen zu werden. Als d'Alvimare schaudernd weiter
eilte, stiess er an einen zerknitterten Breithut mit der dreifarbigen
Kokarde; rasch hob er ihn auf und drückte ihn in die Stirne.
Nur langsam konnte er bei dem tosenden Strassenlärm vorwärts;
da bemerkte er neben einem Mann in weitem Roquelaure ein
Hallenweib, das mit grossen Schritten dahineilte, und wenn ihm
dieses schon wenig ächt erschien, so erblickte er bei jenem, als
der Wind auf einen Augenblick das Obergewand theilte, eine
königliche Livrée. Hier musste eine Schandthat im Spiele sein;
er liess also das Paar nicht aus den Augen und kam ihm endlich
so nahe, dass er in dem Manne seinen Todfeind Armand erkannte.
Was konnte dieser heimtückische Mensch, der durch die königliche Huld nunmehr einen Vertrauensposten in der Garderobe erhalten hatte, unter dem blutgierigen Pöbel zu schaffen haben?

In einer abgelegenen Strasse, sonst still wie das Grab, heute
aber voll drängenden Treibens, befand sich ein Marchand-de-vin;
durch die mit rothen Gardinen verhängten Fenster der Boutique
schimmerte heller Lichtschein, wildes Gelächter und roher Singsang
drang aus der offenen Thüre. Dort lehnte neben einem grossen
Weinkrug ein baumlanger Kerl mit Jacke und seltsam geformter
rother Mütze, die eine Hand in der Tasche der langen Hose und
mit der andern nachlässig die kurze Pfeife im Munde unterstützend,
wahrscheinlich der Wächter des Lokals. Auf ihn schritt das Weib

zu, murmelte einige Worte und überschritt dann mit Armand die
Schwelle. D'Alvimare schlüpfte mit ihnen durch, vermochte aber
wegen des dichten Tabakqualms zunächst nichts zu unterscheiden;
mechanisch drängte er dem Paare bis zu dem Verschlage nach,
der in diesen Boutiquen einen kleineren Raum absondert. Hier
sass ein Mann in einen Mantel gehüllt und den grossen Breithut
mit der Kokarde tief herabgezogen; aber nur ein Blick, und
d'Alvimare taumelte todtenbleich zurück, um wider einen Menschen
zu fallen, der vor dem Eingang auf einer Bank sass. »O lala!
Nur gemach, Junge!« knurrte der Angerempelte. »Hast Hunger,
bist müde? Na, da iss und ruhe Dich aus, denn Arbeit gibt's
heute noch mehr!« Dann schrie er »Platz da!« und drängte mit
solch' rüder Kraft zur Seite, dass die Kerle aufmuckten. d'Alvimare liess sich auf das freigewordene Eckchen nieder, ergriff den
angebotenen Krug und stiess mit seinem grobgemüthlichen Nachbar an; »bin wirklich todtmüde, Citoyen«, lallte er, »bedarf einiger
Augenblicke Ruhe — für die Arbeit dieser Nacht«. Damit trank
er einen Schluck und liess dann den Kopf auf die Brust sinken,
als ob er einschlafen wolle; so gelang es ihm, sich nicht nur zu
sammeln, sondern auch von dem Gespräche kein Wort zu
verlieren, das hinter seinem Rücken im Verschlage geführt
wurde.

Die Männerstimme, welche das Hallenweib jetzt entwickelte [1]),
war ihm bekannt; sie gehörte dem Herzog d'Aiguillon, dem Sohne
des unfähigen Ministers Ludwigs XV., der von dem jetzigen Hofe
verbannt war und denselben mit blutigem Hass verfolgte. Er
stellte Armand vor; »Monseigneur« begann dieser darauf den
Mann im Mantel anzureden — jetzt war also kein Zweifel mehr:
der, welcher hier seine Vertrauten empfing, war Philippe Egalité
von dem man sagte, er sei unter die Jakobiner gegangen, um
seinen Leidenschaften zügellos zu fröhnen und sich neuen Reichthum sammt der Krone zu gewinnen. Jäh emporfahrend schleuderte er Armand einen grellen Fluch entgegen. »Ich bin ein
Citoyen, Schurke«, herrschte er, »das merke Dir, wenn Dir Dein
Kopf lieb ist. Jetzt aber rede, rasch, einfach und die volle Wahr-

---

[1]) In Paris circulirte ein Vers über diese Verkleidung: »Als Mann ist er
ein Feigling, im Weiberrock ein Mörder«.

heit«. Trotz seiner angeborenen Frechheit schrack Armand zusammen. »Der Augenblick wäre jetzt günstig, Citoyen«, fuhr er
sodann leiser fort; »im Schlosse wähnt man sich sicher wie in
Abraham's Schooss, das Regiment Flandern ist auf unserer Seite,
und durch die offenen Thore führe ich bis vor die Kammer-
thüre der Autrichienne«. »Da, Hallunke«, rief der Mann hinter
dem Tische und warf ihm eine schwere Börse zu; dann wendete
er sich zu dem Hallenweib, »die Leute sollen sich bereit halten«,
sagte er kurz. Jenes begab sich eilends in die Vorderboutique,
Armand aber zog in der Freude seines Herzens seine Livrée aus
und trat sie unter Verwünschungen mit Füssen, während der
Mann hinter dem Tische lachte und höhnte. »So ist's Recht«,
schloss er, »und ist's gelungen, winkt Dir der schönste Lohn —
Du sollst — nie mehr etwas bedürfen«.

D'Alvimare schauderte: ein Verwandter des königlichen
Hauses und ein Mensch, der mit Wohlthaten von demselben über-
schüttet worden war, verbanden sich zur Ermordung der Königin!
Indessen hatte er keine Zeit, diesen entsetzlichen Gedanken zu
verfolgen, denn in grösster Eile trat ein Mann in die Boutique
und rief in den Verschlag hinein: »Lafayette ist eingerückt, mindestens 20 000 Mann sind mit ihm!« »Verdammt!« kreischte der
Angeredete; dann sprach er leise mit dem herbeigeeilten Hallenweib, gab Armand Anweisungen und rief zu dem Wächter hinaus:
»Duplessis, dieser Mann kann passiren, sonst darf Niemand mehr
das Haus verlassen; kommt er zurück, lass' mich wecken.« Armand schlüpfte hinaus, der Generalgewaltige verschwand mit seinem
weiblichen Adjutanten in einer Hinterthüre des Verschlags, und
der Pförtner liess die Thüre laut schallend in's Schloss fallen.
Nun begann in den überfüllten Räumen ein Leben, als ob die
Hölle bereits losgelassen sei; die trunkenen Männer stimmten
zotige Lieder an, hielten Brandreden, umarmten sich und tanzten
mit einander. Alles musste d'Alvimare über sich ergehen lassen,
sogar mitsingen und in die Flüche auf König und Königin einstimmen; er sass in der Falle, und nur die Hoffnung hielt ihn
aufrecht, dass er wenigstens im entscheidenden Augenblick noch
werde eingreifen können.

Langsam vergingen die Stunden, endlich — es mochte vier
Uhr sein — wurde an der Thür gepocht. Armand trat ein, dies-

mal in gewöhnlicher Kleidung, und der Wächter wendete sich
in's Innere des Hauses, um bald mit dem Chef zurückzukehren.
»In des Satans Namen, vorwärts!« donnerte derselbe in den
Schwarm hinein, und wie durch ein höllisches Wunder blinkten
auf einmal Mordwaffen aller Art in den Händen der Banditen-
gestalten, die sich mit entsetzlichem Getöse in's Freie drängten.
An die Spitze des Zuges zu gelangen, war für d'Alvimare eine
Unmöglichkeit, so tapfer er auch Ellenbogen und Fäuste gebrauchte,
und nun strömten aus allen Haupt- und Nebenstrassen Männer
und Weiber herbei, so dass am Ende eine unübersehbare Menge
durch einander wogte. Als d'Alvimare am Schlossplatz ankam,
war Armand bereits mit den Mordgesellen auf der breiten Mar-
mortreppe verschwunden, welche nach den Gemächern der Königin
führte; in Angstschweiss gebadet, arbeitete er sich durch das
Knäuel hindurch, welches mit wüstem Geschrei und höllischen
Verwünschungen die Luft erfüllte, denn noch war Rettung möglich, wenn er von den Zimmern des Königs aus den Zugang zur
Königin gewinnen konnte.

Im Schloss war die Situation durch Lafayette's Erscheinen
einigermassen verändert worden. Der König hatte den inneren
Dienst den Gardes du Corps übergeben, während die Nationalgardisten die Eingänge besetzten; aber jene fanden sich nur in
geringer Anzahl vor, und diese waren ermüdet und localunkundig.
Lafayette, der Tag und Nacht nicht zur Ruhe gekommen war,
hatte sich angekleidet niedergelegt; als ihn der Lärm wieder
emportrieb, war aber das Furchtbare bereits geschehen, es war das
Werk weniger Augenblicke. Ein junger Edelmann, Miomandre
de St. Marie, der vor den Appartements der Königin stand, hatte
gerade noch Zeit, hineinzurufen: »Rettet die Königin — verriegelt
die Thüre — es gilt ihr Leben!« Aus mehreren Wunden blutend
sank er zu Boden; unterdessen rissen die Kammerfrauen Marie
Antoinette aus dem Bette, und im Hemde, nur eine Decke über-
geworfen, floh sie nach den Gemächern ihres Gemahls. Ein
neuer Schrecken, als man die Verbindungsthür verschlossen
findet; endlich nahen Schritte, d'Alvimare stürzt besinnungslos zu
den Füssen der Königin nieder, sie ist gerettet.

Wirklich verstummt jetzt wie auf einen Zauberschlag aller
Lärm, die Nationalgardisten vertreiben die Mörder aus dem Schlosse,

das Volk gibt sich zufrieden, als sich König und Königin öffentlich zeigen. Eine Rettung, aber eine Rettung für den Augenblick!
Wenige Stunden später werden sie als Gefangene des Volkes und
der Nationalversammlung nach Paris escortirt, der Weiberpöbel
umtanzt sie und schreit mit ausgelassener Freude: »Nun hat die
Hungersnoth ein Ende; jetzt haben wir den Bäcker und die
Bäckerin mitsammt dem kleinen Bäckerjungen!«

6. Am 10. August 1792.

Furchtbare Leiden waren es, welche die Königsfamilie in
den folgenden drei Jahren zu durchkämpfen hatte. Wohl möchte
man sagen, dass Ludwig XVI. mit nur etwas Energie auch jetzt
noch Manches hätte ändern können; aber dieser Mangel an Kraft
und Selbstvertrauen gehört sammt der Herzensgüte und Bescheidenheit, Verschlossenheit und Resignation in den Untergrund seines
Charakters und prädestinirte ihn gegenüber der entbrannten Volks-
leidenschaft zum Opferlamm für die Sünden seiner despotischen
Väter. Speciell verfolgte er an dem verhängnissvollen 10. August
1792 dieselbe Taktik wie an dem unglückseligen 5. October 1789.
Als die Hefe der Vorstadtbevölkerung die Tuilerien stürmte,
flüchtete er mit seiner Familie in die »gesetzgebende Versammlung«
und gab seinen siegreich vordringenden Schweizergardisten den
Befehl, das Feuer einzustellen. Die Folge war, dass er und die
Seinigen in den Temple verbracht wurden, den sie nur zu ihrem
letzten Gang verlassen sollten, während Hunderte von tapferen
und hochsinnigen Männern ihr Leben unnütz in die Schanze geschlagen hatten.

Neben den Schweizern kämpfte nämlich auch eine ganze
Anzahl von Edelleuten und sonstigen Anhängern der königlichen
Sache, darunter viele ehemalige Gardes du Corps wie d'Alvimare,
der seinem Gelübde bis zuletzt treu blieb. Er trug nicht mehr
die alte Uniform, wohl aber noch Muskete, Pistolen und Säbel wie
ehedem; während sich die älteren Edelleute über die Treppe der
Marie von Medicis ins Freie retteten, hielt er mit den Schweizern
in den Tuilerien noch weiter Stand, als aber die Kartätschen des

Brauergenerals Santerre ganze Reihen niederstreckten, war die
Stellung nicht mehr zu halten. Eine Abtheilung zog sich nach dem
Tuileriengarten und der Feuillantterrasse zurück, da die Patronen
zur Neige gingen, von einem Baume zum andern Deckung suchend.
D'Alvimare hatte nur noch seine geladenen Pistolen; jetzt durfte
er an das eigene Leben denken, und da er mit seiner Bürgerkleidung im Freien entkommen zu können glaubte, wandte er
sich nach der Terrasse in der Nähe des Pont royal, während
die Schweizer in das Gebäude der gesetzgebenden Versammlung
zu gelangen suchten. Wirklich erreichte er auch sein Ziel und
wollte nun auf den Quai niederspringen, um sich jenseits der
Brücke zu einem Freund zu flüchten, als mehrere abgetrennte
Trupps Schweizer ihm nacheilten und Santerre sein Feuer nach
dieser Richtung spielen liess. Links und rechts schlugen die
Kugeln neben ihm ein, nichtsdestoweniger hätte er noch leicht
entriunen können, zumal sich auf dem Quai wenig Menschen
befanden, wenn er nicht dem Hülfegeschrei der Fliehenden und
Verwundeten sein Ohr geliehen hätte, welche des Ortes unkundig
und vollständig rathlos waren. Während er aber den Einen be-
hülflich war, sich auf den Quai zu retten, anderen die nöthigen
Weisungen gab, kamen die verfolgenden Gensdarmen und Sansculotten näher, und deutlich konnte er vernehmen, wie eine wilde
Stimme auf den verkappten Garde du Corps aufmerksam machte,
dessen Kopf die Pike schmücken müsse.

Die Pistole schussfertig, starrte d'Alvimare nach dem un-
heimlichen Sprecher, einem Sansculotten mit der Carmagnole, die
langen Beinkleider mit Blut besudelt. Ein Wuthschrei entrang
sich seiner Brust, denn er hatte den Burschen erkannt, der wie
ein Rasender auf ihn zueilte; »Dich richtet Gott«, rief er ihm zu,
und mitten in die Brust getroffen sank derselbe lautlos zusammen
— es war Armand. Ohne Besinnen sprang d'Alvimare auf den
Quai hinab und eilte nach der Brücke, aber der durch den Fall
des Genossen aufgereizte Pöbel folgte, und Kugeln pfiffen ihm
um die Ohren. Endlich hat er das rettende Haus erreicht, um
aber dasselbe nicht von vornherein zu verrathen, verschwindet er
im Nebenhause, fliegt die Treppe hinan und arbeitet sich über
das Dach hinüber. Die Verfolger dringen nach, indessen er die
Wohnung seines Freundes erreicht, aber zu seinem Schrecken ver-

schlossen findet; nun eilt er zu dem Portier, einem alten Auvergnaten, der ihm nach dem ersten Schrecken auch beispringt. Da steht ein Bett, d'Alvimare wirft Rock und Hose ab und kriecht, ein Tuch um die Stirn, unter die Decke, während der Alte andere Kleider auf dem Stuhl ausbreitet. Nicht lange, und Santerre's Leute kommen an; sie durchsuchen das ganze Haus, finden aber keine lebende Seele als den alten Auvergnaten und seinen kranken Sohn. Wenn das Publikum im »Wasserträger« die aufregende Scene verfolgt, in welcher Micheli den Grafen Armand vor dem Commissär im Bette seines Vaters verbirgt, ahnt es wohl nicht, dass Bouilly jene Episode aus dem Leben d'Alvimare's wirksam benutzt hat.

7. „Un jeune Troubadour."

Der Troubadour d'Alvimare hatte aufgehört: erst hatte er die Dame verloren, dann verstummte die Harfe, und endlich legte er auch das Schwert zur Seite. Er musste sogar seinen Namen aufgeben, denn derselbe stand auf der Proscriptionsliste der Emigranten, und da durch die Revolution sein väterliches Erbtheil verloren gegangen, mit der Musik aber in dieser wilden Zeit nichts zu verdienen war, so fing er an, Miniaturporträts zu malen, das Stück für 24 und 30 Sous, bis er endlich als Musterzeichner in einer Fabrik Brot fand. Nun kam die Schreckenszeit, der die Prinzessin Lamballe, der König, die Königin und Madame Elisabeth zum Opfer fielen; doch auch der 9. Thermidor kam, an welchem Robespierre und seine blutgierigen Genossen von dem Schicksal ereilt wurden, die Gemässigten ergriffen das Ruder, und nach Auflösung des Convents begann die Directorialregierung (1795).

Jetzt durfte d'Alvimare wieder sein Haupt erheben, und mit Hilfe seines ehemaligen Kameraden, des mittlerweile als Operncomponisten berühmt gewordenen Dalayrac, erreichte er, dass sein Name von der Proscriptionsliste gestrichen wurde und er als Dalvimare wieder in Paris leben und wirken durfte. So begann er denn die zweite Periode seines Lebens als Harfenvirtuos und Liedercomponist, und wenn seine Jugend reich an Ruhm und Ehre war, so sollte sein Mannesalter nicht dahinter zurückstehen.

Da er die besten Umgangsformen, eine vielseitige Bildung und ein
schönes Aeusseres besass, so fand er leicht in der besten Gesellschaft Eingang; namentlich war ihm seine Bekanntschaft mit
Josephine Beauharnais, der Freundin Barras' und späteren
Gattin Bonaparte's, sehr förderlich, und als sie mit Napoleon den
Thron theilte, wurde er ihr Lehrer und Harfenkünstler sowie
Mitglied der kaiserlichen Privatcapelle (1807). Aber schon früher
fand er als Harfenist an der grossen Oper Anstellung (1800)[1]) und
wurde zugleich einer der beliebtesten Componisten der Hauptstadt,
indem sein Lied »Mon coeur soupire« von Mund zu Munde ging.
Es zeichnet sich durch eine überraschend hübsche Melodie aus und
würde auch heute noch gefallen; der berühmte Garat, mit dem
sich der glückliche Autor immer mehr befreundet hatte, soll es
entzückend gesungen haben, und jeder Singkünstler sowie jeder
Dilettant seufzte es ihm nach. Auch war Dalvimare der musikalische
Berather der schönen und geistvollen Königin Hortense von
Holland, Josephinens Tochter, nachdem er ihr neben Plantade,
einem gleichfalls berühmten Liedercomponisten[2]), speciell auf der
Harfe Unterricht ertheilt hatte, als sie noch in der Erziehungs-
anstalt der Madame Campan auf Schloss Ecouen weilte. Es ist
das die Kammerfrau Marie Antoinettes, welche bis zum letzten
Augenblick bei ihr ausgehalten hatte und ihr sogar in das Gefängniss folgen wollte, dann von Bonaparte begünstigt wurde und
mit Dalvimare in freundschaftlichen Beziehungen stand.

Als Componist gab derselbe eine Menge Stücke für die Harfe
sowie für den Gesang heraus[3]); merkwürdig aber, dass sein be-

---

[1]) Eine deutsche Zeitschrift schrieb damals: »Er hat es in der Behandlung der Harfe so weit gebracht, dass er weder einen Nebenbuhler hat, noch
gehabt hat. Zugleich hat er zu den bedeutenden Verbesserungen beygetragen,
welche der Lautenmacher Cousineau mit dem Mechanismus der Harfe vorgenommen hat.«

[2]) Er verdankte einem Lied »Te bien aimer, o ma chère Zélie« seinen
Ruf. Dasselbe hatte einen »bis dahin beispiellosen Erfolg«, wie Fétis sagt; in
Paris allein wurden über 20 000 Exemplare verkauft.

[3]) Er hinterliess auch handschriftlich noch viele Sonaten, Variationen und
Fantasien für die Harfe, Romanzen und religiöse Musik. 1809 schrieb er für
das Théâtre Feydeau eine einaktige komische Oper »Le mariage par imprudence«,
die indess schwach ausfiel, hatte aber schon 1787 eine Oper »Eglé« gesetzt,
zu welcher er wahrscheinlich den Text selbst fertigte.

rühmtestes Lied stofflich an seine Jugendgeschichte anknüpft, den Troubadour behandelt, welchen er einst mit Aglaë von Polignac darstellte, und diese Gestalt, deren Nachbild er nach dem Ausspruch der Königin später selbst gewesen war, in das Lied und die Oper einführte. Die »Nouvelle Astrée« von 1713, nach welcher Florian seinen Singspieltext gearbeitet hatte, fusste auf dem Riesenroman von d'Urfé, »Astrée«, von 1614; jenes Werk benützte aber wieder Masson, ein ehemaliger französisch-russischer Major, in seiner »La nouvelle Astrée«, welche 1805 erschien. Hier singt Herimond, einer der Helden, die Romanze »von einem jungen Troubadour«; zur Erinnerung an das für sein ganzes Leben wichtige Singspiel gleichen Inhalts setzte sie Dalvimare in Musik, und bald sang ganz Frankreich:

> Ein junger Troubadour,
> Ein Sänger und ein Krieger,
> Er kehrt zurück als Sieger
> Und folgt der Dame Spur.
> An seiner Seite ruht
> In Eintracht mit der Harfe [1])
> Das treue Schwert, das scharfe,
> Und kündet hehren Muth.

Nachdem unser Künstler 1812 »durch einen glücklichen Zufall« wieder in den Besitz seines Vermögens gelangt war, verliess er Paris und lebte in seiner Heimath Dreux als Privatmann. Hier gewann er ein braves Weib und eine liebliche Tochter, welche er zu einer bedeutenden Harfenkünstlerin ausbildete; indessen sollte er nicht mit diesem Stillleben abschliessen, sondern nochmals eine politische Rolle spielen. Als die Bourbonen wieder in Frankreich einzogen, ernannte Ludwig XVIII. den ehemaligen Garde du Corps Ludwigs XVI. zum Colonel der Nationalgarde, und der Troubadour Marie Antoinette's ward wieder ein eifriger Anhänger der angestammten Königsfamilie, ohne darum die Wohlthaten zu vergessen, welche ihm von Napoleon und dessen Familie zu Theil geworden waren. Während eines Aufenthaltes in Paris ist er am 13 Juni 1839 gestorben.

---

[1]) Frei übertragen, wie die übrigen Lieder; über die Worte des Urtextes siehe den Aufsatz »der Troubadour im Liede und in der Oper«.

III.
Aus dem Leben eines Preisgekrönten.

(»Il pleut, il pleut, bergère«, Lied von Fabre d'Eglantine.)

-- ••••- --

1. In Toulouse, 1774.

Es war in den ersten Maitagen des Jahres 1774 in Toulouse, der Hauptstadt der Herzöge von Aquitanien und später
von Toulouse, damals dem Mittelpunkt des Departements Haut-
Languedoc. Man feierte nach altem Brauch die jährlichen
Blumenspiele, in denen Dichter und Sänger des Volkes auftraten,
um in der schönen Sprache der Provence die Spiele der alten
Troubadours, die »Gaya Scienza«, zu erneuern, bei welcher
die Sieger anfänglich ein goldenes Veilchen, später aber nur eine
wilde Rose, eine »Eglantine« als höchsten Preis empfingen. Zu
gleicher Zeit wurden auf offenem Marktplatz Bühnen improvisirt
und darauf, ebenfalls von Sängern und Darstellern aus dem Volke,
die alten Schäferspiele, die »Pastourelles« der Troubadours, oder
groteske Parodien auf die Meisterwerke der modernen französischen
Bühne zur Aufführung gebracht. Schon im XIV. Jahrhundert
war die »fröhliche Kunst« von dem Toulouser Volke übernommen
worden, und eine reiche Nonne, Clemence Isaure, soll der Stadt
die ihr gehörigen Markthallen im Capitoul unter der Bedingung
geschenkt haben, dass jährlich die »Jeux Floraux« darin abgehalten
würden und man gleichzeitig ihr Grab mit wilden Rosen schmücke.
So fanden denn seit Menschengedenken diese poetischen Spiele in
einem grossen Saale des Capitouls statt, eines riesigen Gebäudes,
welches das Rathhaus sowie eine Menge anderer öffentlicher Anstalten enthielt, und der Eifer, mit dem die Toulouser dieselben

förderten und begingen, verlieh ihnen eine nicht geringe Berühmtheit.

Bevor aber von fern und nah die Freunde der »fröhlichen
Kunst« und die fröhlichen Kunstverwandten eintrafen, welche sich
durch Wort und Gesang den vielbegehrten Preis der wilden Rose zu
erringen trachteten, war ganz Toulouse mit Errichtung der Schau-
buden und Ausschmückung der Festlokale beschäftigt. Auf dem
Marktplatz vor dem Capitoul, dem grössten Platze der Stadt, befanden sich meist Cafés und Cabarets, Logir- und Speisehäuser;
sie verschwanden fast hinter den vielen Bretterbühnen und Schau-
buden, welche die poetischen Anlagen wie den lustigen Uebermuth des Volkes zur Geltung bringen sollten, und die prächtige
Renaissancefaçade des alten Capitouls war von oben bis unten
derart mit Rosen geschmückt, dass die herrlichen Sculpturen, die
Victorien und Sphinxe, kaum noch zu bemerken waren, während
die Statue Heinrichs IV. wie aus einer lebendigen Rosenlaube auf
die hin und her wogende fröhliche Volksmenge niederschaute.

Und immer wurden noch neue Rosenmassen in Körben, auf
Wagen, auf Tragen herbeigeschafft, denn auch die übrigen Theile
des Capitouls und die Häuser des Festplatzes durften des Schmuckes
nicht entbehren, der Festsaal musste sich in einen Rosenhain ver-
wandeln und das Grabmal der »Dame Isaure« die versprochene
Zierde empfangen. So arbeiteten drinnen in der Stadt die Männer
und Jünglinge eifrig, die Rosenguirlanden zu binden und anzu-
heften, während draussen, in den Gärten und Feldern, die Mädchen
und jungen Frauen die Beete und Hecken ihrer Knospen und
Blüthen beraubten, als ob nichts, was auf den Namen »Rose«
Anspruch machen durfte, ungepflückt davon kommen sollte.

Vor dem südlichen Thore St. Michel, wo die grosse Heeres-
strasse von Carcassonne in die Stadt mündet, erhebt sich zwischen
dieser und der Garonne nach Süden hin ein Hügel, der mit seinen
Hecken und seinem Buschwerk ein wahres Rosenparadies genannt
werden konnte. Hier wucherte die wilde Rose in üppigster Fülle,
und wenn auch schon die reichsten Ernten gehalten worden
waren, sammelten die Mädchen noch immer respectable Reste in
ihre Körbchen. Wie fröhlich das lachte und sang, und wie kokett
sich die leichten Schmerzenstöne dazwischen ausnahmen, sobald
sich eine der Schönen an den Dornen gestochen hatte! Jetzt

aber erklang ein Aufschrei in so kläglichem Tone, dass Alle
Lachen und Singen abbrachen und sich um die Gefährtin schaarten,
die ihr blutendes Händchen hoch emporhielt und vor Schmerz
hin und her bewegte. Man stand ihr bei und suchte das reichlich entquellende Blut zu stillen, als plötzlich eine männliche
Stimme von der Strasse drunten eine bekannte Weise ertönen liess:

> »Willst du Rosen brechen,
> Hüte, hüte dich fein!
> Ihre Dornen stechen,
> Dringen in's Herz hinein.«

Sofort antwortete ein voller Mädchenchor:

> »Willst Du Rosen brechen,
> Meide, meide Gewalt!
> Ach, gebroch'ne Rosen
> Welken allzubald.«

Rasch war der Fremde auf der Höhe. Es war ein junger
Geselle mit hübschen, gebräunten Zügen, dunklen, blitzenden
Augen und rothen, schwellenden Lippen; er trug die Tracht der
Provençalen und auf dem Rücken einen Kasten, der offenbar nur
eine Laute bergen konnte. Der Stock in der Hand, die bestaubte
Kleidung kündeten deutlich, dass er von weit her kam und zu
den Jeux Floraux wanderte.

Sein plötzliches Erscheinen hatte unter der Mädchenschaar
eine neue Bewegung hervorgerufen. Die hübschen Toulouserinnen
hefteten bewundernde Blicke auf die anmuthige Gestalt, am meisten
aber schien sie der Heldin unserer vorigen Scene zu gefallen, die
nun auf einmal Schmerz und Wunde vollständig vergessen hatte.
Es war ein junges, üppiges Mädchen, dessen rundes Gesichtchen
durch die doppelte Aufregung eine erhöhte Farbe angenommen
hatte, während die jugendlich volle Büste die ungestüme Bewegung
eines feurigen Herzens deutlich erkennen liess. Allerliebst stand
ihr die nationale Tracht mit dem kokett umgeschlagenen Halstüch-
lein; am originellsten war jedoch der Kopfputz, der aus einer
hohen, in Tollen gefältelten Haube von weissem Mousseline und
Spitzen bestand und das Gesicht wie mit einem weiten Strahlen-
kranze umgab. Ihre dunklen Augen blickten den Fremden überrascht und fragend an, ehe aber sie oder eins der anderen Mädchen

noch ein Wort gesprochen hatte, ergriff jener lächelnd die verletzte Hand und versetzte galant: »Lassen Sie mir Ihr Händchen, Ma Demoiselle, und im Nu soll die Wunde geheilt sein.«
»Seid Ihr denn — ein Doctor?« stotterte das Mädchen;
doch schon neigte der kecke Fremdling sein Antlitz und küsste
in einem langen Kuss die letzten Blutstropfen hinweg. »Bravo!
Charmant! Sehr galant!« riefen die Mädchen, kichernd in die
Hände schlagend und das Paar in ausgelassener Fröhlichkeit um-
tanzend, während die schöne Patientin bis unter die Strahlenhaube
erröthete und schüchtern die Blicke zu Boden senkte. Es war
ihr, als ob der Kuss glühendes Feuer in ihre Adern ergiesse, um
übermächtig zum Herzen zu dringen; dann aber schämte sie sich
ihrer Schwachheit, entzog dem Jüngling hastig die Hand, sprang
zu den Gefährtinnen und rief, in ihren früheren Uebermuth einlenkend, wenn auch nicht ganz unbefangen: »Die Wunde ist
geheilt, glücklich geheilt! Und nun wollen wir heim«.

»Ei, ist das ein Wunder! Ein einziger Kuss hat das vollbracht, ein Kuss auf den Finger? Nein, die Kunst will ich auch
einmal an mir erproben lassen! Kommt, bleiben wir noch da und
brechen Rosen, Rosen sammt den Dornen!« So jubelten und
schäkerten die Mädchen in ungebundener Fröhlichkeit; Manon
aber, die glücklich Geheilte, bestand darauf, dass es genug des
Rosenpflückens sei, und wollte im Nothfalle sogar allein heim-
kehren. »Und wo bleibt mein Lohn?« fragte der hübsche Fremde
mit drollig ernster Miene. »Ja, ja, seinen Lohn muss er haben,
Manon, und Du musst zahlen — sogleich!« riefen die Mädchen
wie aus einem Munde. »Sprich, Manon!« sagte der Jüngling
mit einschmeichelnder Stimme, indem er ihre Hand wieder
erhaschte und ihr in's Auge schaute. »Jede Arbeit ist ihres
Lohnes werth, und da meine Arbeit eine süsse war, so muss der
Lohn — noch viel süsser ausfallen.« »Richtig! Manon muss ihm
einen Kuss auf den Mund geben. Ich würde mich nicht so lange
sträuben. — Ich auch nicht. — Rasch, Manon, gib ihm seinen
Lohn.« »Nein, nein!« wehrte diese dem neckischen Drängen der
Gefährtinnen. »Seinen Lohn will ich ihm nicht vorenthalten; er
darf mich in die Stadt begleiten — wenn er uns vorher sagt,
wer er ist, woher er kommt und was er bei uns will.« »Haha,
die Listige! Sie will mit ihm allein davongehen! Nein, da wird

nichts d'raus, dann ziehen wir auch mit. Doch wer er ist, das soll er sagen.«

Die Mädchen drangen auf den Fremden ein, als ob es gülte, das Vaterland vor einem verkappten Verräther zu bewahren. Er war aber auf ein Incognito durchaus nicht versessen; »ich heisse François-Philippe Fabre«, rief er lachend, »komme von Carcassonne und will mir in Eurer Stadt den Preis der wilden Rose holen. So, da wisst Ihr Alles, und nun« — damit wandte er sich wieder in schelmischer Galanterie an Manon — »bitte ich um den Lohn, der mir für meine Wunderkur einstimmig zuerkannt wurde.« »Sobald Monsieur François-Philippe Fabre aus Carcassonne den Preis davongetragen hat, soll ihm sein Lohn ausgezahlt werden,« entgegnete Manon mit kokettem Lächeln und drollig ceremoniellem Knix. »Angenommen — wir alle sind Zeugen,« riefen die Mädchen, im Grunde froh, dass die Scene auf diese Art ihren Abschluss gefunden hatte; dann rafften sie die letzte Ernte in ihre Körbchen, nahmen den jungen Mann in die Mitte und tollten lachend, plaudernd und singend den Hügel hinab, um durch die Porte St. Michel zu verschwinden.

*   *   *

Die hübsche Manon war die Tochter des Wirths von Cabaret und Herberge zum »Epée de bois« auf dem Marktplatz vor dem Capitoul, und dahin wollte der junge Fabre, um sich bei den sieben »Mainteneurs«, vornehmen Bürgern und Magistratspersonen, die als Preisrichter bei den Spielen functionirten, als einen der »Aventuriers«, als Streiter um den Preis der »Eglantine« zu melden. Allmählich trennte sich ein Mädchen nach dem andern von der Schaar, um ihrem Heime zuzueilen, und am Ende waren Manon und der junge Sänger allein, wodurch das Gespräch ganz von selbst zum Anfang zurückkehrte. Das schien Manon nicht unbedenklich, und plötzlich abbrechend fragte sie, wo der Herr einzukehren gedenke, ob er Freunde in Toulouse habe. ob ihm die Gelegenheiten bekannt wären. »Bin hier ganz fremd und komme das erste Mal her«, erwiderte Fabre. »Wenn Ihr mir eine passende Herberge in der Nähe des Capitouls empfehlen könnt, so würde ich Euch dankbar sein.« »Das trifft sich gut«, meinte

Manon und liess ihre dunklen Augen aufleuchten, schlug sie jedoch sofort wieder nieder, als ob sie sich auf schlimmen Gedanken ertappt hätte. Gerade dem Capitoul gegenüber liegt
Cabaret und Herberge meines Vaters, da könnt Ihr übernachten.«
»Vortrefflich!« jubelte jener. »Dann werden wir ja beisammen
bleiben und können nach Herzenslust plaudern, singen und küssen.«
»Gewiss, plaudern und singen« berichtigte Manon hastig. »Ei,
glaubt Ihr denn, es gäbe eine Liebe ohne Kuss?« »Erringt
die Eglantine, dann küsse ich Euch — aus Bewunderung. Doch da
ist der Eingang zum Capitoul und dort das Cabaret meines Vaters.
Nun geht zu Euren Spielrichtern, ich will nach Hause, Euch die
Kammer zu richten.«

Mit diesen Worten lief Manon, ohne eine Gegenrede abzu-
warten, davon; einige Augenblicke schaute Fabre ihr nach, dann
liess er einen Jauchzer ertönen. »Per diou«, meinte er, »das ist
Glück. Habe mir da schon das hübscheste Mädchen von Toulouse
gefangen, denn daran zu zweifeln, dass ihr Herz mir gehört, das
wäre Sünde und Verbrechen. Habe ich erst die wilde Rose errungen, dann soll auch ihr Ebenbild mein werden — passembleu,
ein noch begehrenswertherer Preis als der der gaie science!« Und
so schritt er mit stolz erhobenem Haupt durch das rosengeschmückte
Portal in das düstere Gebäude, die nothwendigen Formalitäten zu
erfüllen, die Vorbedingungen seines Sänger- und Liebesglückes.

Den Abend verbrachte er mit den Gästen des Cabarets Epée
de bois und gab ihnen manch lustiges Liedlein seiner Heimath
zum Besten, Manon bekam er aber zu seinem Aerger nur flüchtig
zu sehen. Wohl sprach und lachte sie, wenn sie die Gäste be-
diente, mit diesem und jenem, nur an dem Tische Fabre's flog sie
stets ohne Aufenthalt vorüber; dafür richtete sie von ferne desto
öfter verstohlene Blicke auf den jungen Sänger, dieser bemerkte
das indessen nicht, da er von seinen Nachbarn sehr in Anspruch
genommen wurde. Es waren sangeskundige Toulouser, die kaum
von seinem Vorhaben vernommen hatten, als sie auch schon über
die Kunst mit ihm in Streit geriethen; und so gab es eine sehr
lebendige Scene, die als würdiges Vorspiel zu den Dichterspielen
des morgigen Tages angesehen werden durfte.

Als Fabre tief in der Nacht sein Lager aufsuchte, ward ihm
eine neue Enttäuschung, denn keine Manon, sondern der Garçon

geleitete ihn hinauf in die erste Etage, wo sich am Ende eines
langen düsteren Corridors sein Zimmer befand. Bevor er die Schwelle
überschritt, wendete er sich noch einmal zurück und glaubte ein
weibliches Wesen zu erblicken, doch beim schärferen Zusehen
starrte er in's Leere. Aergerlich schlug er die Thüre hinter sich
zu; »morgen werde ich glücklicher sein« murmelte er und summte
sich zum Trost das Liedchen von der Rose und den Dornen vor.

*   *   *

Am anderen Tage — es war der 5. Mai — war Toulouse
früh auf den Beinen. Wer nicht zeitig in den grossen Saal der Jeux
Floraux oder in den daranstossenden Saal »des Illustres« hatte gelangen können, musste mit einem Platz auf den Corridors oder den
Steintreppen vorlieb nehmen, um wenigstens etwas von den Festreden
und Gesängen zu vernehmen. Was aber nicht diese Absicht hatte, das
wogte drunten in den Höfen des Capitouls und auf dem Marktplatz
durch einander, plaudernd und lachend, schäkernd und foppend.

An einer der Langseiten des grossen Saals erhob sich auf einem
Piedestal die Statue der fabelhaften Dame Clemence Isaure in Nonnen-
tracht, und vor derselben befand sich eine lange Estrade, auf welcher
rechts in reichen Sesseln die sieben weisen Meister (Mainteneurs)
Platz nahmen, in lange dunkle Roben gekleidet, theilweise mit goldnen Ehrenketten geschmückt, auf den Häuptern riesige Allongen
und in den Händen blumengeschmückte Stäbe, mit denen sie das
Zeichen zum Beginn und Abschluss des Gesanges gaben sowie über
Werth oder Unwerth der Leistungen aburtheilten. Auf der anderen
Seite befanden sich die Aventuriers, die Streiter im Kampfe, etwa
ein Dutzend junger Leute und dazu einige ältere Sänger, die früher
Verfehltes nachzuholen hofften; sie hielten Saiteninstrumente von
den verschiedensten Formen in den Händen, von der grossen Harfe
und der vierzehnsaitigen Laute an bis zur kleinen Mandoline.
Das Wettconcert durfte also ein buntes Programm erhalten, und
eine respectable Länge war ihm auch vorauszusagen, so dass
Fabre, der als der zuletzt Angekommene am Ende der Reihe
sass, wahrscheinlich nicht vor Abend zum Singen gelangte.

Das Publikum bestand ausser den Magistratsherren und an-
gesehensten Bürgern meist aus Frauen und jungen Mädchen, die

4

in ihren schönsten und reichsten Costümen paradirten, aber nicht
minder durch die lebenswarmen Gesichter mit den dunklen Feuer-
augen und dem blauschwarzen Haarschmuck anziehend wirkten.
Die hübsche Manon nahm unter ihnen keinen niederen Rang ein;
sie sass etwa in der Mitte der Reihen, und das schon viele Stunden
lang, denn um diesen guten Platz gewinnen zu können, hatte sie
sich bereits am Morgen einfinden müssen. Sie behielt Fabre stets
im Auge, benutzte aber dabei eine stattliche Dame, welche vor
ihr sass, so geschickt als Deckmantel, dass jener sie lange vergebens suchen musste. Uebrigens konnten sich seine Blicke nicht
viel mit ihr beschäftigen, denn das Singen begann alsbald; der
Reihe nach, wie sie sich gemeldet hatten, eingetreten waren und
sassen, wurden die Sänger aufgerufen, und wenn der Obmann der
Mainteneurs darauf seinen Blumenstab erhob, traten sie vor die
Statue, verneigten sich gegen die Richter, die Mitkämpfer und
das Publikum und begannen nach kurzem Präludiren.

Zuerst musste in einer poetischen Rede, sei es in Versen
oder schwungvoller Prosa, ein denkwürdiger Vorfall oder ein
erhabener Heroe oder ein berühmter Ort behandelt werden; dann
folgte ein selbst erfundenes Lied, in der Weise der alten Troubadours gesungen. Da diese zwei Aufgaben ziemlich weit aus
einander lagen und zu ihrer Durchführung eine Vereinigung von
mancherlei Anlagen erforderten, so ergaben sich nur selten mehrere
gleichwerthige Candidaten für die Eglantine. Declamirt wurde
übrigens meist in übertriebenem Pathos, während Thaten wie die der
Helden Renaud und Montauban, Huon von Bordeaux, des grossen
Roland, Ogiers des Dänen den Vorwurf der Heldengesänge bildeten;
auch das Lob der heiligen Jungfrau ertönte, oder die heilige
Schäferin Germaine Cousin wurde verherrlicht, dann die Provence
und auch die gute Stadt Toulouse besungen. Die Liedchen, die
darauf folgten, waren bald lustig und keck, bald zärtlich und galant, aber auch züchtige und fromme Weisen wurden vernommen.
Dabei griff der Sänger, der bei der Declamation nur einzelne
Accorde angeschlagen hatte, voll in die Saiten, und lustige Weisen
und Tanzrhythmen wie ernste und kirchliche Melodien ertönten zur
Begleitung der Gesänge.

Oft hatten sich nun heute schon nach den Productionen drei
und vier Blumenstäbe erhoben, mehrmals hatte lauter Beifall den

Saal durchhallt, aber zu einem eigentlichen Jubel war es so wenig
gekommen wie zu einem einstimmigen Urtheil der Preisrichter.
Endlich traf die Reihe Fabre, den letzten der Kämpen. Der Stab
des Obmanns erhob sich, und mit elastischen Schritten und edler
Haltung trat der Gerufene vor, die Laute schlagbereit in der
Hand. Die hübsche jugendliche Erscheinung des Sängers, der
etwa neunzehn Lenze zählen mochte, sein feiner Anstand wirkten
elektrisirend, und ehe er noch begonnen hatte, lief eine freudige
Bewegung durch den Saal. Er selbst war ganz mit seiner Aufgabe beschäftigt und achtete der Umgebung nicht; kühn hob
er das Haupt und begann, den begeisterten Blick in die Ferne
gerichtet, in kunstreichen Versen.

Das Thema, welches er sich gewählt hatte, war von den
bislang vernommenen durchaus verschieden. Schwungvoll besang
er die Liebe, nicht die geistige und überschwängliche oder die
fromme Minne, sondern die Liebe, die, grösser als Anbetung und
Verehrung, sich hingibt, um Glück zu gewähren. Er schilderte
ein junges Paar, das sich bei der fröhlichen Maulbeerernte findet
und unter dem Schutze des blauen Himmels der Provence vereint, um in diesem Glück den Schöpfer aller Dinge zu feiern.
Dann ging er in ruhiger Betrachtung auf die Liebe der Menschen-
brüder über; als er jedoch eine Mordthat erwähnte, die man im
Namen der Religion an einem Unschuldigen vollbracht hatte,
ergriff ihn die Erregung, und sein Pathos athmete einen fast
dämonischen Charakter.

Tiefe Ergriffenheit bemächtigte sich der Zuhörer, denn wenn
die Sache auch nicht beim Namen genannt und Manches verschwiegen war, so wusste man doch noch allzugut, wie es mit dem
Urtheil stand, das man vor zwölf Jahren drunten auf der Richt-
stätte an dem unglücklichen Jean Calas vollstreckt hatte. Nicht
zu weit verlor sich der Dichter in diese trübe Geschichte; er benützte sie nur als Contrast und schloss mit der Verherrlichung
der Menschenliebe, welche die Erde zum Paradiese machen werde
und sich bald genug in ihrer Herrlichkeit offenbaren müsse. Als der
letzte Accord verrauscht war, herrschte lautlose Stille, dann brach
ein begeisterter Beifall los, der sich auf die Corridore fortsetzte
und in dem Jubel der auf dem Marktplatz versammelten Menge
ein rauschendes Echo fand. »Das ist ein Dichter! Ein neuer

Troubadour!« ging es durch die Reihen, während sich gleichzeitig
sechs Blumenstäbe erhoben. Dass der eine Richter der allgemeinen
Stimme zu widersprechen wagte, welche dem jungen Sänger
bereits den Preis zuerkannt hatte, gab Stoff zu neuen Bemerkungen,
und schon drohte ein Murren auszubrechen, als Fabre heitere Har-
monien und melodische Gänge seiner Laute entlockte und, mit
fröhlicher Miene in die Menge hinabschauend, zur allgemeinen
Verwunderung das Wort nahm. »Hört erst mein Lied, die Idylle
von einem Schäfer und seiner Schäferin, dann mögen die weisen
Richter ihres Urtheils walten.« Das war so unprogrammmässig
wie möglich, aber man erholte sich rasch von dem Ungewöhn-
lichen und antwortete mit ermunterndem Zuruf. Auch die Richter
schienen durchaus nicht verstimmt, vielmehr erhob der Obmann
mit freundlichem Lächeln seinen Stab, worauf Alles verstummte,
und der Sänger nach erneuten Verneigungen in die Saiten griff.
Mit angenehmer Stimme sang er das Lied, declamirte bedeutend
besser wie seine Rivalen, und die Begleitung schmiegte sich
passend an. Hier seine Worte[1]):

»Es regnet, Kind, es regnet,	»Lieb Mütterlein, ich bringe
Hol rasch die Schäfchen ein!	Dir einen lieben Gast;
Der Himmel sei gesegnet,	Das Wetter hebt die Schwinge,
Nah ist das Hüttchen mein.	Vergönn' ihm Schutz und Rast.«
Schon peitscht der Sturm die Blätter,	Komm, sitz zum Essen nieder;
Beflügle Deinen Lauf!	Was langst Du Dir nicht zu?
Im Sturme naht das Wetter	Bannt Schreck Dir noch die Glieder?
Und Blitze zucken auf.	So lege Dich zur Ruh.

Da steht Dein Bett, mein Kindchen;
Ade bis morgen früh!
Doch erst leih mir Dein Mündchen,
Ein Lohn gebührt der Müh.
O sträub Dich nicht, denn segnen
Wird uns des Priesters Hand:
Lass stürmen und lass regnen,
Uns schützt der Treue Band.

Da schallte ungemessener Beifall, alle sieben Richterstäbe
erhoben sich. Als der Obmann aufstand, in wohlgesetzter Rede
das Urtheil zu verkünden, verhallte seine Stimme, und lange

---

[1]) Das Original Fabre's zählt 6 achtzeilige Strophen. Hier ist nur die
erste voll übertragen, die fünf anderen sind in zwei zusammengezogen.

dauerte es, bis dieser Form Genüge geschehen konnte. Dann traten sieben junge Mädchen aus den besten Toulouser Familien vor und bestiegen die Estrade; eine trug auf einem Sammtkissen das schmucke Ehrenzeichen, die anderen hefteten es unter den üblichen Sprüchen dem Sieger an. Jubelnd erhob sich nun alles von den Sitzen und drängte heran, Fabre zu beglückwünschen; er schwelgte im Glücke, aber der Wermuthstropfen fehlte auch nicht, denn so sehr er sich anstrengte, Manon zu entdecken, sie war nirgends zu finden.

* * *

Der Abend endete mit einem Festmahl, das die Väter der Stadt dem Sieger und den Theilnehmern der Jeux Floraux im Rathhaussaale gaben. Selbstverständlich, dass es an poetischen und prosaischen Lobsprüchen nicht fehlte; hätte man den Dichter adeln können, man hätte es gethan, so aber begnügte sich ein Redner, ihn als Fabre d'Eglantine zu feiern, worauf er versprach, in diesem Namen seine Poetenlaufbahn fortsetzen zu wollen. Im Bankettsaal, auf dem Marktplatz dauerte das fröhliche Leben bis zum hellen Morgen; Fabre indess fühlte sich trotz all des Ruhmes nicht zufrieden und benutzte die erste Gelegenheit, sich davon zu stehlen.

Auch in der Gaststube seiner Herberge ging es noch hoch her; er jedoch eilte ohne Weiteres die Treppe hinan, und kaum hatte er den dunklen Corridor erreicht, siehe da umfingen ihn zwei weiche Arme, ein heisser Kuss brannte auf seinen Lippen und eine süsse Stimme raunte ihm zu: »Du hast mich gewonnen durch Deinen Sang! Dein bin ich für das ganze Leben!« Fabre presste das glühende Mädchen stürmisch an seine Brust. »Und ich bin Dein, meine theure Manon, Dein bis in den Tod!« So standen sie lange in inbrünstiger Umarmung, dann wandelten sie engverbunden wie zwei Nachtwandler weiter. »O lass mich, lass mich!« flehte Manon endlich mit ersterbender Stimme; doch er hörte keine Worte mehr und sie verlangte nach keinem Widerspruch. Traumverloren führte er sie, willenlos folgte sie, immer weiter bis in das tiefste Dunkel des Corridors. Noch einmal zog sie die Hand leise zurück, aber wie ein Seraphshauch klang es ihr in die Seele:

> O sträub Dich nicht, denn segnen
> Wird uns des Priesters Hand:
> Lass stürmen und lass regnen,
> Uns schützt der Treue Band.

Als ob sie sich einer Sünde zu zeihen hätte, fiel sie ihm um den Hals, bis ein neuer Kuss ihr sagte, welche Wonnen ihrer harrten.

Draussen auf dem Marktplatz zogen die Schaaren der Fröhlichen vorüber, und als Manons Gespielinnen mit ihren Freunden das Cabaret passirten, machten sie Halt und wiederholten in der Erinnerung an das nunmehr verfallene Versprechen das Liedchen, mit welchem der schöne Fabre seinen ersten Sieg errungen hatte:

> »Willst Du Rosen brechen,
> Meide, meide Gewalt!
> Ach, gebrochene Rosen
> Welken allzubald.«

2. In Paris, 1794.

Zwanzig Jahre sind vergangen; wir sind in Paris und schreiben den 5. April 1794. Die Schreckensherrschaft hat den Gipfel erreicht, die Revolution verschlingt ihre eigenen Kinder. Die Girondisten haben das Schaffot bestiegen, die Ultrarevolutionäre, die entsetzlichen Hébert und Chaumette, die Erfinder der Göttin der Vernunft, hat die Guillotine sammt ihrem ganzen Anhang verschlungen, und heute sind es die Gemässigten, Danton, der Urheber der grausen Septembermorde, Camille Desmoulins, der 1789 die Bürger zum Sturm gegen die Bastille aufgerufen, Herault-Sechelles und ihre Genossen, die auf dem Karren nach dem Revolutionsplatz fahren. Die Tricoteusen, diese Hyänen der Revolution, auch Priesterinnen der sainte Guillotine genannt, ziehen nebenher und verhöhnen die neuen Opfer Samsons durch freche Reden und frivole Lieder. Den letzten Karren nehmen vier Conventmitglieder ein, die zugleich als Fälscher verurtheilt worden sind, einer aber streut mit seinen geknebelten Händen Schmählieder, welche er auf den augenblicklich allmächtigen Robespierre und seine Genossen in der Conciergerie geschrieben hat, unter die Menge. Ein Hohnlachen empfängt die letzten Gaben des Dichters;

kein Mensch denkt jetzt an die Lieder, die er gesungen, die Lust-
spiele, die er auf das Theater gebracht hat, aber dass er Hunderte
unschuldiger Opfer der Guillotine zuführte, ist Allen gegenwärtig.
»Unmensch du! Schurke du, Fabre Eglantine!« klingt es um den
Karren, dann kreischt ein Weib »Fluch dir, Verräther!« und
»Fluch ihm!« gellt es in tausendstimmigem Echo zurück.

Wie war es möglich geworden, dass der lebensfrohe Sieger
der Toulouser Blumenspiele von 1774 sich heute auf dem Armen-
sünderkarren befand? Da das Leben einmal die Losung »Hammer
oder Ambos« ausgibt, gesteht man hervorragenden Naturen einen
reichlichen Verbrauch an Menschenmaterial zu, womit indess nicht
gesagt ist, dass diese im Grunde bestialischen Elemente sich nun
auch in aller Brutalität offenbaren müssen. Nicht selten geht dies
aber neben wahrhaft künstlerischen und edelgeistigen Eigenschaften
einher, mag nun die Erziehung gefehlt haben, das Temperament
sich ungebührlich vordrängen oder ein unglückliches Ereigniss die
ruhige Entwicklung unterbrechen. Bei unserm Helden haben wir
den ersten Fall, und so kam es, dass in seiner intellektuellen
wie moralischen Bildung einige Lücken zurückblieben, wenn er
sich auch bei seinem Eintritt in die Gesellschaft ebenso schnell
einen äusseren Schliff aneignete, wie er sich in seiner Singschule
der Kunstformen bemächtigt hatte. Neben einer natürlichen Verve
hing ihm eine unleugbare Uneleganz an, seinen lyrischen und
dramatischen Anlagen stand ein Hang zum Abstrusen gegenüber, und die ideale Begeisterung für Recht und Freiheit hinderte
nicht, dass er im Umgang recht leichtfertig, in seinem Verhältniss
zu den Frauen frivol sein konnte.

Als Lehrer hatte er Manon in die Liebeskunst eingeführt;
trotz seiner Jugend war sie die erste nicht, welche ihn gefesselt
hatte, wohl aber war es jetzt das erste Mal, dass er sich der
bürgerlichen Ordnung nicht zu entziehen vermochte. Am Tage
nach seiner Krönung wurde die Verlobung gefeiert; der Vater
nahm ihn mit offenen Armen auf, und die Mädchen beneideten
die Gespielin um ihr Glück. In der That lebte das Paar ein Leben
heimlicher Seligkeit, das ohne Gleichen zu sein und mit der bevorstehenden Vermählung sich nur neue Quellen eröffnen zu
wollen schien. Merkwürdig freilich, dass der Termin der Hochzeit immer von Neuem hinausgeschoben wurde; auch munkelten

die Nachbarinnen, dass der schöne Dichter noch andere Verehrerinnen habe und den süssen Lockungen nicht widerstehen könne, aber Manon wusste, wie die Welt das Edle in den Staub zu ziehen liebt und jeder Zufälligkeit eine böse Absicht unterlegt. So war der Herbst herangekommen und das Zögern hatte von selbst ein Ende; Fabre hatte sich offenbar niemals gegen die Hochzeit gesträubt, jetzt betrieb er sie mit aller Eile. Am Vorabend gab er seinen Freunden ein grosses Fest, zu welchem des Schwiegervaters Küche und Keller ihr Bestes herleihen mussten, am anderen Morgen suchte man ihn jedoch vergebens, er war verschwunden und Toulouse sah ihn nie wieder.

Die arme Manon verfiel in ein hitziges Fieber, das ihr fast das Leben raubte, und als sie nach Monaten genas, konnte man sie nicht wiedererkennen. Aus dem jugendschönen, lebenslustigen Mädchen war ein bleiches, stilles Weib geworden, das wie im Traume einherging und allen Antheil am Leben verloren zu haben schien. Sie dachte nur an den Ungetreuen, den lieben Ungetreuen, und als der neue Sommer gekommen war, verschwand auch sie aus der Heimath. Sie wollte ihn suchen, ihn finden, ihn wiedergewinnen, denn durfte er sie wirklich verstossen, die der Treue Band schützte?

Fabre d'Eglantine war ohne Ziel in die Welt hinausgelaufen, um neues Glück zu suchen, das ihm nach dem vielversprechenden Anfang seiner Meinung nach unmöglich fehlen konnte. Er durchstreifte die Schweiz und betrat in Genf die Bühne, dann zog er nach Flandern, lebte in Brüssel und setzte daselbst seine Theatercarriere fort. Grosse Erfolge hat er damit nicht erzielt, denn seine mimische Begabung war nur eine mittelmässige; dagegen tummelte er sich weidlich in allen Untiefen des Komödiantenlebens und fand darin für den Augenblick keinen geringen Genuss. Diese Ungebundenheit gab den Moralisten damals zum Kampfe gegen das Theater vielfachen Anlass; dafür verkehrten die höheren Kreise bei dem zur Mode gewordenen Dilettiren ungenirt mit den Theaterleuten, und die Folge war, dass diese neben den Alluren der grossen Welt Schutz für ihre Anschauungen gewannen, während jene, wenn sie auch nicht mehr verdorben werden konnten, doch ihre Lascivität verbreiterten und neu nüancirten. Auch bei Fabre machte sich der Komödiant im schlechten Sinne geltend

und beförderte seinen Cynismus; dafür erhielt er auf der anderen
Seite weittragende Anregung und arbeitete durch das Studium
der Theaterwirkung, der mimischen Action und des gesellschaftlichen Lebens für seinen künftigen Beruf trefflich vor.

Der Dichter regte sich bei ihm beständig, und als er nach
Jahren in sein Vaterland zurückkehrte und in Lyon ein Engage-
ment annahm, trat er als »Eglantine« auf, um gleichsam anzu-
deuten, dass er Willens war, zu seinem Ausgangspunkt zurückzukehren. Dieser Name verrieth ihn jedoch an Manon, die bislang vergebens ganz Frankreich nach ihm durchforscht hatte;
nun stand sie vor ihm, und was Gram und Sehnsucht von ihrer
Schönheit übrig gelassen hatte, das hatte Noth und Elend auf-
gezehrt. Fabre konnte sie beim besten Willen nicht wieder erkennen; als sie aber ihren Namen nannte und ihn an seinen
Schwur erinnerte, da lachte er sie aus, als sie weinte und die
Hände rang, hatte er nur Hohn zur Antwort, und als sie ihn
auf das Urtheil der Menschen und Gottes Gericht verwies, da
schalt er sie Lügnerin und wies ihr die Thüre. Bis hierher hatte
sie Alles getragen, eine Welt von Leid und Wehe; als ihr aber
jetzt der letzte Rest von Glauben mit teuflischer Grausamkeit aus
der Seele gerissen wurde, da erwachte die heisse Leidenschaft ihrer
Jugend, und einen Fluch schleuderte sie dem Frevler in's Gesicht,
dass er wider Willen das Auge senken musste. Was Liebe gewesen war, sollte jetzt als Hass wirken, an seine Fersen wollte
sie sich ketten, nicht um Liebe zu erwinseln, nein, um Strafe
herbeizuführen, nicht rasten wollte sie noch ruhn, bis er vor
ihr im Staube läge, verkommen in Schmach und Schande, unter-
gegangen an Leib und Seele.

»Verrücktes Gefasel!« schrie ihr Fabre nach, indess ihm vor
Angst die Haare zu Berge standen; aber sie ging und kam nicht
wieder, so dass er am Ende über seine schreckbare Phantasie
lächelte und die Scene in Lyon vergass wie er die Begebnisse
in Toulouse vergessen hatte. Um das Glück zu finden, welches
ihm bislang nicht sonderlich hold gewesen war, ging er in seinem
dreissigsten Jahr nach Paris, aber nicht als Schauspieler, sondern
als Bühnendichter, und, ehrgeizig wie er war, liess er sich durch
keinerlei Hindernisse abschrecken, bis er das vorgesteckte Ziel
erreicht hatte. Seine erste Komödie, »les gens de lettres ou le

provincial à Paris«, rief am 21. September 1787 im Théâtre
Italien einen leidigen Scandal hervor, kurz darauf fiel die Tragödie »Augusta« im Théâtre français durch, und bei »Le pré-
somptueux« war am 7. Januar 1789 das Stück bereits mit dem
zweiten Akt zu Ende. Dann aber ging es aufwärts, und mit dem
Lustspiel »Le Philinte de Molière« erzielte er einen so glänzenden Erfolg, dass er fortan den besten lebenden Komödien-
dichtern angereiht wurde. Er hat im Ganzen siebzehn Bühnen-
arbeiten geliefert, von denen die letzte »Les précepteurs« erst
um 17. September 1799, dafür aber mit enthusiastischem Erfolg
zur Darstellung gelangte. An seinem Stil tadelte man uncorrecte
Kühnheiten, Bizarrerien, Dunkelheiten und ungraziöse Details,
aber energische Bewegung, glückliche Züge, packende Ausdrücke
und tiefer Sinn machten jene Fehler wett, ganz abgesehen davon,
dass er sehr theatergemäss schrieb und ein wirklich komisches
Talent entfaltete. Sein Preislied »Il pleut, il pleut, bergère«
wurde Volkseigenthum, nachdem es von Louis-Victor Simon componirt worden war[1]); aber auch »Je t'aime tant! Je t'aime tant!«
war lange Zeit im Schwange, seitdem es Garat zu einem seiner
Lieblingsstücke erhoben hatte.

Dass Fabre den Bewegungen der Revolution das höchste
Interesse entgegenbrachte, war bei seiner Kunst- und Weltanschauung selbstverständlich; dass er aber an der Politik selbst-
thätigen Antheil nahm, schlug zu seinem und zum Unglück seines
Vaterlandes aus. Obwohl er keine führende Rolle spielte und
speciell seinen engeren Collegen Collot d'Herbois an Bedeutung
nicht erreichte, stand er doch immerhin in den vordersten Reihen
der Umsturzmänner; er schloss sich Danton an, und dieser machte
ihn nach dem blutigen 10. August 1792 zum Generalsecretär
des Ministeriums der Justiz. Dann wurde er als Volksrepräsentant
in den Convent gewählt[2]), stimmte daselbst für den Tod des Königs

---

[1]) Derselbe hat auch eine Oper »La double récompense« gedichtet und
gesetzt.

[2]) Fabre d'Eglantine und Collot d'Herbois haben als Parlamentarier unter
den französischen Dramatikern und Schauspielern kaum ernsthafte Nachfolger gehabt. Im Jahre 1848 bewarb sich ein unbedeutender Mime Lamiral um einen
Sitz in der constituirenden Nationalversammlung, ebenso aber auch der berühmte Bocage, welcher unausgesetzt der Regierung Louis Philipps Opposition
gemacht hatte und von seinem Direktor Liveur für einen Vorkämpfer der Re-

ohne Berufung und wurde Mitglied des Wohlfahrtsausschusses, der nicht allein dem Revolutionstribunal und der Guillotine seine zahlreichen Opfer lieferte, sondern auch die Würgengel nach Frankreichs Grossstädten entsandte. Dass Fabre sich zum Wütherich entwickelt hätte, lässt sich nicht sagen; wohl aber steigerte sich im Kampfe sein Fanatismus und seine Frivolität, und die Gemeinschaft wie der Blutgeruch gaben ihm den letzten Schliff — auch Züge, welche an die ursprüngliche Bestialität im Menschen erinnern und sich in dieser Zeit des wiedergekehrten Naturzustandes ausserordentlich wirksam zeigten. Beschlüsse des Convents, mit denen Fabre's Namen verknüpft ist, sind das allen Handel und Credit vernichtende »Maximumgesetz« und der republikanische Kalender (Sept. 1793), in welchem man »des allusions, dont la licence irreligieuse doit inspirer autant d'indignation que de dégoût« bemerkte, ebenso aber auch »des aperçus ingénieux et

publik erklärt wurde. »Ich habe alles gethan«, sagte derselbe, »um Bocage am Odéon zu fesseln. Er verlangte eine übertriebene Gage, ich gab sie ihm; er verlangte unmässige Spielgelder, ich gab sie ihm, die besten Rollen erhielt er auch, aber als er die Republik forderte, konnte ich ihm beim besten Willen den Gefallen nicht thun.« Bocage nannte sich in den Wahlaufrufen, mit denen er das Quartier latin überschwemmte, den »Arbeiter des Gedankens und der Kunst«, was Levassor veranlasste, in einer Posse einen Candidaten mit der Blouse über dem Gehrock orklären zu lassen: »Mein Vater war Arbeiter in Roferendarangelegenheiten, mein Bruder ist Arbeiter der Medicin, und ich bin Arbeiter in Bankgeschäften.« Bei den Wahlen von 1885 trat eine Anzahl phantasievoller Candidaten auf, so der Dichterkutscher Moore, der in der Wahlcampagne von 1893 auf den Abgeordneten Lockroy schoss, der Possenreisser Liebonne, Oberst der Communetruppen, der Gründer des »Chat Noir«, Rodolpho Salis, der Witzbold Saveck, der Humorist Touchatoul, der durch seine »sympathischen Schnecken« bekannt gewordene Jules Allix u. s. w. Der Komiker Hamburger vom Variété debütirte in Asnières als »Candidat de l'esprit français« und versprach, falls er gewählt würde, allein mehr Dummheiten zu machen als alle anderen Abgeordneten zusammen. »Diese Erklärung«, schloss er seinen Aufruf, »ist nicht wie Caesar: sie braucht keine Commentare. Noch einmal, gebt mir Eure Stimmen! Gebt mir tausend! Gebt mir hundert! Gebt mir zehn! Gebt mir nur eine allereinzige! Auch sie wird nicht verloren sein, denn ich werde einen edlen Gebrauch davon machen, ich werde sie meinem Kameraden Baron abtreten, um die seinige zu ersetzen, und alle Welt wird damit zufrieden sein!« — Uebrigens sind auch zwei bedeutende Frauen in diesem Zusammenhang zu nennen: Rachel, welche trotz politischer Alluren die ihr vom Frauenclub angebotene Candidatur ablehnte, und George Sand, welche trotz entgegengesetzter Bestrebungen gründliches Fiasco machte.

des détails sicentifiques, rendus avec une exactitude et une
concision, qui ne sont pas dépourvues d'élégance«. Alles das ent-
stammte der Feder unseres Dichters, der mittlerweile ein sehr
opulentes Leben führte und, um zu demselben zu gelangen, die
letzten Scrupel seines Gewissens überwunden hatte. Am 13. Januar
1794 der Fälschung von Documenten, Veruntreuung öffentlicher
Gelder sowie des Verraths an der Republik angeklagt, wurde
er mit seinen Complicen verurtheilt und am 5. April mit Danton,
Desmoulins und Genossen dem Nachrichter überantwortet.

Und Manon? Seht ihr das Weib, das, ohne rechts und links
zu schauen, ihre Augen nur auf den Einen unter den vier Verurtheilten richtet? Sie nimmt nicht Theil an den Ausbrüchen
der Wuth und des Hohnes, aber sie empfindet auch kein Mitleid mit den Gefolterten, sie achtet nicht der Vorgänge, sie
gibt keiner Empfindung Ausdruck, mechanisch folgt ihr Fuss
dem Karren, ihr Auge jeder Bewegung des verurtheilten Dichters.
Sie muss viel Elend erfahren haben, denn sie ist zum Skelett
abgezehrt und in schmutzige Lumpen gehüllt; tief liegen die
Augen in den Höhlen, und zuweilen fliegt ihr ein Schauer über
den Leib.

Der Karren hat die lange Rue St. Honoré passirt; neue
Schaaren von Sansculotten strömen hinzu, und das alte Spottspiel
beginnt von Neuem, bis Alle in das »Ça ira« einstimmen. Da
drängt sich das arme Weib dicht an den Karren, und als das
Gekröhle verstummt, beginnt sie, den Kopf mit den flatternden
Haaren zurückbeugend und die knöchernen Hände weit gegen den
gefesselten Mann vorstreckend, den ihre Augen nicht lassen, mit
unheimlicher Stimme zu singen:

> Es regnet, Kind, es regnet,
> Hol rasch die Schäfchen ein!
> Der Himmel sei gesegnet,
> Nah ist das Hüttchen mein.
> Schon peitscht der Sturm die Blätter,
> Beflügle deinen Lauf!
> Im Sturme naht das Wetter
> Und Blitze zucken auf.

Die seltsame Sängerin und der noch seltsamere Sang hatten
bewirkt, dass der Lärm in der Nähe verstummte. Der Mann im

Karren, der zwar durch die Kerkerhaft körperlich sehr mitge-
nommen schien, aber bislang seinen Muth bewahrt hatte, schnellte
bei den ersten Worten wie von einem Schlage getroffen empor;
so stand er da wie ein Verdammter und senkte den Kopf und
suchte mit den verlöschenden Augen nach Hilfe und Trost, dann
sank er wie leblos auf seinen Sitz zurück. Doch jetzt schwoll
der tosende Jubel vom Neuen an, entsetzlicher, gellender wie
vorher, denn der Zug war bei der Guillotine angelangt. Danton
und seine Genossen bestiegen das Schaffot, Fabre d'Eglantine als
einer der Letzten. Als sein Haupt fiel, sank das Weib, das ihm
eben noch zugesungen hatte, lautlos zu Boden. Die Menge liess
sich in ihrem Treiben nicht stören, nur einige neugierige Weiber,
zu denen sich ein paar mitleidige alte Männer gesellten, machten
sich mit der Aermsten zu schaffen. Sie war todt. »Hat wahrscheinlich den blutigen Anblick nicht ertragen können,« meinte
eine Frau; doch ein Mann belehrte sie: »Ein Gehirnschlag hat
sie erlöst; ich habe es gleich gesehen, dass sie wahnsinnig war«.
So endete der fröhliche Sieger der Toulouser Blumenspiele und
sein schmuckes Liebchen.

IV.

Rose und Lorbeer.

(»Bouton de rose« von der Prinzessin Constanze von Salm.)

1. Im Walde von Coucy-le-Chateau.

Es war im Sommer des Jahres 1785. Auf der Strasse von Soissons nach St. Quentin zog ein eleganter Reisewagen mit Krone und Wappen, in dem ein alter Herr in einfachen Reisekleidern und ein reich costumirter zwölfjähriger Knabe Platz genommen hatten. Sie kamen von Paris, hatten einen Abstecher nach Soissons gemacht und mussten nun wieder die grosse Heerstrasse gewinnen, die über Maubeuge nach Brüssel führte. Von da sollte es weiter nach Schloss Dyck bei Neuss am Rhein gehen, denn Schüler und Erzieher, der junge Graf Joseph von Salm-Reifferscheidt-Dyck und der alte Herr von Breteuil, wollten ihr Pariser Studium auf einige Zeit mit einem Familienaufenthalt vertauschen.

Der Wagen kam nur langsam vorwärts, denn die Strasse war ausgefahren und holprig, und so befanden sich die Reisenden gegen Mittag, wo sie in Chauny das Dejeuner nehmen wollten, immer noch im Walde von Coucy. Plötzlich erhielten sie mehrere empfindliche Stösse und hielten mit einem Ruck still. »Wir können nicht weiter, gnädiger Herr«, rief der Kutscher, »zwei Radspeichen sind gebrochen.« Herr von Breteuil kletterte vorsichtig aus dem Wagen heraus, während ihm der Knabe, eine zarte Gestalt mit ebenso hübschen wie geistig bedeutsamen Zügen, mit einem raschen Sprunge folgte. »Was thun?« murrte der Kutscher; »ja, was thun?« wiederholte Herr von Breteuil, und beide machten sich daran, den Schaden eingehend zu untersuchen. »So lassen Sie uns doch zu Fusse weiter gehen«, meinte der Knabe; »der Wald ist so schön und Chauny kann nicht mehr weit sein, von wo wir Pierre Hilfe senden können«. Der Mentor zog ein bedenkliches Gesicht, aber ohne darauf zu achten, fuhr jener lebhaft fort, indem er in die Ferne deutete: »Sehen Sie dort auf der Höhe die Ruinen, Herr von Breteuil? Da muss es herrlich sein, da wollen wir hin. Und da drunten winken Strohdächer, dort finden wir Leute, die uns unterdessen das Rad wiederherstellen können — kommen Sie, bitte, kommen Sie nur.«

»Da werden wir wohl schwerlich einen Wagner finden«, entgegnete Herr von Breteuil und sah im Geiste dem ersten Ungemach schon eine ganze Reihe weiterer folgen. Plötzlich stutzte Pierre, der sich noch mit dem Rad zu schaffen machte, und beugte sich tiefer zum Boden nieder; »ich höre Hufschläge«, rief er, »ein Reiter kommt«. Bald wurde auch den Anderen ein Getrappel vernehmbar, dann tauchte unter den Eichen ein eleganter Reiter auf schmuckem, reich gezäumtem Rosse auf, der sofort sein Tempo beschleunigte, als er die Situation überschaute.

Es war ein junger Mann von etlichen zwanzig Jahren und offenem, freundlichem, wennschon keineswegs schönem Gesicht; leicht schwang er sich von seinem Falben und näherte sich, den goldbordirten Dreispitz höflich lüftend, den Reisenden. Herr von Breteuil theilte ihm, den Knaben und sich vorstellend, in kurzen Worten den Unfall mit. »Das gibt freilich einen Tag Aufenthalt«, entgegnete der Fremde; »aber erlauben Sie mir, Ihnen einen Vorschlag zu machen. Ich reite nach Sinceny, etwa anderthalb Wegstunden von hier und nicht weit von Chauny; wenn Sie mich begleiten wollen, so würden Sie bei dem Herrn Baron von Théis die freundlichste Aufnahme finden.« Der alte Herr, der offenbar kein Freund von Fusspartieen war, ging schon wieder zu einer bedenklichen Miene über; jener aber fuhr fort: »Ich werde mein Pferd dem jungen Herrn Grafen abtreten, wir beide besteigen Ihre Kutschpferde, und von Sinceny senden wir in etlichen Stunden Ihrem Kutscher Wagner und Schlosser. Sie werden den Ritt gewiss nicht bereuen, denn Herr von Théis feiert heute ein ländliches Fest; unterdessen wird ihr Wagen ausgebessert, und morgen können Sie weiterfahren.«

»Bravo! Das ist herrlich!« jubelte der Knabe und klatschte
in die Hände. »Nicht wahr, wir nehmen das Anerbieten dankbar
an, Herr von Breteuil, und reiten nach Sinceny? Und ich auf
dem hübschen Fulben, das ist hübsch von Ihnen, Herr —« »Jean
Pipelet, Baron von Leury« stellte sich der Reiter vor, und nun
nahm das Gesicht des Herrn von Breteuil, das bislang trotz all der
schönen Aussichten einer gewissen Verstimmung nicht Herr geworden war, einen freundlichen Ausdruck an. »Ah, ein wohl-
bekannter Name!« meinte er. »So sind Sie wohl ein Sohn des
Herrn Geheimsecretärs Seiner Majestät?« Der Andere bejahte
höflich, und nun thaute der alte Herr vollends auf, drückte ihm
die Hand, beglückwünschte sich zu der höchst angenehmen Gesellschaft und nahm das Anerbieten unter auserlesenen Dankesworten
an. Auch der junge Graf reichte Herrn von Leury die Hand,
dann bestieg er mit dessen Hilfe den Falben und tummelte ihn
lustig auf und nieder, während Pierre die Kutschpferde für die
Herren zurichtete; endlich wurde der Ritt nach Sinceny angetreten,
und wenn Herr von Breteuil auch etwas unbequem sass und vom
Traben bald ablassen musste, so that dies doch der heiteren Stimmung keinen Eintrag.

2. Das Heim eines Poeten.

Das Dörfchen Sinceny lag anmuthig in einer grünen Ebene,
die sich, sanft und wellenförmig abfallend, bis zu der nahen Oise
hinzog. Ausser der Kirche barg es zwei grössere Gebäude, und
das erste, welches sofort in die Augen fiel, war das Stammhaus
der Herren von Théis. Unter Ludwig XIV. an Stelle eines halb
verfallenen Kastells erbaut, lugte es mit den langen Fensterreihen,
dem Mansardendach und dem hohen noch aus früheren Jahrhunderten stammenden Thurm einladend aus dem Grün hervor; im
Rücken zog der Park allmählich eine Höhe hinan, um sich in
einen üppigen Wald zu verlieren, vor der Vorderfront dagegen
breitete sich bis an die Oise ein sorgsam gepflegter Garten aus.
Sehr hübsch machte sich die breite Terrasse mit der Doppel-
treppe, die in zweifacher Windung an zwei von zierlichen Blumenbeeten umgebenen Springbrunnen vorüber hinabführte; die Ba-
lustraden waren mit Vasen sowie den Statuen Apoll's und der

Musen geziert, und hinter den Springbrunnen zog ein kleiner
»Tapis-vert« nach einer zweiten Plattform hin, die, an drei Seiten
von geschnittenen Taxusbäumen und -hecken umgeben, ein Theater
im Grünen mit Coulissen und Hintergrund bildete. Neben der
Bühne standen wieder auf Blumenbeeten Vasen mit Gräsern und
bunten Blüthen und in künstlich geschnittenen Nischen der Taxuswände Statuen von Künstlern, Göttern und Göttinnen, kurz man
erkannte auf den ersten Blick, dass der Besitzer dieses Anwesens
ein Mann von Geschmack war, der sich in seinen Musestunden
mit Dichtkunst und Bühne beschäftigte.

Auf seine materielle Arbeit deutete das zweite grössere Bauwerk des Dorfes, welches mit dem idyllischen Schlösschen einigermassen contrastirte, eine grosse Fabrik für Steingutwaaren, welche
einer seiner Vorfahren 1735 als die erste derartige Manufactur in
Frankreich angelegt hatte [1]). Er selbst besass heute nur noch
einen Antheil daran, ein anderer gehörte dem reichen Geheim-
secretär des Königs, Pipelet Baron von Leury, der, seit er nicht
mehr selbst zur Abrechnung kommen konnte, seinen Sohn, der-
zeitigen Studenten der Medicin, nach Sinceny beorderte. Dies war
auch diesmal der Anlass von dessen Anwesenheit; doch wollte es
das Glück, dass er noch etwas Anderes und Schöneres fand als
trockene Listen über fabricirte und verkaufte Steingutwaare.

Marie-Alexandre von Théis hatte übrigens früher in Staats-
diensten gestanden. Während sein Vater Generalinspector der
königlichen Manufacturen gewesen war, hatte er Jahre lang die
Stelle eines Inspectors der Flüsse und Waldungen der Grafschaft
und Stadt Nantes versehen, wo ihm auch sein Sohn Alexandre (1765)
und seine Tochter Constance (1767) geboren worden waren. Kurz
darauf hatte er sich nach seinem Stammschloss zurückgezogen, um
den Musen und der Erziehung seiner Kinder zu leben, gleichzeitig
die Interessen der ertragreichen Fabrik zu wahren, wie dies ja
auch Ludwig XV. mit der Porzellanfabrik von Vincennes that,
die er mit mehreren Finanziers gegründet hatte und 1765 als
königliche Manufactur nach Sèvres verlegte.

In ästhetischer Beziehung war der Baron mehr wie Dilettant.
Er hatte mehrere Stücke für Pariser Bühnen geschrieben, auch

---

[1]) Besteht heute noch.

einen Band Erzählungen in Versen, die mit grossem Aufsehen
unter dem seltsamen Titel »Le singe de Lafontaine« 1773 ohne
Autornamen erschienen. Und wie sein Sohn, der damals in Paris
studirte, seine administrativen Anlagen erbte, um mit der Zeit
einer der tüchtigsten Beamten Frankreichs zu werden, so besass
seine jetzt achtzehnjährige Tochter seine poetischen Talente. Dank
seiner Unterweisung in allen Künsten und Wissenschaften wohl
bewandert, lernbegierig und schaffensfreudig, blieb Constance trotzdem von entzückender Bescheidenheit und Natürlichkeit; dabei
war sie eine seltene Schönheit, gross, schlank und von einem
Gesicht, das beim ersten Anblick durch seine Lieblichkeit bezau-
berte, aber in seltsamem Contrast zu ihrer Jugend und ländlichen
Umgebung damit auch eine königliche Würde vereinte. Der
Vater war stolz auf sein talentvolles Kind, das er im Geiste schon ·
als eine der bedeutendsten Frauen erblickte, und wünschte sich
nur, so lange zu leben, bis er den rechten Mann gefunden hatte,
der seine Erziehungsweise frei fortsetzte. Er kränkelte nämlich
schon seit langer Zeit, was ihn jedoch nicht hinderte, sich seines
kleinen Paradieses und der Gaben, welche ihm die Musen bescheer-
ten, recht von Herzen zu freuen und auch seine Nebenmenschen
an dem Genuss jener Herrlichkeiten theilnehmen zu lassen.

Gerade am heutigen Tage sollte ein solches Fest in Scene
gehen, und zum Festspiel hatte Herr von Théis ein älteres Singspiel von Sédaine und Monsigny gewählt, die man dreist die
Väter der französischen komischen Oper nennen darf, nämlich
»Röschen und Colas«, welches 1764 zum ersten Mal in Paris aufgeführt worden war. Fräulein Constance und Angehörige von
Beamten der Fabrik waren die Darsteller, das ganze Dorf stellte
das Publikum; es sollte ein hübsches Fest werden und Folgen
haben, welche die Betheiligten auch nicht im Entferntesten zu
ahnen vermochten.

3. Ein Singspiel im Grünen.

Unsere Reisenden waren bald nach Mittag in Sinceny ein-
geritten und von Herrn von Théis freundlichst aufgenommen
worden. Er kannte den Reichsgrafen von Salm und freute sich
dessen Sohn auf seinem Landsitz bewillkommnen zu können; Pi-

pelet von Leury stand dagegen nicht nur seit Jahren mit ihm in
geschäftlicher Berührung, sondern war auch ein Freund seines in
Paris studirenden Sohnes.

Sofort wurden Handwerksleute nach dem Wald von Coucy
gesandt, um den Schaden auszubessern; dann ging es zu einem
improvisirten Dejeuner, an dem aber Constance, mit den Vorbereitungen zur Aufführung beschäftigt, nicht theilnahm. Durch
Zufall kam es, dass der Baron ihrer nicht einmal erwähnte, er
erzählte nur von dem Feste, dem Stücke, den Pariser Aufführungen,
und spannte die Erwartungen seiner Gäste dadurch auf das
Höchste. Der junge Graf glühte vor Freude und konnte kaum
das Ende des Dejeuners erwarten, um nach dem kleinen Theater
hinabzueilen. Viel zu sehen gab es da freilich noch nicht, und
von Mitwirkenden fand er nur den Dorforganisten vor, der sich in
einer Seitencoulisse mit dem Claveein beschäftigte, auf dem er die
Lieder, Arietten und Vaudevilles zu begleiten hatte.

Doch im Garten wurde es bereits lebendig; betresste Diener
brachten Stühle herbei für die Honoratioren des Orts, den Pfarrer
und den Bailly, die Vorstände der Fabrik und die Geschäftsfreunde
aus der Umgegend; dieselben wurden zu beiden Seiten der Scene
aufgestellt, während das Tapis-vert zum Lagerplatz der ländlichen
Zuschauer, die Terrasse zur Loge für die adeligen Nachbarn des
Schlossherrn und seine neuen Gäste eingerichtet war. Lange vor
der bestimmten vierten Nachmittagsstunde rückten die Landleute
heran, Alt und Jung in buntem Gemisch, alle aber in der höchsten
Erwartung, ihre lebhafte Unterhaltung zu discretem Flüstertone
mässigend. Dann kamen die Nachbarn des Barons zu Pferd und
in Karossen an, und als der junge Graf mit hochgeröthetem Gesicht wieder im Schlosse anlangte, wurde er von einer zahlreichen
Gesellschaft von Damen und Herren mit tiefen Verbeugungen und
mehr oder minder ausgesuchten Complimenten empfangen.

Plötzlich wurde die lebhafte Conversation durch eine Fan-
fare von Waldhörnern unterbrochen; Alles erhob sich und schritt
paarweise in höfischer Grandezza dem Ausgange zu, welcher auf
die Terrasse einmündete. Herr von Théis hatte einer alten, bunt
aufgeputzten Dame den Arm gereicht und führte an der anderen
Hand den jungen Grafen; sie nahmen in der Mitte Platz, während
sich die übrigen Gäste nach Belieben placirten. Der ganze

mittlere Tapis-vert war jetzt dicht gedrängt mit ländlichen Schönen
und jungen Burschen belegt, während die Alten sich an den
Seiten gelagert oder aufgepflanzt hatten; auch die Stühle der
Honoratioren waren vollzählig besetzt, und bei dem Erscheinen
des Barons brachte der Bailly ein Hoch auf den gnädigen Herrn
aus, in das alle Landbewohner in fröhlichem Tumulte mit
Schwenken von Hüten und Taschentüchlein unter dem Klang der
Waldhörner einstimmten. Lachend und plaudernd nahm dann
die animirte Jugend ihre Sitze wieder ein: da rauschte ein
Accord, und unter lautloser Stille begann der Organist auf dem
Clavecin die Symphonie.

Jetzt trat Röschen auf, ein allerliebstes Mädchen, Tochter
eines Angestellten der Fabrik, und sang ihre Ariette »Armer
Colas, armer Colas!« Schon ihr Erscheinen hatte ein allgemeines
Murmeln freudiger Ueberraschung begleitet, denn sie trug die
Tracht der idealen Schäferinnen Watteaus: weite Paniers, über
die sich die kurze Robe mit drapirtem Ueberwurf von hellblauer
und rosa Seide, mit Blumen geziert, ausbreitete, das Haar hoch
toupirt, gepudert und ebenfalls mit Blumen geschmückt, in der
Hand einen reichbebänderten goldenen Schäferstab. Das passte
überraschend zu dem grünen Theater, und wie das hübsche
Röschen mit ihren hohen rothen Absätzen kokett herumtrippelte,
das war einfach allerliebst.

Die Handlung musste auch für eine ländliche Bevölkerung
viel Anziehendes haben. Röschen liebt ihren Colas; die Väter
sind damit wohl einverstanden, wollen aber selbstsüchtig die Heirath bis zum nächsten Jahre hinausschieben und legen dem
Pärchen allerlei Hindernisse in den Weg. Eine alte geschwätzige
Nachbarin, die Mutter Bobi, hilft dabei mit allen Kräften, aber
schliesslich wird durch sie die unnöthige Quälerei der Liebenden
vereitelt, und am Schlusse bekommt Röschen ihren Colas doch.
Nun war es bekannt, dass die alte Mutter Bobi durch einen jungen
Mann gespielt und gesungen werden sollte; über den Darsteller
des Schäfers Colas wusste man aber nichts, am allerwenigsten
droben auf der Terrasse, und so sah man seinem Erscheinen mit
Spannung entgegen.

Endlich hat das arme Röschen in einer zweiten Ariette ihrer
Sehnsucht Ausdruck gegeben, und der Geliebte erscheint. Aber-

mals geht ein Murmeln durch die Versammlung, denn wenn man auch seinen Augen kaum trauen will, erkennt man doch den Darsteller oder die Darstellerin — es kann Niemand anders sein als Fräulein Constance von Théis, dieser reizende Schäfer in Watteaus zierlicher Seidentracht. Das gepuderte Lockenhaar mit dem kleinen bebänderten Schäferhütchen kleidet sie allerliebst, und als sie mit freundlichem Lächeln vortritt, fliegt ihr Name von Mund zu Munde, und ein lautes, kaum enden wollendes Bravo ertönt. Zwei Personen freilich haben keine Ahnung von dem Schlossfräulein: Herr von Breteuil, der nur eine Dame in Schäfertracht erkennt, und der junge Graf, der einen Jüngling schaut, aber die blendende Gestalt mit seinen Blicken verschlingen möchte.

Jetzt beginnt Colas, eine Rose in der Hand, zu singen, doch nicht die Ariette, welche Sédaine gedichtet und Monsigny gesetzt hat. Das Clavecin intonirt die Weise eines alten, in der Picardie wohlbekannten Volksliedes »pour la baronne«, und seine Rose mit schwärmerischer Innigkeit betrachtend, hebt der Schäfer an:

Du zartes Röschen!
Dir wird ein grösseres Glück als mir.
Brach ich dich doch für mein Röschen,
Das hold und lieblich blüht gleich dir —
Du zartes Röschen!

An Röschens Busen
Bist du dem süssen Tod geweiht.
Blühte ich an deiner Stelle,
Mir wäre Sterben Seligkeit —
An Röschens Busen!

Leb wohl, mein Röschen!
Bald werde ich die Holde sehn.
Wandern Seelen, ach, ihr Götter,
Dann lasst mich wieder auferstehn —
Dereinst als Röschen!

Brausender Jubel erscholl, der Baron aber blickte stillvergnügt auf sein Kind, die Dichterin dieser hübschen Romanze, welche ihre Rolle mit derselben sinnigen Heiterkeit durchführte, von welcher der Vortrag des ersten Liedes zeugte. Als die letzte Note verklungen war, machte sich die Begeisterung von Neuem Luft, bis Herr von Théis die Treppe herabstieg, seine ländlichen Gäste zu begrüssen, und dann mit seinen Freunden in's Schloss zum Diner zurückkehrte. Der junge Graf hatte sich bald von seiner Seite gerissen und drängte sich durch die Menge der Bühne zu; leider fand er aber dort wieder Niemand als seinen Be-

kannten von vorhin, den alten Organisten, der das kostbare Clavecin sorgfältig abstäubte und verschloss.

Missmuthig kehrte er in's Schloss zurück, als sich ihm im
Speisesaal ein Anblick bot, der ihm alles Blut aus den Wangen
trieb: in der Mitte stand eine bildhübsche junge Dame, welche
die Huldigungen der Gesellschaft mit liebenswürdigster Natürlich-
lichkeit entgegennahm. Mit einem freudigen »Colas!« stürzte er
auf dieselbe zu und wäre ihr zu Füssen gefallen, wenn sie ihn
nicht mit den Armen aufgefangen hätte; Herr von Théis stellte
den jungen Enthusiasten vor, und nach kurzer Zwiesprache ging
es zur Tafel. Herr Pipelet von Leury führte Fräulein Constance,
doch der junge Graf wich nicht von ihrer Seite und nahm dann
in der Mitte der Gesellschaft zwischen ihr und ihrem Vater Platz.
Sie unterhielt sich hauptsächlich mit Herrn von Leury, vergass
aber ihren andern Nachbar auch nicht, und nach der Tafel waren
beide schon die besten Freunde. Unterdessen hatte man den
Dorfkindern im Garten Speisen und Wein gereicht, dann kamen
Musikanten, und lustig drehten sich die Paare auf dem grünen
Rasenteppich, bis die Herrschaften zurückkehrten und die junge
Welt am Tanze theilnahm. Als aber Herr von Leury mit Fräulein Constance zu einem Menuett antrat, kam über den jungen
Grafen eine seltsame Traurigkeit, er fühlte seine Augen nass
werden und verbarg sich schnell unter der fröhlichen Menge.
Dafür wurde ihm die Genugthuung, während des kleinen Feuer-
werks, welches das hübsche Fest beschloss, wieder an der Seite
des schönen Schlossfräuleins zu stehen, und seitdem verliess er
dasselbe auch nicht mehr, bis man sich verabschiedete und zur
Ruhe begab.

Am andern Morgen stand Herr von Breteuil mit seinem
Zögling reisefertig vor dem Baron und seiner Tochter, während
Herr von Leury bereits nach der Fabrik gegangen war, dort seine
Geschäfte zu besorgen. Der Abschied war allseitig ein herzlicher,
der junge Graf vermochte sich aber von Fräulein Constance gar
nicht zu trennen, kehrte unter Thränen immer wieder zu ihr
zurück, ihr die Hand zu drücken und zu küssen, bis das schöne
Mädchen, selbst gerührt, ihn zu sich emporzog und auf den Mund
küsste. Da umschlang er ihren Hals, presste sie unter Weinen
und Lachen an sich und küsste sie auf Mund und Wangen; dann

riss er sich los und eilte zum Wagen. Rasch fuhr derselbe ab,
aber ein Tüchlein winkte ihm noch lange nach, während der
junge Herr in einer Ecke sein Antlitz in die Hände barg und
bitterlich weinte.

Herr Pipelet von Leury hatte am selben Morgen eine lange
Unterredung mit dem Baron; er blieb noch mehrere Tage in
Sinceny, und als er es verliess, war er der Verlobte des schönen
Fräuleins Constance, die er nach Vollendung seiner Studien und
Anstellung bei Hofe heimzuführen gedachte.

4. Die Rose wird zum Lorbeer.

Es sollte noch einige Jahre dauern, bis Constance von Théis
Madame Pipelet de Leury wurde; erst in dem verhängnissvollen
Jahre 1789 fand die Vermählung statt. In dem stattlichen Heim,
welches der Gatte in Paris besass, ward es bald sehr lebendig,
denn Constance versammelte einen stattlichen Kreis von Künstlern,
Dichtern und Gelehrten um sich, und ihr Salon wurde einer der
gefeiertesten von Paris. Sie selbst gab sich ihrem poetischen
Drange ungehindert hin; schon 1788 war im Almanach des Muses
ihre Romanze von der Rose (»Bouton de rose«) erschienen, jetzt
folgten weitere Gedichte. Freilich machte die Revolution einige
Aenderungen in ihren äusseren Verhältnissen, denn Leury legte
den Adel ab und erklärte sich als Citoyen Pipelet zum Chirurgen
des Volkes; ihre poetischen Bestrebungen setzte aber auch die
Citoyenne fort, ihr Salon sah nun die Poeten und Künstler der
Revolution, und wenn ein früherer Freund des Hauses sie den
»Boileau der Frauen« genannt hatte, so feierte sie Marie-Joseph
Chénier, der Sänger der Revolution, als »Muse der Vernunft«.
Wir müssen es uns hier versagen, ihre Werke zu registriren[1]),
unter denen sich, wie jenes Wort zeigt, auch philosophirende be-
finden; nur der dramatischen wollen wir gedenken. 1794 brachte
sie nämlich im Théâtre Louvois, wohin die ehemalige Académie
royale de Musique übergesiedelt war, die lyrische Tragödie, d. h.
grosse Oper »Sappho« zur Aufführung; die Musik dazu hatte

---

[1]) Dieselben erschienen gesammelt 1837 und 1842 in 4 Bänden.

J. P. E. Martini, ein Deutscher, eigentlich Schwarzendorf genannt, geschrieben[1]), und mit dieser wurde das Werk an zweihundert Mal mit grossem Beifall aufgeführt. Auch ein Drama
»Camille« hat die Dichterin verfasst, das indessen nur ein einziges
Mal 1799 im Théâtre français erschien; das Publikum liess ihr
diesen Missgriff nicht entgelten, verfolgte vielmehr ihre weitere
Entwicklung mit ungemindertem Wohlwollen.

So war denn die Frau mit dem nichts weniger als poetischen
Namen eine gefeierte Dichterin; je mehr sich Pipelet aber mit
den republikanischen Machthabern einliess, um so unglücklicher
wurde sein Verhältniss zu ihr, der Naturalismus kam in immer
heftigern Streit mit dem Idealismus, so sehr derselbe auch mit
der Realität rechnete. Dies führte 1799 zur Scheidung, und als
kurz darauf Pipelet starb, fühlte sich die Dichterin, welche sich
jetzt Constance Théis nannte, freier wie je.

Was war unterdessen aus dem kleinen Spross des mächtigen
Grafengeschlechts geworden? Die Wild-, Rhein- und einfachen
Grafen von Salm bildeten eine so weitverzweigte Familie, dass
die einzelnen Glieder kaum noch näheren Zusammenhang mit
einander hatten; die auf der linken Rheinseite ansässigen hatten
aber wenigstens Eins mit einander gemein, die Vorliebe für
Paris. So baute sich 1786 Fürst Friedrich III. von Salm-Kyrburg
am Ufer der Seine ein prächtiges Palais, dasselbe wurde indess,
nachdem der Besitzer seinen Kopf auf die Guillotine gelegt hatte,
in einer Lotterie ausgespielt und fiel einem Coiffeur zu; erst 1803
erhob es Napoleon zum Palais der Legion d'honneur, als welches
es heute noch besteht.

Auch die Grafen von Salm-Dyck besassen in Paris ihr Palais,
verliessen dasselbe aber noch zur rechten Zeit. Bei der Occupation
des linken Rheinufers verloren sie ihre Feudalrechte, erhielten
aber dafür beim Reichsdeputationshauptschluss 1803 eine Ent-
schädigung an Grundeigenthum und 1816 vom König von Preussen
den Fürstenrang. Erst 1803 kam der Graf, späte Fürst Franz
Joseph von Salm-Dyck, der mittlerweile zu einem schönen Dreissiger

---

[1]) Zehn Opern von ihm kamen auf die Bühne, ausserdem hinterliess er
noch drei unaufgeführte Partituren; den grössten Erfolg erzielten »L'amoureux
de quinze ans«, »Le droit du seigneur« und »La bataille d'Ivry«. Die Fürstin
schrieb selber ein »Eloge de Martini« (im 4. Bande der Werke).

herangereift war, neuerdings nach Paris und sah seine Jugend-
liebe als lorbeergekrönte Sappho wieder. Vergessen hatte er sie
nie, sich aber ebensowenig den Wünschen seiner Verwandten zu
entziehen vermocht und einer Gräfin Hatzfeldt die Hand gereicht;
jetzt erkannte er die Schwächen dieser Convenienzehe nur allzu
deutlich, ahmte mit raschem Entschluss das Beispiel seiner Wahl-
verwandten nach und führte dieselbe in kurzer Frist zum Altare.
Diese Verbindung bewährte sich in allen Lebenslagen; doch blieb
der Gräfin bis auf den frühzeitigen Tod ihrer einzigen Tochter
aus erster Ehe ein grösseres Unglück erspart. Fortgesetzt entfaltete sie ihr ungewöhnliches Talent, wurde zum Mitglied vieler
literarischen Gesellschaften ernannt und diesseits wie jenseits des
Rheines als Capacität gefeiert; ganz einzig war aber die Art, wie
sie in ihrem stets offenen Hause die Conversation führte und be-
lebte, denn bis in ihr Alter blieben ihr neben den Musen auch
die Grazien treu. Achtundsiebzig Jahre alt verstarb sie 1845 in
Paris; ihr Gemahl überlebte sie um sechzehn Jahre, er folgte
ihr erst 1861 in's Grab.

Was die weiteren Schicksale der Romanze von der Rose anbetrifft, so setzte sie 1792 ein Pariser Componist Namens Bonjour
neu in Musik, und trotzdem diese Melodie die alte Volksweise
nicht viel übertraf, machte das Lied mit seinem hübschen Text
doch entschieden Glück; das war die Veranlassung, dass, als die
Sappho immer werthvollere Producte schuf, ihre galanten Verehrer meinten, die Rose sei zum Lorbeer geworden. Endlich erhielt die Romanze 1799 ihre dritte Melodie und zwar durch
Pradher den Aelteren, einen beliebten Componisten und berühmten Violinisten, und in dieser würdigeren Form führte sie
Garat mit grossem Glück in die Oeffentlichkeit ein. Nicht lange,
und sie war ein Lieblingsstück der Pariser Salons, der Künstler
sowohl als Dilettanten, und geschmackvoll vorgetragen dürfte das
Erstlingswerk der berühmten Dichterin noch heute seines Erfolgs
sicher sein.

V.

Die Schlacht von Malplaquet.

(Malbrough s'en va-t-en guerre.)

——⋗⋆⋆——

1. Ein Besuch auf dem Schlachtfelde.

Die Schlacht bei Malplaquet, welche am 11. September 1709 geschlagen wurde, war die blutigste und zugleich resultatloseste des ganzen langen spanischen Erbfolgekrieges. An 200 000 Mann standen einander gegenüber, der tüchtigste und siegreichste Feldherr Ludwigs XIV., Marschall Villars und der alte tapfre Haudegen Boufflers führten die Franzosen, Prinz Eugen und Herzog Marlborough die alliirten englischen, holländischen, deutschen und kaiserlichen Völker. Von Morgens 7 bis Nachmittags gegen 4 Uhr wurde mit grösster Hartnäckigkeit gekämpft, und an 30 000 Todte und Verwundete bedeckten das weite Schlachtfeld. In guter Ordnung und kaum belästigt vom Feinde, führte Marschall Boufflers den Rest der geschlagenen Armee nach Quesnoy und Valenciennes zurück, während die verbündeten Heere auf der Wahlstatt campirten. Dieser Ausdruck von Siegerglück und die ungehinderte Fortsetzung der Belagerung von Mons war die ganze Frucht des heissen Kampfes und der vielen Opfer an Menschenleben.

Eine auffallende Erscheinung ist es, dass viele Geschichtsschreiber des spanischen Erbfolgekrieges in der Schilderung der Schlacht von Malplaquet von einander abweichen — ich will nur A. von Arneth, den Biographen des Prinzen Eugen von Savoyen und A. Alison, den Biographen des Herzogs von Marlborough anführen. Abgesehen von den verschiedenen Angaben über die Stärke der Armeen und Verluste, widersprechen sie sich besonders in Beantwortung der Frage, welcher Feldherr der Verbündeten sich die Ehre des Sieges am meisten zuschreiben dürfe. Bekanntlich wurde nämlich die Schlacht dadurch entschieden, dass Villars sein Centrum entblösste, um seinem bedrohten linken Flügel zu Hilfe zu kommen, und die Verbündeten diesen Fehler sofort bemerkten und nützten. Die französische Linie wurde durchbrochen, die Cavallerie der Verbündeten bohrte sich wie ein Keil in die Lücke ein, und ihrer Attaque vermochten die Franzosen nicht mehr zu widerstehen. Nun meint der Biograph des Prinzen Eugen, seines Helden Feldherrnblick habe sogleich die Blösse des Gegners entdeckt und beschlossen, sie unverweilt zu benutzen, während der englische Historiker von dem »schönen« Herzog Marlborough dasselbe berichtet[1]). Dagegen erzählte Georg Weber in der ersten Auflage seiner allgemeinen Weltgeschichte[2]) gar, dass es unweit Doornik zu der mörderischen Schlacht von Malplaquet gekommen, und dieselbe unentschieden geblieben wäre. Malplaquet liegt aber nicht bei Doornik oder Tournay, sondern von da bis Valenciennes sind es 32 km, von dort bis Malplaquet etwa 28 km; eher würde man die Schlacht noch »bei Mons« taufen können, von welcher Stadt das Schlachtfeld etwa 16 km entfernt ist. Sodann blieb der Sieg keineswegs unentschieden: die verbündeten Heere behaupteten das Schlachtfeld, und ihre Gegner zogen sich 28 km weit zurück, bis nach Valenciennes. Villars selbst bekannte sich auch in seinem Bericht an Ludwig XIV. als besiegt, wennschon er die Worte des Pyrrhus variirend mit Recht bemerkte: »Wenn Gott uns die Gnade verleiht, uns noch eine solche Schlacht verlieren zu lassen, so kann Ew. Majestät darauf zählen, dass die Feinde vernichtet sein werden.«

Um die Oertlichkeit der Schlacht aus eigener Anschauung kennen zu lernen, wollte ich an einem Sonntagnachmittag von Brüssel die Fahrt nach Malplaquet antreten. Doch schon beim ersten Schritte musste ich innehalten: wo lag das Dorf mit dem ominösen Namen, bei welcher Station musste ich aussteigen? Der Baedeker belehrte mich, dass meine Reise nach Mons gehen müsse,

---

[1]) Arneth, Prinz E. v. S. II. p. 86. Alison, Leben Marlboroughs. Cap. VII.

[2]) XII. p. 820; in der zweiten Auflage ist wenigstens die zweite Behauptung gestrichen.

doch schon während der Fahrt wurde ich enttäuscht. Ein Herr,
der seiner Stellung nach die Lage von Malplaquet wissen durfte,
kannte kein belgisches Dorf dieses Namens, meinte vielmehr, dass
dasselbe jenseits der Grenze auf französischem Boden liegen müsse.
Ich ergab mich in mein Schicksal und stieg in Mons aus, wo ich
endlich sichere Nachrichten über das ver—wunschene Dorf zu erhalten hoffen durfte. Im Wartesaale war grosses Gedränge des
Sonntagpublikums, und draussen standen mehrere Züge zur Ab-
fahrt bereit. Da erblickte ich einen Herrn in militärischer
Kleidung. »Der sagt mir an, wo Weinsberg — nein, wo Malplaquet liegt«, dachte ich und bat ihn in höflichster Weise um
Aufschluss. »Malplaquet?« fragte er nicht minder höflich. »Nun
ja, Malplaquet, wo 1709 die Schlacht zwischen Villars, Prinz Eugen
und Marlborough stattfand«. »Ganz recht — ich weiss Malplaquet.«
So durfte ich endlich hoffen, das erlösende Wort über die geheim-
nissvolle Station zu vernehmen — da riss plötzlich das drängende
Publikum den Retter von meiner Seite — und Ross und Reiter
sah ich niemals wieder. Doch wo die Noth am grössten ist, ist
auch die Hilfe am nächsten; dies trostreiche Sprüchlein bewährte
sich in seiner ganzen Herrlichkeit an mir armen Malplaquetreisen-
den, denn ehe ich noch wieder zu mir gekommen war, berührte
mich eine derbe, fleischige Hand, und vor mir stand der Portier
des Bahnhofs. »Ich werde dem Herrn ein Billet nach Quévy
lösen«, sagte er mit freundlichem Eifer, »von dort sind Sie in
einer Stunde in Malplaquet.« Ich athmete auf und wollte dem
Helfer in der Noth danken, doch schon war er verschwunden,
um gleich darauf mit dem Billet wieder zu kommen, ungefragt
mein Handkofferchen zu erfassen und mich nach einem der bereit-
stehenden Züge zu geleiten. Unterwegs redete er Jemand in deutscher Sprache an. »Sind Sie ein Deutscher?« fragte ich erstaunt.
»Allerdings bin ich geborener Deutscher«, erwiderte er, »und
noch gar Vielerlei dazu, was ich mich aber hüten werde, hier zu
wiederholen.«

Nach etwa einer Stunde — es mochte sechs Uhr vorüber
sein — setzte mich der Zug bei der Station Quévy ab. Es war
ein grosses Gebäude mit zwei weiten Sälen, in der Nähe lag ein
kleines Dörfchen, und in der Mitte des Wegs dahin erhoben sich
zwei grosse Steinhäuser. Wo ein Nachtquartier finden? In dem

Dorfe gab es nicht einmal eine Herberge, und von den beiden
Häusern war das eine mit Grubenarbeitern, das andere mit
Douaniers besetzt, denn Quévy ist die belgische Grenz- und
Douanenstation. Endlich erbarmte sich einer von den Herren,
welche hier vor der Thüre Karten spielten und ihren »Faro« dazu
tranken, des obdachlos Umherirrenden und berichtete, dass der
Stationsrestaurateur wegen der zuweilen complicirten Zollabfer-
tigung ein Zimmer für Reisende bereit zu halten verpflichtet sei;
so gelangte ich denn in Besitz einer Unterkunft und erfuhr noch
nebenbei manch förderliche Auskunft. Zu meinem Erstaunen
hiess nämlich das Dorf bei der Station nicht Quévy, sondern
Aulnois: ich hielt also schon auf dem Schlachtfeld, denn in diesem
Aulnois befanden sich die Hauptquartiere des Prinzen Eugen und
des Herzogs von Marlborough vor Beginn der Schlacht. Weiter
wurde mir mitgetheilt, dass ein Bahnbediensteter, der oft zu
Proviantkäufen nach Malplaquet gehe, die Gegend genau kenne,
auch schon einem Engländer, dem einzigen Interessenten seit
langen Jahren, das Schlachtfeld gewiesen habe; ich engagirte ihn
sofort und legte mich endlich zur Ruhe.

Am anderen Morgen machten wir uns auf den Weg und zwar
zunächst nach der »Pyramide de Marlborough«, von der
ich jetzt das erste Wort vernahm. Wo die alte Strasse von Mons
nach Bavay die belgisch-französische Grenze durchschneidet, etwa
ein Stündchen von Aulnois, liegt eine französische Douane, und
hier, nur wenige Schritte nach Malplaquet zu, fanden wir auf dem
mehrere Fuss hohen Rain der Strasse das egyptische Denkmal
eines englischen Helden auf französischem Boden. Umgeben von
üppigen Kohlköpfen erhob sich ohne Sockel eine Pyramide oder
vielmehr ein Steinhaufen in Pyramidenform von etwa 4 Meter Höhe;
der untere Theil bestand aus behauenen, doch halb verwitterten
Blöcken, dann folgten Ziegel- und andere Steine, die eine kleine
viereckige Platte mit einer Kugel abschloss. Offenbar hatte man
es mit einem nothdürftig restaurirten Denkmal zu thun; dies
meinte auch mein Führer und setzte hinzu, dass es an dieser
Stelle, von wo man das nahe Schlösschen Blairon sehen konnte,
als »vue du chateau« wieder aufgestellt worden sei.

Gleich nach der Schlacht konnte die Originalpyramide natürlich nicht errichtet worden sein, denn Prinz Eugen und Marl-

borough hatten Anderes zu thun, auch keine Veranlassung, gerade
diese Schlacht und dann einseitig zu Ehren des englischen Feldherrn zu verewigen. Die Zeiten der Kämpfe Louis' XV., der Re-
volutions- und napoleonischen Kriege hatten erst recht kein Interesse, eine verlorene französische Schlacht durch ein Denkmal
zu feiern; aber als Wellington nach der Schlacht bei Waterloo
(1815) in Malplaquet und Tuisnière campirte, da könnte er zum
Andenken seines berühmten Vorgängers diese Pyramide errichtet
haben. Vielleicht wurde sie nach dem Kriege oder in der
Julirevolution zerstört, und der Besitzer des Schlosses Blairon
liess sie an einem anderen Orte als Aussichtsplätzchen wieder
aufrichten.

Dasselbe leistete mir jetzt treffliche Dienste; ich konnte
mich von hier leicht über alle Einzelheiten der Schlacht orien-
tiren, denn stundenweit lag mir das Terrain mit seinen Wäldern
und Lichtungen offen. Freilich hatte sich die Gegend seit 170
und einigen Jahren etwas geändert. Die gleichzeitigen Bericht-
erstatter — spätere Chronisten schrieben ihnen nach — schildern
dieselbe als »hüglig, von Thälern, Schluchten, Bächen durch-
zogen«, aber von alledem findet sich heute so gut wie keine Spur,
der Boden ist nur leicht gewellt, es gibt wohl Strassenraine von
zwei Meter, aber keine Schluchten, und das Flüsschen Hon fliesst
still und unschuldig dahin. Die Zeit und der Pflug müssen sehr
gewaltsam verfahren sein oder jene Schilderungen sind ungenau;
die Hauptsache freilich fand ich wieder, die drei Wälder mit
ihren beiden Lichtungen, wenn die eine auch gegen 1709 bedeutend an Ausdehnung verloren, die andere ebensoviel daran gewonnen zu haben scheint. Rechts, gegen Malplaquet zu, lag das
Bois de Lagnière, links das Bois de Jansart (Tuisnière) und in
der Mitte das Bois du Sart; die Lichtung zwischen den beiden
ersten Gehölzen war die Trouée d'Aulnois, die andere die »Louvière«. Vor mir lag Malplaquet, in dessen Umkreise sich Villars
verschanzt hatte, während Prinz Eugen und Marlborough durch
die beiden Lichtungen denselben attaquiren mussten und somit
stets den Kugeln ausgesetzt waren. Je mehr ich hinschaute, um
so deutlicher wurde es mir, wie die Schlacht sich entwickelt, hin
und her geschwankt und geendet hatte. Villars' Instruction lautete
auf Schonung der Armee, denn eine zweite hatte Frankreich nicht

mehr zu verlieren; deshalb hatte er sich zunächst — und zwar
ganz gegen seine eigene Herzensneigung — in Douai fest verschanzt, indess die Gegner Tournay nahmen. Als diese darauf unter
dem tapferen Prinzen Friedrich von Hessen-Kassel, späteren
König von Schweden, seine Stellung umgangen hatten, zog er
ihnen wohl entgegen, nahm aber vor Malplaquet wieder seine
frühere Taktik auf und führte seine Linien um so fester aus, je
mehr jene durch Heranziehung ihrer Völker an Zeit verloren. »Wir
werden gegen Maulwürfe kämpfen müssen,« schalten sie, als sie
seine Vorbereitungen sahen; in der Schlacht erfuhren sie aber,
dass die Schaufel eine ebenso gute, dazu unheimlichere Arbeit ver-
richten kann wie Flinte und Degen.

Dort zu meiner Linken war es, wo die Schlacht ihren Anfang nahm; dort commandirte Prinz Eugen, und durch das fast
undurchdringliche Wäldchen von Sart und die Louvière rückte General Schulenburg zuerst heldenmüthig gegen Villars vor. Weiter
hinaus, nach dem äussersten linken Flügel der Franzosen zu, lag,
mir nicht sichtbar, der Pachthof »La Folie«, der in den Dispositionen des Prinzen Eugen eine entscheidende Rolle spielte.   Auf
der anderen Seite, wo Boufflers den rechten Flügel der Franzosen
commandirte, ging der heissblütige Prinz von Oranien, der
mit seinen holländischen und deutschen Truppen den Feind nur in
Athem halten sollte, auf eigene Faust zu einem scharfen Angriff
über, und beinahe hätte sich die Schlacht dadurch für die Verbündeten ungünstig gestaltet; reihenweise lagen die Todten hier
vor den Schanzen, der Verlust war ein ausserordentlicher. Unterdessen errang Prinz Eugen im Wäldchen von Sart die ersten
Vortheile. Als ihn eine Kugel am Hinterhaupt streifte und seine
Umgebung ihn bat, sich verbinden zu lassen, sagte er: »Wenn
ich bestimmt bin, hier zu sterben, nützt mir kein Verband, bleibe
ich aber am Leben, so ist Abends noch Zeit genug dazu«; er
steckte ein Taschentuch unter den Hut und kümmerte sich nicht
mehr um seine Wunde. Durch sein siegreiches Vordringen wurde
Villars gezwungen, mehrere Regimenter aus seinem Centrum
heranzuziehen, wodurch er fast von seinem rechten Flügel getrennt
wurde. Ob nun Marlborough oder Prinz Eugen dies zuerst bemerkte, ist im Grunde gleichgiltig, jedenfalls entschied es die
Schlacht; dagegen ist es Thatsache, dass Marlborough Lord Orkney

mit seinen Bataillonen in die Lücken einrücken und die ent-
blössten Schanzen des feindlichen Centrums angreifen liess. Sie
wurden genommen und trotz der verzweifelten Angriffe Boufflers'
gehalten, bis endlich die neunzig Schwadronen kaiserlicher Reiterei
vom rechten Flügel und der Reserve in einem furchtbaren Sturm-
angriff den Engländern zu Hilfe kamen und die Schlacht beendeten.
Villars war verwundet und Boufflers ordnete den Rückzug; über
Malplaquet hinaus zogen die Reste des rechten französischen
Flügels nach Maubeuge, während die Hauptarmee auf verschiedenen Wegen der alten Römerstrasse entlang sich nach Bavay und
Quesnoy wandte, um sich bei Valenciennes zu concentriren.

Alles das liess sich von der Pyramide Marlborough's aus
vortrefflich verfolgen; nun aber trieb es mich nach Malplaquet,
um womöglich noch etwas Beachtenswerthes von den Bewohnern
zu erfahren. Das Dorf streckt sich zu beiden Seiten der Strasse
nach Maubeuge hin; am Eingang rechts steht die kleine Kirche,
links ein älteres Bauwerk, das heute als Scheune diente, aber nach
seinem Namen »Eremitage« und nach Ausweis der alten Schlacht-
pläne wohl der Rest der ursprünglichen Kirche ist. Bald sass
ich im Wirthshause oder vielmehr im »Café« des Orts unter Fuhr-
leuten und älteren Dorfbewohnern, welche über die Geschichte
ihrer Gegend zu meinem Erstaunen gut unterrichtet waren. Besonders that sich ein Charron (Stellmacher) in den sechziger Jahren
und ein greiser Tischler hervor; ersterer, eine grosse, breitschul-
terige Gestalt, sprach rasch, viel und kräftig, dieser dagegen klein
und gebrechlich, mit einem freundlichen und intelligenten Gesicht,
begnügte sich, seiner Freude über die Verhandlung dieses Themas
Ausdruck zu geben und liess die Andern reden, obgleich er
noch viel mehr zu wissen schien. Unter Anderm erfuhr ich nun,
dass der am Knie verwundete Marschall Villars in der Eremitage
den ersten Verband erhalten habe und dann nach Quesnoy ge-
schafft worden sei; was mich aber in nicht geringes Staunen versetzte, war die von sämmtlichen Anwesenden aufgestellte Behauptung, Marlborough sei in der Schlacht gefallen. Ich erwiderte, dass derselbe noch 1710 im Verein mit dem Prinzen
Eugen mehrere Festungen, unter andern Donai und Bethune,
erobert, im folgenden Jahr in Ungnade gefallen und erst 1722 in
England gestorben sei, aber die Leute blieben bei ihrer Ansicht.

Nun erzählte ich von der leichten Verwundung des Prinzen Eugen, wie Marlborough's Adjutant an dessen Seite tödtlich getroffen, dass er selbst am Tage nach der Schlacht durch den Anblick des Schlachtfeldes mit den vielen Todten, Verstümmelten und Verwundeten krank geworden wäre, fand aber erst recht keinen Glauben.

Die Väter hatten es den Söhnen erzählt, Marlborough sei gefallen, aber auch die Urahnen, welche die Schlacht erlebt hatten, waren dieser Meinung gewesen. Da wurde es mir klar, wie das altbekannte französische Volkslied »Marlbrough s'en va-t-en guerre« hatte entstehen können: nach der französischen Version war der Herzog gefallen.

2. Eine Episode aus der Schlacht.

Eine geraume Weile hatte ich bei den freundlichen Leuten gesessen, dann gingen sie zum »Dejeuner«, und auch ich nahm mein Mittagsmahl. Als sich aber der weisshaarige Tischler von mir verabschiedete, brach er mit einem Male seine Einsilbigkeit und lud mich für Nachmittag ein, wenn ich noch mehr von der Schlacht hören wolle; er wisse Dinge, die wohl kaum bekannt wären und kein geringes Interesse besässen. Natürlich suchte ich ihn auf; in einem sauberen Stübchen mit auffallend hübschen, von ihm selbst gearbeiteten Möbeln credenzte er mir von dem petit vin der Gegend, ich bot ihm Brüsseler Cigarren, und alsbald begann er seine Geschichte.

»Zur Zeit der Schlacht lebte auf dem Schlosse Raimes bei Valenciennes die Gräfin Le Danois. Sie war sehr reich und aus altadeligem Geschlecht, ihr einziger Sohn, den sie über Alles liebte, damals etwa zwanzig Jahre alt. Da kam Ludwig XIV. in äusserste Bedrängniss; die Verbündeten hatten seine Heere geschlagen und seine Festungen genommen, die Armee war in einem traurigen Zustande, die Führer hatten keine Autorität und Energie, die Kassen standen leer. Der König sandte sein Silbergeschirr in die Münze und die Prinzen und Herzöge, Grafen und Barone thaten desgleichen; er rief seine Franzosen, das bedrohte Vaterland zu vertheidigen, und die Bürger verliessen Werkstätten und Kramläden, die Bauern Acker und Pflug, die Cavaliere

Schlösser und Güter. Da war auf einmal wieder Geld vorhanden, dazu ein Heer von hunderttausend Mann, und in Villars fand sich ein tüchtiger Feldherr. Auch der junge Graf Le Danois riss sich aus den Armen seiner Mutter und trat in das Corps des »maison du roi« ein; sie glaubte die Trennung nicht zu ertragen, allmählich minderte sich aber wenigstens ihre Sorge, denn der Sohn weilte in Villars' Nähe, den der Feind vorläufig gewähren liess. Um so tiefer wurde ihr Leid, als eine Feldschlacht unvermeidlich schien, und auch der Trost eines nochmaligen Wiedersehens war ihr nicht beschieden, denn der Graf fühlte sich unfähig, den Schmerz des Abschieds zu. erneuern, und ritt mit seinem Corps einen anderen Weg, während die Kameraden dicht an dem väterlichen Schlosse vorbeizogen. Bekanntlich verschanzte sich nun Villars erst bei Malplaquet, und es dauerte noch geraume Zeit bis zu dem 11. September; die Gräfin litt unterdessen unaussprechlich, weinte Tag und Nacht und glaubte das geliebte Kind rettungslos verloren. Beständig waren Diener zu Pferde, ihr Nachricht von dem Stande der Armee zu bringen, und als dieselben von der bevorstehenden Schlacht meldeten, fürchtete man für ihr Leben. Der Kampf selbst schien kein Ende nehmen zu wollen, den ganzen Tag vernahm man in Raimes den Donner der Geschütze, und jetzt — am Abend — wo die Aufregung der Gräfin ihren Höhepunkt erreichte, da geschah ein Wunder — es ist die Wahrheit, Herr, ihr dürft es glauben« — und mit heiligem Ernst legte der Alte die Hand auf sein Herz.

»Die Frau Gräfin verfiel in einen tiefen Schlaf«, fuhr er sodann mit einer Art Begeisterung fort, »und im Traume sah sie das Schlachtfeld so deutlich, als ob sie sich darauf befände. Am Ausgang von Malplaquet fand sie Verschanzungen, dann trat ihr ein Wald mit gefällten und zerschossenen Bäumen entgegen, und im Hintergrunde winkte ein kleines Schloss — es war das Schlösschen Blairon; Alles aber, Feld und Wald, Wälle und Gräben, war mit Leichen, Sterbenden und Verwundeten überfüllt. Da — bei dem ersten Verhau vor den Verschanzungen — sah sie den geliebten Sohn — todt — und daneben lag ein junger Offizier der feindlichen Armee verwundet und rief stöhnend nach seiner Mutter. Als die Gräfin von diesem entsetzlichen Gesicht erwachte, war sie wunderbar gefasst, ja man hätte sagen können, dass ein heiliger Muth über sie gekommen sei. Sobald der Tag graute, liess sie anspannen und fuhr, von zwei Dienern begleitet, so rasch die Pferde laufen konnten und die schlechten Strassen erlaubten, nach Bavay und dann auf der alten Römerstrasse nach Malplaquet. Wer sie früher sah, hätte ihr niemals den Muth und die Kraft zu ihrem jetzigen Thun zugetraut; aber das Wunder wirkte fort, durch Todte und Verwundete bahnte sie sich den Weg zu der Stelle, die sie im Traume gesehen hatte — und da lag auch die Leiche ihres Sohnes. Weinend stürzte sie sich über ihn und rief mit herzerschütterndem Jammer den geliebten Namen; dann ermannte sie sich und liess die Leiche zum Wagen tragen. Eben wollte sie folgen, da hörte sie mit tiefem Seufzer »Mutter!« hinter sich rufen; es war der junge verwundete Offizier in feindlicher Uniform, den sie im Traume gesehen hatte, und als ob der Ruf ihr gülte, wandte sie sich zu ihm und hiess die zurückkehrenden Diener ihn gleichfalls in die Karosse betten.

Die Fahrt ging langsam und traurig von Statten. Mit convulsivischer Innigkeit presste sie den leblosen Körper des Sohnes an sich und bedeckte das fahle Antlitz mit Thränen und Küssen; dabei flehte sie zu Gott, ein Wunder an ihr zu vollbringen und das einzige Glück eines armen Mutterherzens in's Leben zurück zu rufen. Und siehe, das verzweifelnde Ringen und gläubige Flehen wurde gelohnt; der erstarrte Körper erwarmte, die matten Augen öffneten sich, und »Mutter!« klang es von den bleichen Lippen.

Im Schlosse setzte der Arzt das Werk der Barmherzigkeit an den beiden Verwundeten fort, die denn auch bald so weit zu sich kamen, dass sie die Situation begriffen. Als die Gräfin den Namen des fremden Offiziers erfuhr, sandte sie sofort durch einen Reitenden seiner Mutter nach Brüssel die frohe Kunde, dass ihr Sohn gerettet sei und der Genesung entgegensehe; wenige Tage danach langte die Prinzessin Maria Henriette von Aremberg, geborene Marquise von Grana, und ihre älteste Tochter, ein sechzehnjähriges, bildschönes Mädchen, in Schloss Raimes an. Wer wollte die Freude der Damen schildern, den bereits als todt Beweinten lebend wiederzufinden, die heissen Dankesworte wiedergeben, die sie der edlen Retterin weihten! Alle drei Damen theilten sich nun in die Pflege, und als die jungen Helden endlich

hergestellt waren, da einte ein noch schöneres und innigeres Band
die beiden edlen Familien, die sich im Unglück gefunden hatten.
Die junge Prinzessin von Aremberg schied von Raimes als die
Braut des Grafen, und nach Beendigung des Krieges zog sie als
seine Gemahlin wieder ein.

Er selbst hat die Waffen nie wieder ergriffen; eine zurück-
gebliebene Schwäche und die doppelten Herzensbande fesselten
ihn au das Haus, in dem ihm ein sonniges Glück erblühte. Prinz
Leopold von Aremberg jedoch setzte das Kriegshandwerk fort;
er wurde ein berühmter Feldherr in den Niederlanden und starb
1745 als Statthalter des Hennegaus auf seinem Schlosse Heverle
bei Löwen.«

Der Alte schwieg. »Woher wissen Sie denn das Alles so
genau?« fragte ich erstaunt. »Das Alles«, erwiderte er, »liegt
aufgezeichnet in dem fürstlich Arembergischen Archiv; ob sich
dasselbe aber heute noch im Schlosse Raimes befindet, wo ich
lange gearbeitet habe, oder im Arembergischen Palais in Brüssel
oder anderwärts, weiss ich nicht. Vielleicht wird der wunderbare
Vorfall eines Tages nach diesen alten Schriften an's Licht gestellt
werden, doch viel anders wird er nicht lauten können, als wie
ich ihn erzählte und ausser mir noch mehrere Personen erfahren haben.« Ich dankte dem wackren Alten, und mit einem
herzlichen Händedrucke schieden wir, der Franzose und der
Deutsche, als gute Nachbarn und Freunde.

---

3. Das Spottlied und seine Geschichte.

Die Version vom Tode des Herzogs Marlborough ist wahrscheinlich durch Verwechslung mit dem Adjutanten, der an seiner
Seite fiel, entstanden, jedenfalls aber unmittelbar nach der Schlacht
in Frankreich allgemein verbreitet gewesen, und in dieser Zeit hat
der französische Witz als Revanche für die verlorene Schlacht das
Spottliedchen »Malbrough s'en va-t-en guerre« erfunden. Richtiger
sagt man indessen, es ist nach einem älteren Lied gemodelt, nach
einer Parodie auf ein ernstes, nicht mehr erhaltenes Lied, dessen
Hauptmotiv wir aber in der altfranzösischen Poesie wiederfinden. So
heisst es in »Schön Doette« nach der Uebersetzung von K. Bartsch:

»Und schön Doette fragt sogleich ihn (den Boten) da:
»Wo ist mein Herr, den ich so lang nicht sah?«
Dem Knappen kam vor Leid das Weinen nah;
Ohnmächtig hin sank Schön Doette da.«

Und noch mehr erinnert die »Antwort einer Demoiselle auf den Tod des Herzogs Biron« aus dem XVII. Jahrhundert an die Botschaft des Pagen in unserem Liedchen. »Als dieses sie gesprochen«, heisst es da in der 4. Strophe nach O. L. B. Wolff's Uebersetzung,

»Ihr Page kam zu ihr:
Nun sage, schöner Page,
Was bringst du Neues mir?
Bringst du mir eine Nachricht
Von meinem Liebsten zu?
Ja, sprach er, ja, Madame,
Doch kostet's eure Ruh.«

Offenbar verfiel diese Geschichte dem Volkswitz, als sie einmal allzu thränenreich und herzbrechend behandelt worden war; die burleske Romanze aber, welche unserem Malbrough voraufgeht, behandelt den Tod eines sagenhaften Helden, des Mambrun oder Mambrin, Mambrou, Mabrou[1]), von dem auch in Granada gesungen wurde:

»Mambrun se fué a la guerra.«

Da das Lied auf den Tod des Herzogs von Guise (1566) dieselbe Factur wie der Malbrough aufweist[2]), so scheint es dem Mabrou nachgebildet zu sein, der mithin im XVI. Jahrhundert schon eingebürgert gewesen sein müsste. Wie dem aber auch sein mag, als man jetzt dem englischen Herzog etwas anhängen wollte, der durch seine fortgesetzt glücklichen Operationen ein Gegenstand des Schreckens und der Bewunderung geworden war, erinnerte man sich unwillkürlich des alten Spottliedes mit dem ähnlichen Namen und änderte denselben kurzer Hand um, ohne sich weiter darum zu kümmern, ob auch die übrigen Verhältnisse stimmten.

Selbstverständlich wurde bei dieser Gelegenheit der Text modernisirt; da aber der Malbrough sich ausserordentlicher Beliebtheit erfreute, hat er das ältere Liedchen ganz verdrängt, so

---

[1]) Neben Malbrough kommt bei unserer Romanze auch die Schreibung Malbrou, Malbrouk, Marlbroug vor.
[2]) Castil — Blaze, Molière Musicien II, p. 431.

dass sich nicht die geringste Reliquie erhalten hat. Auch die
Melodie wurde verbessert, obwohl Rhythmus wie Tonfolge gegeben
waren. Möglich, dass dieselbe noch weiter hinaufreicht, als das
Mabroulied, vielleicht ursprünglich ein alter Branle oder Reihen-
tanz gewesen ist; nach Chateaubriand hätten sie schon die Kreuz-
fahrer unter Gottfried von Bouillon vor Jerusalem angestimmt, und
Paul Lacroix erzählt, die Araber sängen sie noch heute und
behaupteten, ihre Vorfahren hätten sie in der Schlacht von
»Massoure« (Mansura, 1250) kennen gelernt, wo sie die Waffen-
brüder des Sir de Joinville ertönen liessen, indem sie die Schilde
wider einander schlugen und den Schlachtruf »Montjoie Saint
Denis!« ausstiessen. Etwas abenteuerlich klingt das allerdings,
auch werden wir sehen, dass man den Arabern ein späteres Be-
kanntwerden mit der Melodie nachgewiesen hat; jedenfalls war
dieselbe aber in Frankreich Jahrhunderte lang im Gange, und
wenn der Mangel an charakteristischen Beziehungen auf den englischen Herzog durch den historischen Charakter der Unterlage
ausgeglichen wurde, so sorgte die altbeliebte hübsche und originelle Melodie, welche sich den drolligen Versen ganz vortrefflich
anpasste, für möglichste Verbreitung.

Man sang das Liedchen im ganzen französischen Heere so
laut, dass es bis in das Lager vor Mons drang. Die Verbündeten
lachten über das angebliche Leichenbegängniss des Herzogs, der
damals allerdings in seinem Hauptquartier krank darniederlag, aber
nicht im Entferntesten ans Sterben dachte, und sangen den Franzosen nach der Melodie eines Signals die Antwort zurück. Kurz
und bündig lautete dieselbe:

> »Malbrough n'est pas mort!
> Malbrough n'est pas mort!
> Car il vit encore,
> Car il vit encore.«

Dieses Dementi war aber so belanglos, wie nach dem Erscheinen
von Goethes Clavigo die Nachricht von dem Wohlbefinden des
Madrider Archivars; für das französische Volksbewusstsein war und
blieb Marlborough ein todter Mann, und wer seine Carrière weiter
verfolgte, fand in dem Widerspruch von Poesie und Wirklichkeit
eine neue Pikanterie.

Drolliger reimten deutsche Soldaten Antworten auf den Malbrough der Franzosen[1]). Die eine ist »Spottlied auf Villars«
betitelt und wurde nach der Melodie »Die Hirschen und Hasen
den Jäger erfreuen« gesungen; die erste Strophe lautet:

>»Ach Villars, ach Villars, ach grosser Marschall,
>Was ist denn das vor ein Freudenball,
>So durch die Lüfte gleitet?
>Fürwahre, das ist Victorigeschrei,
>Dieweilen Eugenius sieget auf's neu
>Und Marlebrough ihme zur Seiten.«

»Bei Malplaquet in der blutigen Schlacht — Haben sie geschlagen des Ludewigs Macht« beginnt die zweite Strophe, und in
der vierten, die dem Feinde alle Gerechtigkeit widerfahren lässt,
heisst es: »Wäre Boufleurs nicht gewesen alda — Es wäre noch
übler ergangen. — Der stellte sein Sachen klüglich an« etc. Das
Lied ist in seiner Art ganz vortrefflich, wenigstens schildert es in
seinen fünf Strophen die Begebenheiten umfassend und richtig.

Ein zweites Lied ist in einer damals beliebten Form als »Gespräch zwischen Marschall Villars und einem kaiserlichen Grenadier« gedichtet und ward nach der Melodie
»Liebste Phillis, geh herzu!« gesungen. Der Grenadier hebt an:

>»Marschall Villars, saget mir,
>Was von Malplaket ihr denket,
>Wo wir eure Hahnenzier,
>Euren Kamm so abgezwenket?
>Ach, ein klein
>Kännelein,
>Dürft euch jetzo dienlich seyn,
>Dass den Zorn ihr nieder schwenket« etc.

Villars antwortet:

>»Hör er, Kerl, er will wol gar
>Mich, den Marschall, so vexiren,
>Weil'n ich lassen musste Haar
>Und im Felde retiriren« etc.

Später droht er: »Prinz Eugen — kriegt von mir noch eine
Schellen«, worauf der kaiserliche Grenadier ihm spöttisch ent-

---

[1]) F. W. v. Ditfurth, die hist. Volkslieder vom Ende des 30jähr. Krieges
bis zum Beginn des 7jähr. (1877) p. 250 f. — Die Orthographie erscheint hier
etwas modernisirt, da keine gleichzeitigen Aufzeichnungen zu Grunde liegen.

gegnet: »wie am Schellenberg[1]), Mosje, und bei Höchstädt?«
Schliesslich gibt er dem Marschall noch mit aller Gemüthlichkeit
den guten Rath:

>Ihr Franzosen, mischt euch nit
Ueberall in fremde Sachen,
Sonsten wird — wie sich's gebührt,
Euer Fürwitz abgeführt.«

Ueberhaupt konnten die Franzosen damals bei ihren deutschen
Nachbarn reichliche Erfahrungen machen, dass man für den Spott
nicht zu sorgen braucht, wenn man den Schaden davongetragen
hat. Als Marlborough auf der Höhe seines Ruhmes, drei Jahre
vor der Schlacht von Malplaquet, über Villeroy obsiegte (1706),
liess man sogar einen französischen Musquetier seine Klagen in
deutscher Sprache radebrechen, um eine neue komische Nuance
zu gewinnen.[2])

---

[1]) Die siegreiche Schlacht am Schellenberge bei Donauwörth fand am
2. Juni 1704, am 13. August 1704 die bei Höchstädt und Blenheim statt.

[2]) Dieses »Wehmütige Lamentiren | Eines Frantzösischen | Musquetiers |
über die, durch die Heldenmuthige Thaten des | Welt—berühmten Duc de Marl-
borough | wider die Frantzosen, in Braband, glücklich | erhaltene | Victorie«
(o. J. u. O.) lautet nach dem Exemplar Gustav Freytags (auf der Frankfurter
Stadtbibliothek):

>O Buker Allemang, Olland- und Engels-Mann,
Der uns der gross Affrond wieder hat angethan,
Das ist brutalitä, das ist gar nix Manier,
Dass man die bon Fransoss so slime mag tractir.
Nimb uns der Löwen Stadt und auk der Brüssel wegk,
Sag mir nur ein Mensch, ob der sey just und auk reck.
Ik weiss die Teuffel nit, Fransoss nix mehr Curage,
Griegt immer grobe Stöss, auf Gopff und auf die Nase.
Der Teusch victorisirt, fer futer iss nit gut,
Der arm Fransoss muss lass allzeit sein Aar und Blut.
Was mack der Villeroy, nit at gut Ordre geben,
Der Soldat slim tractirt, nix menagirt ihr Leben,
Nur attaquir per forz die Alliirt Soldat,
Und der Monsieur Marsin ist gommen allzuspat
Mit der langsam Succurs, was wird der Könik sagen?
Er wird der gross Affront nit können bon ertragen.
Der gantz Armee iss in, die Stück und die Canon,
O futer, glaube mir, das iss gar nit Raison,
Der Teusch, gar importun, mack gleich nur massacrir,
Es gan nit der Barbier die Blesur mehr curier.

Selbstverständlich wurde das Malbronghliedchen zur Zeit des spanischen Erbfolgekriegs nur in Frankreich gesungen; nach demselben war es aber in der breiten Oeffentlichkeit nicht mehr vorhanden, erhielt sich vielmehr lediglich auf dem Lande, wo es durch die heimgekehrten Krieger eingeführt worden war. Merkwürdig, dass es damals nicht einmal wie andere gleichzeitige Volkslieder aufgezeichnet wurde; dafür tauchte es siebzig Jahre später ohne actuellen Anlass plötzlich wieder auf, und zwar mit einem Geräusch, welches sich einerseits durch das bessere Verständniss seiner Qualitäten, andrerseits und hauptsächlich dadurch erklärt, dass der Hof den Ausgangspunkt bildete. Madame Poitrine, die lustige Amme des Dauphins, hatte es aus ihrem Heimathdorfe mitgebracht und pflegte ihren hohen Schutzbefohlenen damit in den Schlaf zu lullen (1781); die Königin sang

Serspalt nur gleich die Gopff mit seinen Eucker-Schwerdt,
Aut ihn die Leib entswey, dass es fält auf die Erd,
Bitt son Fransoss Guartier, bitt der um Gottes Will,
Wil dok der Teusch Soldat davon nit hören viel.
Streit gleick, potz Safframent, sies nur die Selmen nieder,
Slag nur die Unsfott todt, und die marode-Brüder,
Als wer Fransoss nur Und, und nit auch Galanthom
O buker Engelmann, biss nimmer gut Patron,
Du biss jes gar Barbar, Cruel, horribel, böss,
Du gibss uns arm Fransoss allseit nur Släg und Stöss;
Das haben wir Morblee, mit Smertzen vor swey Jahren,
Bey Fataln Schellenberg. auch d'ss Jahr son, erfahren,
Wers du nit in Braband, und nit in Spanien,
So hät nit der d'Anjou von Madritt dörffen gehn:
Dass dik der Teuffel ol, du tausend Teuffel du,
Du macks, dass jes die bon Fransoss ist gar futu.
Hass der Barslon entsetzt, su Wasser und su Land,
Geschlagen die Armee, dass dir der Encker danck.
Jes kan man Landau nit nok Turin attaquiren,
Der Concept ist verrückt, nur alles mag verliehren,
Al Rondemontod fällt, dass dik der Schermblä
Ciojemona, par Dieu, thut mir in Ertzen weh,
Ludwig nit mehr Fortun, das ist der gar nit bon,
Wann er nit beser wird, lauff all Fransoss davon,
Es giebt uns gein Larschang, gein Brod und gein Fourage,
Wie soll dann der Soldat wohl aben de Courage;
Der Teusche frist und säufft, holt immer Beute ein,
Die arm Fransossen die muss nur Beren-äuter sein.«

es nach, da ihr die originelle Melodie, der bizarre Refrain und
der naive Text gefiel, dann sang es Paris, endlich ganz Frankreich. Malbrough kam in die Mode, und diese Mode steckte wie
eine Epidemie Alles an, Hoch und Niedrig, Reich und Arm; das
Wort Malbrough wurde sogar im Gespräch überall auf passende
oder unpassende Weise angewandt, und Damen- und Herren-
moden, Stoffe, Hüte, Kopfputze, Frisuren, Räder, Karren, Karossen,
Ragouts, Wurstschnitte erhielten von ihm ihren Namen. Illu-
strationen des Textes wurden auf spanische Wände, Fächer, Ofen-
und Lichtschirme gemalt, auf Tapeten gestickt, auf Spielmarken,
Knöpfen und Schmuck angebracht; Beffroy de Reigny (Cousin
Jacques) liess ein komisches Gedicht unter dem Titel »Marlborough« erscheinen (1785), man sang eine ganze Reihe satirischer
Strassenlieder auf die Malbroughmelodie, und in einem Vaudeville, welches der jüngere Favart (1786) in der Comédie Italienne
aufführen liess, figurirte Marlborough unter den »drei Narrheiten«.
Nichts aber beweist die grosse Verbreitung des Liedchens mehr,
als dass Beaumarchais dasselbe in seinem »La folle journée ou
le mariage de Figaro« benutzte (1784), der auch wieder zu einer
»Narrheit« führte; der Page Chérubin singt seine Romanze (II. 4.)
auf die berühmte Melodie, wobei das »Mironton, mironton, mirontaine« durch »Que mon coeur, que mon coeur a de peine«
ersetzt ist. Sogar Louis XVI. sang den Malbrough, wenn er in
seiner Schlosserei hämmerte und feilte; Marie Antoinette ging
aber noch weiter und liess im Hameau von Petit Trianon einen
Thurm errichten, der als »La tour de Malbrough« heute noch
steht. Dort wird das drollige Lied von ihr in Action gesetzt
worden sein: die Reine-Fermière erstieg als Madame Malbrough
den Thurm und sang mit dem Grafen von Artois oder von Besenval
die betreffenden Strophen als Zwiegesang. Mit der Revolution
trat natürlich ein Umschwung ein; die Moden waren auf einmal
wie weggeblasen, doch das Liedchen wurde weder durch die Ereignisse noch durch das »Ça ira« und die Marseillaise ganz zum
Schweigen gebracht.

     Inzwischen war es aber auch nach England, dann nach
Italien und Deutschland gedrungen. Bekannt sind die Worte,
mit denen sich Goethe über die Belästigungen des Liedes beklagt.
»Nachts geht«, schreibt er aus Verona unter dem 17. Sept. 1786,

»das Singen und Lärmen recht an. Das Liedchen von Marlborough hört man auf allen Strassen, dann ein Hackbrett, eine Violine etc.« In der zweiten römischen Elegie vergleicht er das Lied mit den Aufdringlichkeiten, unter denen er daheim zu leiden hatte, und erzählt von ihm:

So verfolgte das Liedchen Malbrough den reisenden Briten
Einst von Paris nach Livorn, dann von Livorno nach Rom,
Weiter nach Napel hinunter; und wär' er nach Smyrna gesegelt,
Malbrough! empfing ihn auch dort, Malbrough! im Hafen das Lied.

In England selbst war dasselbe beinahe so volksthümlich geworden wie in Frankreich. Als ein französischer Edelmann dem Kutscher nicht verständlich machen konnte, dass er nach Marlborough-Street fahren wollte, verstand ihn derselbe augenblicklich, nachdem er das Liedchen intonirt hatte. In Deutschland wurde es öfter übersetzt[1]), da aber das burleske und nationale Element dabei fehlte, entschloss man sich, Beides aus eigenen Mitteln hinzuzufügen, wodurch unabsichtlich der Eindruck erzeugt wurde, als habe man die Parodie parodiren wollen. Am originellsten fiel wohl die Nachahmung aus, welche 1794 in Köln unter dem Titel »Malbröck« in Kölnischer Mundart bei dem Einzug der Franzosen entstand und in den ersten Strophen lautet:

Malbröck ging unger et Freikor,
Mirum tum, tum, tum, tumtere!
We lang bliv hü wal uus?
Et sal wal Posche wäden
Och Kirmes en zinter Vring etc.[2])

Bekannter ist aber die sentimentale Bearbeitung, welche als fliegendes Blatt in Leipzig (Solbrig'sche Druckerei) erschien und durch Rhythmus wie Reim bemerkenswerth ist. Sie legt dem Mironton Worte unter und hebt nach einem Anruf an die »empfindungsvollen Schönen, die oft schon manche Thränen« über das Unglück Anderer vergossen haben, die Erzählung an:

»Malbrough, ein tapfrer Krieger,
Sprach: todt seyn oder Sieger!
Und zog geschmückt als Held
Für Annen in das Feld.«

---

[1]) Soltau I p. 534. Erk-Böhme II p. 136.
[2]) Ernst Weyden »Kölns Vorzeit« (1826), p. 239.

Madame steigt »voll Unruh und voll Hitze, hinauf zur höchsten
Spitze« ihres Thurmes und sieht von fern ein Ross mit einem
schwarzen Reiter. So geht es 25 Strophen lang, bis die empfindungsvollen Schönen den Rath erhalten:

> »Allein ich rath euch, Kinder,
> Bleibt ledig, 's ist gesünder,
> Esst ruhig euer Brod.
> Adjeu, Malbrough ist todt!« ˙

Zu derselben Zeit, wo dieser sentimentale Bänkelsang die
Runde durch Deutschland machte, hatte aber die Melodie zum
zweiten Male am französischen Throne Posto gefasst. Napoleon I.
war bekanntlich der Musik nicht besonders zugethan, aber der
Marsch, zu welchem das Malbroughliedchen ungewandelt worden
war, hatte seinen Beifall; sobald er ihn summte, wusste sein
Kammerdiener Constant ganz genau, dass er ins Feld ging, und
wenn er in die Schlacht ritt, intonirte er ihn mit lauter Stimme.
Diese Gewohnheit stammte noch aus Aegypten, wo er sich
auch Mühe gab, sich durch Künste des Friedens die Araber geneigt zu machen, und Professor Monge, der berühmte Mathe-
matiker und Gründer der polytechnischen Schule, ihm eine Probe
mit der Musik anrieth. Die Musiker der verschiedenen Regimenter
wurden zusammengerufen und mussten vor dem Volk und den
Vornehmen auf einem grossen Platze in Kairo ein Concert aus-
führen. Doch was sie auch spielten, ernste Stücke oder leichte
Melodien, die Zuhörer blieben unempfindlich, so dass Bonaparte
endlich ausrief: »Na, dann spielt ihnen den Malbrough!« Da
änderte sich plötzlich die Scene; die Scheichs, Kadis und Mollas
lauschten mit steigendem Behagen der lustigen, dabei so einfachen
Melodie, im Volke aber umarmte man sich und fing mit heiliger
Begeisterung zu tanzen an. Von nun an wurde der Marsch so
oft gespielt, als sich Zeit und Gelegenheit fand; was Bonaparte
seinem guten Glück zuschrieb, war aber nur eine Wirkung davon,
dass den Arabern die Melodie bereits bekannt war. Griechische
Kaufleute hatten sie ihnen überbracht, zu der Zeit nämlich, als
die Malbroughmode durch Europa ging; sie behagte ihnen so gut,
dass sie ihr mehrere ihrer Volkslieder' unterlegten, und das mag
später die Veranlassung gewesen sein, eine längere Bekanntschaft

anzunehmen. Uebrigens sangen sie auf die Malbroughmelodie auch
ein Liedchen auf Bonaparte, den sie als liebenswürdigen »citoyen
Bono« feierten.

Mit den Napoleonischen Kriegen verschwand das Liedchen
in den ausserfranzösischen Ländern, erhielt sich aber, merklich
eingeschränkt, in der Heimath bis zu den Zeiten des dritten Napoleon, und wurde vereinzelt bis in die fünfziger Jahre auch in
einigen deutschen und englischen Gegenden vernommen. Heute
ist es auf der ganzen Linie zum zweiten Male in Ruhe gesetzt.
Man kennt es freilich in Frankreich noch sehr gut[1]) und singt es
mit verändertem Text und unter Zugrundelegung bunter Bilder den
Kindern vor, aber im Grunde gehört es doch der Geschichte des
Volksliedes an, auch der Cultur-, sogar der politischen Geschichte.

Dagegen hat die Melodie auf ihren Wanderungen zahlreiche
Spuren hinterlassen, von denen heute noch manche lebendig sind.
Wenn Ambros[2]) ein Notat bei Villoteau eine arabische Bearbeitung
des Malbrough genannt hat, so kann man Rousseau's Melodie »Volez,
plaisirs, volez« als eine französische bezeichnen. Dazu wies Tappert[3])
in deutschen Liedern nicht weniger wie neun »Schwestern« nach,
von denen übrigens Schumann's »Der Hans und die Grete tanzen
herum« und der Chor im Freischütz »Wenn Wälder und Felsen
uns hallend umfangen« längst in diesem Zusammenhang genannt
wurden. Selbst nachdem der Malbrough vergessen war, lag also
die Melodie noch lange in der Luft; das Mittelglied bildete der
Marsch, welcher in Frankreich bei Armee und Volk lange popu-
lair war und uns von Beethoven in seinem Opus 91, »Sieg
Wellingtons in der Schlacht bei Vittoria« in charakteristischer
Instrumentation vorgeführt worden ist.

---

[1]) Beweis dessen ist auch eine Buffooper in vier Akten unter dem Titel
»Malbrough s'en va-t-en guerre« von Siraudin und William Busnach, Musik von
M., welche zum ersten Mal im Athenaeumstheater am 13. December 1867 gegeben wurde. Hier singt Malbrough, »illustre guerrier«, bei seiner Abreise
selbst die zwei ersten Verse des Liedes.

[2]) Geschichte d. Musik I p. 107.

[3]) Wandernde Melodien p. 73.

VI.
Eine Mode, welche die Noth erfand.
(Mirliton, Mirliton, Tontaine.)

1. In der Galerie „des Merciers“, 1723.

Was die Galerien des Palais royal für das Paris der Revolution und des ersten Viertels unseres Jahrhunderts waren, das
Rendezvous der eleganten Welt, der Bazar der Luxusgegenstände,
der Schauplatz der Liebeshändel und Intriguen, das bildeten zur
Zeit des grossen Königs und seiner Nachfolger bis 1781 die Galerien »des Merciers« im Palais de Justice. So glänzend waren
diese noch aus dem Mittelalter stammenden Hallen nicht wie die
späteren, bei denen die Bogengänge der Procuratien des Marcus-
platzes Pathenstelle versehen hatten; die grösste und längste,
welche parallel mit dem Cour d'honneur lief, war eng, niedrig
und auf beiden Seiten mit Boutiken besetzt, die man mit Schachteln
oder Kommodenschubladen verglich. Hier hausten zur Zeit Ludwigs XIV. und der Régence vornehmlich die ersten Modistinnen
von Paris; hier wurden die tonangebenden Moden erfunden, aus
diesen engen Tiroirs verbreitete sich der gute Geschmack über
ganz Europa, und alle Schönen, die auf Eleganz Anspruch machten, ob sie nun fürstlich waren, adlig oder bürgerlich, richteten
sich nach den Orakeln, welche die »Sibyllen der Galerie« von
sich gaben. In zweiter Linie kamen die Buchläden, welche die
literarischen Novitäten feilhielten und von Schriftstellern und Gelehrten, Précieuses und Raffinés besucht wurden; so hatten die
zwei Weltmächte, Toilette und Presse, die Galerie zu ihrem Arsenal

erkoren, und die fashionable Gesellschaft, welche durch dasselbe
herbeigelockt wurde, fand es bequem, hier allerhand Fäden unter
sich anzuknüpfen und fortzuspinnen. Endlich folgten noch Minia-
turboutiken für Schmuck, Süssigkeiten, Liqueure, und Perruquiers,
Maskenverleiher, Galanteriehändler machten den Abschluss.

Welche bedeutende Stelle diese Galerie des Merciers schon
im Pariser Leben des XVII. Jahrhunderts einnahm, geht auch
daraus hervor, dass Pierre Corneille 1634 eine Komödie schrieb,
»la galérie du palais ou l'amie rivale« betitelt, und dass Boileau
sie 1683 in einem satyrischen Poem zum Schauplatz eines literarischen Tourniers machte, bei dem Gelehrte und Dichter mit
Folianten gegen einander kämpfen. Leider wurde im Jahre 1776
ein Theil des Palais de justice durch eine Feuersbrunst zerstört
und mit ihm mehrere kleine Galerien; die Hauptgalerie blieb erhalten, aber ihre Herrlichkeit war dahin, da man als Ersatz des
Verlorenen die Galerien des Palais royal baute. In den vierziger
Jahren dieses Jahrhunderts war sie ganz herabgekommen; feucht
und schmutzig, beherbergte sie in ihren kleinen Boutiken, von
denen manche schwarzen Löchern ähnlich sahen, Trödler, wenig
einladende Etablissements de bouillon, Lesecabinets und Masken-
leibanstalten, bis unter Napoleon III. auch diese Ueberreste vernichtet wurden.

So verging im natürlichen Lauf der Dinge der Glanz einer
»grande attraction«, welcher etwa im Jahre 1723 seinen Höhepunkt erreicht hatte. Die herben Verluste, welche der Bankerott
der Law'schen Bank 1719 herbeiführte, waren von den leicht-
lebigen Pariserinnen längst verschmerzt oder mindestens vergessen,
die am 15. Februar erfolgte Krönung des 13jährigen Louis XV.
hatte neue Unsummen in den Verkehr gebracht, und noch immer
leitete Philipp II. von Orleans die Geschicke Frankreichs, dieser
lebendige Ausdruck sinnlichen Genusses und üppiger Lebensfreude.
An einem Frühlingstage wie heute macht die Galerie einen besonders glänzenden Eindruck. Sie ist dicht angefüllt von Herren
und Damen des Hofes in blendenden Costümen, Elégants und
Elégantes der Robe und Bourgeoisie, die es jenen gleichthun
wollen; galante Abbés, junge Clercs, schmucke Offiziere der königlichen Regimenter wandeln, auf Abenteuer begierig, plaudernd und
lachend auf und ab — Alles athmet Eleganz, Pracht und Be-

hagen. Licht wird durch die in den Deckenwölbungen angebrachten
Oeil-de-Boeufs nur spärlich verbreitet, dafür brennen in den vor-
nehmsten Boutiken Wachskerzen am hellen Tage, am reichlichsten
in der des Mode- und Spitzenhändlers Boileau, der wenige
Jahre vorher, der Law'schen Papiermode folgend, »Mississippi-
roben«, d. h. Kleider von »indianischem Papier«, complet mit
Mantelets für 25 Livres verkaufte, wofür man sich einen halben
Tag modern schmücken konnte.

In gleichem Range, vielleicht noch höher, steht die Boutike
der Mademoiselle Le Mire, der ersten und berühmtesten Spitzen-,
Band- und Modehändlerin von Paris. Sie hat sogar zwei Boutiken, aber nur die erste mit der Eingangsthür strahlt im Glanz
der Wachslichter, während die andere durch die Menge der im
Fenster ausgestellten Toilettengegenstände im vollen Dunkel
erscheint; sie dient als »Cabinet de toilette« und zu Aehnlichem.

Jetzt verkündet die Uhr des Palais in langsamen Schlägen
die dritte Nachmittagsstunde, und ein eleganter Cavalier betritt
hastig den Laden. Rasch wechselt er einen Blick mit der Le
Mire und verschwindet ohne Weiteres in dem dämmerigen Neben-
raum; es ist der junge Graf von Alincourt, der Sohn des berühmten Marschalls von Villeroy, des ehemals allmächtigen Erziehers des
jungen Königs. Bald darauf erscheint eine üppige und stolze
Schönheit, deren Kleidung und Haltung den höchsten Rang ver-
räth; die Le Mire sagt wieder kein Wort, sondern öffnet nur
unter tiefer Verbeugung die Nebenthür. Die Dame wirft noch
einen spähenden Blick auf die Galerie hinaus, dann schlüpft sie
in das Toilettencabinet, während die vielbeschäftigte Modehändlerin
sich eifrig ihren Arbeiten zuwendet. Das ist die geistvolle Marquise de Prie, welche bald am Hofe eine bedeutende Rolle spielen
sollte, durch ihren Einfluss Maria Lesczinska zur Königin von
Frankreich erhob und dadurch ihren eigenen Sturz herbeiführte.
Vor vier Jahren (1719) war sie von Turin zurückgekehrt, wo ihr
Gemahl als Gesandter weilte, und hatte nach der Sitte der Zeit
den jungen Herrn d'Alincourt mit ihrer vielbegehrten Gunst be-
glückt. Bald vertauschte sie ihn indessen mit dem weder schönen
noch liebenswürdigen, dafür aber mächtigen und einflussreichen
Herzog von Bourbon; stolz und intriguant wie sie war, gewann sie durch diese Liaison an Glanz und Bedeutung, zuweilen

sehnte sich ihr Herz aber doch nach dem früheren Geliebten
zurück, ja zuweilen fand sie Mittel und Wege, diese Sehnsucht
zu stillen.

Etwa ein Viertelstündchen mochte vergangen sein, da be-
traten drei Herren vom Hofe die Galerie. Der eine, der seine
Begleiter um Kopfeslänge überragt, trägt den stolzen Titel eines
Herzogs von Bourbon, und seine Begleiter sind Le Blanc, der
Leiter des Kriegsministeriums und dessen Adlatus, der witzige
und boshafte Graf Belle-Isle, ein bekannter Roué, übrigens ein
Enkel Fouquets. Der Herzog scheint ungewöhnlich erregt, sein
nichts weniger als schönes Antlitz ist lebhaft geröthet und das
stark hervorquellende Auge — er besass nur noch eins — streift
in hellem Zorn die Galerie entlang.

»Ich sage Ihnen, Graf, es ist unmöglich,« knirschte er;
»aber Sie werden es mir bezahlen, wenn Sie Unrecht haben.«
»Folgen Sie mir nur in die Boutike der Le Mire, Herr Herzog,«
antwortete der Angeredete mit überlegenem Lächeln, »dann
werden wir uns wohl im Punkte der Treue Ihrer Dame nicht
weiter zu streiten haben.« »Jawohl,« setzte Le Blanc hinzu,
»um drei Uhr ist das Rendezvous, meine Quellen sind untrüglich.«
In demselben Augenblick aber, als der Name der Le Mire in der
Galerie fiel, hatte dieselbe die Herren auch bereits bemerkt und
gab an der Nebenthür ein Zeichen. Nicht lange, und die Marquise
stürzte heraus und warf sich, ohne umzublicken, in den Sessel
vor einem Spiegel. Sie wusste nur zu gut, was für sie auf dem
Spiele stand, verlor aber trotz aller Erregung die Geistesgegen-
wart nicht; schnell ergriff sie ein mehrere Ellen langes Stück
Seidengaze, das neben ihr auf dem Ladentisch lag, warf es sich
auf das derangirte Haar und flüsterte der Vertrauten zu: »Schnell,
einen Kopfputz daraus! Er ist eine Erfindung von mir.«

Die Le Mire begriff ihre unausgesprochenen Intentionen;
rasch umwand sie den schönen Kopf mit dem glänzenden Stoffe
und improvisirte, hier eine Schleife bildend, dort eine Feder, die
sie zufällig greifen konnte, einfügend, ein phantastisches Arran-
gement. Die Marquise sah immer zufriedener in ihren Spiegel
hinein, denn die seltsame Coiffüre machte sich gar nicht übel; die
Le Mire nestelte aber eifrig weiter, bis ein Ganzes mit einer Art
Bau und Stil herauskam, und als sie endlich einen Schritt zurück-

7

trat, um einen Ueberblick zu gewinnen, stimmte sie herzlich in
das Lachen der Marquise ein.

In diesem Augenblick trat der Herzog mit seinen Begleitern
in die Boutike, prallte aber überrascht zurück, denn sein erster
Blick traf in dem Spiegel das schöne Antlitz der Marquise, das
ihm noch nie so bezaubernd erschienen war wie in diesem ex-
centrischen, aber jedenfalls originellen Kopfputz. Jeder Zug des
Aergers schwand aus seinen Zügen; »Allerliebst!« rief er mit
hellem Lachen, »wahrhaftig wundervoll! Paris wird morgen eine
neue Coiffüre tragen!«

Die Marquise erhob sich überrascht. »Ist das auch galant,
Herr Herzog,« erwiderte sie, »eine Dame bei der Toilette zu über-
raschen? Doch, da das Unglück einmal geschehen ist« — und
hier entfaltete sie ihren ganzen schelmischen Liebreiz — »so
mögen Sie nach Herzenslust bewundern, was ich erfand und die
geschickte Le Mire über mein Erwarten ausgeführt hat. Nun,
wie gefalle ich Ihnen, meine Herren?« Die letzten Worte waren
an Le Blanc und Belle-Isle gerichtet, aber den schäkernden Ton
begleitete ein so scharfer Seitenblick, dass die Diplomaten sofort
ein Einlenken für angebracht erachteten, wenn sie sich nicht eine
gefährliche Feindin erwerben wollten.

»Wundervoll!« rief der etwas schwerfällige Le Blanc mit
einem Enthusiasmus, der noch einen Theil seiner Verwirrung
zeigte. »Der Herr Herzog hat ganz Recht, eine neue Mode, die
den Namen unserer göttlichen Marquise unsterblich machen wird!«
»Als Göttin denke ich über die Unsterblichkeit anders,« gab die
Marquise lächelnd, aber ohne jede verletzende Pikanterie zurück;
»ich dächte, die Modekünstlerin hätte bei der Sache das grösste
Verdienst, während ich nur die Veranlassung gab.« »Richtig!«
stimmte der Herzog bei. »Coiffüre Le Mire soll der Kopfputz
heissen. Meinen Sie nicht auch, Graf?« »Ich wüsste wirklich
keinen passenderen Namen,« antwortete dieser rasch. »Freilich
etwas zu ernst klingt er im Vergleich zu der heiteren Schöpfung der
Frau Marquise« — dabei machte er dieser eine leichte Verbeugung
und fuhr dann mit der unschuldigsten Miene der Welt graziös
pointirend fort — »ich glaube, man muss den allbekannten Namen
der geschickten Helferin etwas cachiren, um der
neuen Mode die ihr gebührende Verbreitung zu verschaffen, etwa

Mirlitir — oder Mirliton.« »Coiffüre Mirliton! Unbezahlbar!«
lachte der Herzog aus vollem Halse. »Der Name ist so originell
wie das Werk; jawohl. Coiffüre Mirliton soll es heissen. Doch
nun reichen Sie mir Ihren Arm, reizende Marquise, damit ich Sie
nach meiner Karrosse führe und Sie zugleich der erstaunten Welt
in Ihrer neuen Coiffüre — Coiffüre Mirliton hahaha! — vorstellen kann.«

Wieder lächelte die Marquise mit ihrem ganzen Liebreiz,
indess Le Blanc nochmals den ominösen Seitenblick zu gewahren
glaubte. Vielleicht täuschte er sich aber in seinem unverbesser-
lichen Misstrauen; wenigstens strahlte die Marquise, als sie am
Arm des Herzogs durch die Galerie schritt, in ungekünstelter
Heiterkeit. Staunend blieb Alles stehen, bewundernd drängten die
Damen heran, und die Elégants suchten doppelt und dreifach den
Anblick zu gewinnen; sie aber erwiderte die Grüsse mit ihrem
huldvollsten Lächeln und schritt erhobenen Hauptes durch die
Menge dahin, als habe sie mit ihrer Coiffüre einen Sieg über
furchtbare Gewalten davongetragen.

Der Herzog hatte übrigens richtig prophezeit. Schon am
folgenden Morgen hatten alle Modistinnen der Galerie Gaze-
coiffüren mit Bändern, Blumen und Federn von womöglich noch
extravaganterer Form ausgestellt, und nach wenigen Tagen war
die Coiffüre Mirliton am Hofe und in ganz Paris stehende Mode.
Schade, dass Le Blanc und Belle-Isle die Geschichte dieser seltsamen Erfindung, an welcher sie doch so viel Antheil hatten,
nicht an der Quelle zu studiren vermochten; nicht lange darauf
wurde ihnen nämlich der Prozess gemacht und sie wanderten in
die Bastille. Die Marquise soll den Glauben an ihre Schuld getheilt haben; das Departement des Krieges erhielt einer ihrer
Protegés, Herr von Breteuil.

2. Chansons mit und ohne Zwiebelflöte.

Es ist schwer zu sagen, ob die Sache oder der Name mehr
Verdienst um den Erfolg der neuen Mode hatte, welcher —
wieder einmal — ganz unglaublich war. Der Pariser Witz, der
jedes Ereigniss satirisch verarbeitet, bemächtigte sich nämlich sofort dieses Wortes, und bald gab es neben der originellen Coiffüre

auch originelle Chansons unter dem Namen »Mirliton«. Derselbe
wurde in den Refrain eines Chansons des Pontneuf aufgenommen,
und als dasselbe wegen Anzüglichkeiten verboten wurde, regnete es
neue Couplets, welche sich gegen den Hofmarschall als Urheber
und die Damen vom Hofe als angebliche Anstifter des Verbots,
dann gegen alle Welt richteten. Witzige, derbe, graziöse Fabrikate
gab es unter diesen »Mirlitons«; das beste soll dasjenige gewesen
sein, welches Piron auf das »Urtheil des Paris« reimte.

Als nun zur selben Zeit eine Tragödie »Inez de Castro« von
La Motte allabendlich mit aussergewöhnlichem Beifall in Paris
gegeben wurde, verfertigte Dominique, der berühmte Arlekin
der alten Comédie Italienne, eine Parodie, welche unter dem Titel
»Agnès de Chaillot« auf die Scene kam. Sie war nichts als ein
Mirlitonlied, das aber aus 366 Strophen bestand — eine Strophe
für jeden Tag des Schaltjahres, wie man witzelte. Zumal alle
Schauspielerinnen, Tänzerinnen, Choristinnen und Figurantinnen
in der Mirlitoncoiffüre auftraten, machte das Stückchen grosses
Furore und muss als das eigentliche Chefd'oeuvre à la Mirliton
bezeichnet werden. Nicht nur die Reime stammten von Dominique,
sondern auch die Melodie; so einfach sie ist, wird sie doch heute
noch in Vaudevilles und im Volke gelegentlich gesungen, während
sie damals Anlass zu einer Unzahl neuer Strassenlieder gab,
welche auch meist die Eigenthümlichkeit des Refrains übernahmen.
Dem an und für sich nichtssagenden »Mirliton« wurden nämlich
andere Bedeutungen untergelegt; so etwas zieht immer, wie auch
heutigen Tages sonst reizlose Gassenhauer beweisen, um wie viel
mehr damals, als die Sache noch verhältnissmässig neu war. Als
Beispiel mögen die Eingangsstrophen dienen, welche ungefähr
folgendermassen lauten:

> König. Königin, was ich versprochen,
> Halte ich: mein Sohn wird heut
> Eurer Tochter sich vermählen,
> Der er Herz und Hand geweiht —
> Und sein Mirliton, Mirliton, Mirlitaine
> Und sein Mirliton, Mirliton, ton, ton!
>
> Königin. Sire, das Schlimmste muss ich fürchten,
> Wird dem Prinz nicht diese Huld,
> Soll er länger sich bezähmen,
> Dann verliert er die Geduld
> Und sein Mirliton, Mirliton, Mirlitaine etc.

La Motte war ausser sich und verhinderte die Drucklegung der Parodie, goss indess damit nur Oel ins Feuer. Allabendlich war das Theater gefüllt, und Jedermann theilte Freunden und Bekannten mit, was ihm am bemerkenswerthesten schien, so dass bald 500,000 Kehlen das Mirliton trällerten. Um die komische Wirkung zu erhöhen, musste nun auch ein ebenbürtiges Orchester gefunden werden, und so verfiel der lustige Dominique auf die alte, halbvergessene »Rohr- oder Zwiebelflöte«, in die man nur hineinzusingen brauchte, um dem Ton einen drollig schnarrenden Charakter zu geben. Alsobald wurde das Liedmonstrum mit solchen Zwiebelflöten begleitet, und diese erhielten davon den Namen »Mirliton«, den sie bis heute behalten haben und auch wohl behalten werden. Wie populär aber Weise und Instrument waren, das zeigte sich z. B., als am 22. December 1723 der Regent Philipp II. von Orléans, dem sein berühmter Minister Dubois um wenige Monate vorangegangen war, das Zeitliche segnete. Der Nachruf bestand aus nichts Anderem als einem Mirliton, und ganz Paris sang:

> Dubois, der am Höllenschlunde
> Den Regenten nahen sah,
> Rief: was suchst du hier im Grunde?
> Weder Geld noch Gold ist da
> Und kein Mirliton, Mirliton, Mirlitaine,
> Und kein Mirliton, Mirliton, ton, ton!

Das Jahr 1723 stand durchaus im Zeichen des Mirliton, und deshalb wurden auch die Louisdor, welche diese Jahreszahl tragen, von den Numismatikern Mirlitons genannt und theuer bezahlt[1]).

Wie jede, auch die geschmackvollste und originellste Tracht, verschwand der von der Marquise de Prie aus Noth erfundene Kopfputz allmählich wieder, doch trat der Name Mirliton noch einmal in den Dienst der capriciösen Göttin Mode. Im Jahre 1740 erfanden die Pariser Perruquiers eine Haartracht, welche unter den Elégants sofort begeisterte Verbreitung fand; wie die Modistinnen vor 17 Jahren mussten nun auch die Perruquiers eine Coiffüre Mirliton haben. Sie bestand darin, dass kleine Löckchen auf die Stirne fielen und sich um den ganzen Kopf herum zogen; auch diese Mode musste nach einigen Jahren wieder weichen, scheint aber in unseren Tagen unter schönerem Namen wieder aufgelebt zu sein.

---

[1]) Vgl. Castil-Blaze, Molière Musicien II. p. 465 f.

Das Mirliton aber blieb. Die besten Chansonniers, Panard, Collé, Vadé, Piron etc. sangen ihre Mirlitonlieder; sogar der Abbé L'Attaignant beginnt (1754) ein Potpourri nach der alten Melodie:

> Da Apoll beharrlich schweiget,
> Meide gern ich seinen Thron;
> Wenn sich mir nur freundlich neiget
> Die Muse des Kutschers von Vertamont — [1])
> Und ihr Mirliton, Mirliton, Mirlitaine!
> Und ihr Mirliton, Mirliton, ton, ton!

Das neue Jahrhundert brachte neue Mirlitonlieder mit neuen Melodien, von denen eins aus dem »Caveau« angeführt sei, das nach der alten, schon unter Ludwig XIV. bekannten Jagdfanfare, dem Chanson »Tontaine, tonton!« gesungen wurde und unter dem Titel »das neue Mirliton« also lautet:

> Lodert hell der Freude Feuer
> Und besteigt die Lust den Thron,
> Dann, Apoll, statt deiner Leier
> Leihe mir dein Mirliton — tontaine, tonton!
>
> Krieger führt zu Ruhm und Ehre
> Der Trommete heller Ton,
> Doch zur Insel der Cythere
> Leitet uns das Mirliton — tontaine, tonton!
>
> Will der Türke zärtlich minnen,
> Greift zum Stock er — welcher Hohn!
> Unsre Damen zu gewinnen,
> Dient allein ein Mirliton — tontaine, tonton!
>
> Liess sein Flötchen Pan ertönen,
> Fiel das Nymphchen ihm zum Lohn:
> Ueber die antiken Schönen
> Siegte auch ein Mirliton — tontaine tonton! etc.

Das drollige Instrument, die Rohr- oder Zwiebelflöte, die der Mirlitonmode von 1723 den Namen gegeben hatte, wurde anfänglich nur in der Galerie des Merciers verkauft, bald aber bei allen Spielwaarenhändlern; gesungen oder geblasen wurde es durch das ganze vorige Jahrhundert. In neuerer Zeit gab es dem heute noch in Paris blühenden vornehmen Cercle »des Mirlitons« seinen Namen; verkauft und benutzt wurde es aber hauptsächlich auf der Foire,

---

[1]) Der Kutscher von Vertamont war ein berühmter Bänkelsänger des Pont-neuf.

der Kirmess oder dem Markt von St. Cloud. Am Abend zog Gross und Klein, Münnlein und Weiblein, das Mirliton blasend, nach Hause zurück, und noch spät in der Nacht tönte der drolligkreischende Sang bis in die Strassen von Paris hinein. Eins der verbreitetsten Mirlitonlieder bezieht sich auf diese Heimkehr von St. Cloud und lautet in der ersten Strophe:

> Als jüngst ich mich erfreute
> Der Kirmess von Saint Cloud,
> Erwarb ich mir als Beute
> Und für vier ganze Sous
> Ein gar hübsches Mirlitir,
> Ein allerliebstes Mirliton.
> Lustig kanns nun heimwärts gehn,
> Mag die Welt im Kreis sich drehn:
> Hab ich doch mein Mirlitir,
> Spiel ich doch mein Mirliton!
> Spiel ich doch mein Mir, mein li, mein ton, mein Mirliton!

Und so gibt es noch eine Unzahl von St. Cloud-Mirlitons, welche mit dem Tag entstanden und vergangen sind. Die ganze Familie gehört eben zu dem grossen Geschlecht der Gassenhauer, welche durch geringe Kunst, unter Anlehnung an ein momentan beliebtes volksthümliches Motiv, nicht selten mit drastischem Ausdruck und zum wenigsten in Begleitung einer in das Ohr fallenden musikalischen Phrase ins Leben treten. Diese Spielart hat auch die Volkslieder begleitet, welche durch ihren inneren Werth Jahrhunderte überdauert haben; ihre allerfrühesten Erzeugnisse sind desshalb verloren, weil man überhaupt damals nicht aufzeichnete, aus den mittleren Zeiten ist aber eine ganze Reihe aufbewahrt, und gibt, obwohl an und für sich werthlos, den Perlen das nöthige Relief. Wie heute dem Schunkelwalzer »Fischerin du kleine«, dieser der Kooksmann und das Tararabumdiäh folgte, Eins immer das Andere tödtete, und der Weg vom Orchester zum Klavier, von da auf die Drehorgel und in den »freien Pfeifverkehr der Strasse« führte, so mag man sich vorstellen, wie auch früher, wohl gerade so lange, als man überhaupt im Volke singt, minderwerthige Strassenlieder einander rasch ablösten, immer weniger kunstsinnig vorgetragen wurden, und ihr Text sich immer mehr vergröberte und zerbröckelte.

3. Zwei Mirliton-Concerte.

Wo man über das Mirliton spricht, wird auch Schneitz-
höffer genannt, einer von den Deutschen, deron Namen bei den
Franzosen durch die Aussprache unkenntlich wird — er heisst dort
Chèncerf. Derselbe componirte, bevor er der bekannte Ballet-
kompositeur der grossen Oper und Professor des Pariser Conservatoire wurde, eine Symphonie für ein Orchester von grossen
und kleinen Mirlitons, und unter Tulou's Direction wurde dieselbe vor dem zahlreichen und glänzenden Auditorium eines Pariser
Salons mit äusserst komischer Wirkung aufgeführt. Indessen ist
das Mirlitonorchester bereits früheren Ursprungs. J. N. Bouilly,
der Dichter der Opern und Schauspiele Léonore ou l'amour
conjugal (Fidelio), Les deux journées (Wasserträger), Fanchon
(Fanchon, das Leyermädchen), l'Abbé de l'épée u. a. m., schildert
uns in seinen (sehr selten gewordenen) Memoiren[1]) das erste Mir-
liton-Concert, welches 1810 von den damaligen grössten Berühmt-
heiten der Pariser musikalischen Welt ausgeführt wurde.

Zur Zeit, als sich in Paris die Helden der siegreichen Napoleonischen Armeen zusammenthaten — so erzählt Bouilly —
bildeten die Schriftsteller und Musiker als Gegengewicht zu diesen
gesellschaftlichen Absonderungen Vereine, die bald in glänzender
humoristischer Weise hervortraten. Besonders feierte man die
Geburtstage der Mitglieder, und als Bouilly's Geburtstag (24. Januar)
herankam, beschloss man, ihn mit noch nie dagewesenen Ueberraschungen zu erfreuen. Die berühmtesten Dichter, Musiker,
Sänger und Schauspieler der Pariser Bühnen waren am Festabend
in Bouilly's Wohnung versammelt, und jede Darstellerin, jeder
Darsteller beglückwünschte den Dichter im Character einer Hauptrolle seiner vielen Bühnenwerke. Ich übergehe die Verse und
Couplets, welche vor und nach dem Essen recitirt und gesungen
wurden, sowie die höchst witzige Travestie von Racine's Tragödie
»Iphigenia in Aulis,« in einem Act, und halte mich nur an das
burleske Concert, welches diese Aufführung einleitete und in nichts
Geringerem bestand als in der Ouverture von Gluck's Oper
»Iphigenia in Aulis«, ausgeführt von grossen und kleinen Mirlitons.

Zwanzig Musiker liessen als »Weckruf« einen gewaltigen
Accord auf ihren Mirlitons ertönen, dann begann die seltsame

---

[1]) Mes récapitulations III. p. 196 f.

Exekution. Lefèvre, der Capellmeister der komischen Oper, dirigirte und handhabte dabei tapfer seine Zwiebelflöte, Boïeldieu, Plantade und G. Dugazon bliesen oder sangen vielmehr die ersten Geigen und gaben die schwierigsten Passagen Note für Note mit staunenswerther Geläufigkeit und Präcision wieder. Die zweiten Geigen vertraten Nicolo Isouard, Gavaudan, Pradher und der alte Richer; Martin, der berühmte Bariton der komischen Oper und Chenard sangen die Violoncelles, Tulou und Duvernoy die Oboen, Petit und Dauprat die Hörner. Die Pauken wurden auf einem kupfernen Waschkessel von Berton, dem bekannten Componisten und Chef d'Orchestre der grossen Oper, geschlagen, und dieser kleine grosse Mann mit der Riesennase erregte durch seine Leistung eine solch zwerchfellerschütternde Wirkung, dass Méhul und Madame Dugazon darüber in Lachkrämpfe verfielen. Die Anwesenden, welche noch niemals ein solches Orchester vernommen hatten, überliessen sich ungehindert der Heiterkeit, während die Musiker mit einem Ernst ihre Aufgabe zu Ende führten, als ob sie die Ouverture in der Oper und unter der Direction Gluck's zu spielen hätten. Mit einem abermaligen volltönenden Accord endete die originelle Production.

Von allen Schwänken und tollen Streichen der Künstler, die bis dahin bei ähnlichen Festen erfunden und in's Werk gesetzt worden waren, hatte noch keiner einen solchen lebhaften Eindruck hervorgerufen, ein solches Aufsehen erregt; noch keiner war im Stande gewesen, nur annähernd eine Vorstellung von der Wirkung zu geben, welche die künstlerisch ausgeführte Parodie eines Meisterwerks hervorzubringen vermag. Das aber ist eben das Wesen derselben, dass dieselbe Verve, derselbe künstlerische Ernst, dieselbe Accuratesse angewandt wird wie bei dem serieusen Werk, dass der Künstler nicht vermeint, bei der leichten Aufgabe hudeln und dafür ausreichend entschädigen zu können, wenn er selbst den Vorlacher macht. Was Prinz Hamlet für den Komiker im Allgemeinen anmerkt, gilt hier insbesondere; und dass die Dichter in dieser Beziehung ebenso reichlich sündigen wie die Schauspieler, das beweist die überaus geringe Anzahl von Parodien, welche die Zeit ihrer Entstehung überdauern.

VII.
Das Schloss in den Ardennen.
(Tout au beau milieu des Ardennes, Romanze von Cazotte.)

1. Kinderspiele.

Es ist eine hübsche Kindergruppe, welche sich ausserhalb der vielthürmigen Stadt Dijon, der alten Residenz der stolzen Herzöge von Burgund, auf dem blumigen Uferhang der Ouche dem Auge bietet: an erhöhter Stelle sitzt ein Mädchen von etwa zwölf Jahren, ihr zu Füssen kauert eine jüngere Gespielin und sieht zu ihr auf, ein hochaufgeschossener, etwas älterer Knabe steht hinter ihr und ordnet an ihrem Putz. Aber auch darin zeigt sich ein bildmässiger Charakter, dass der Mittelpunkt glänzend, farbig und reich ornamentirt ist, während der Vordergrund mit seinen hellen Tönen die grösste Einfachheit aufweist und der Hintergrund sich ernst und düster abhebt.

Das Mägdlein, um das sich Alles dreht, ist in ein Röckchen von buntgeblümter Seide gekleidet, die Jacke vom gleichen Stoffe zeigt einen zierlichen Krausenbesatz und viereckigen Halsausschnitt, den breiten an beiden Seiten aufgekrempten Strohhut schmücken lebende Blumen, ebenso den bebänderten Schäferstab. Die reizende Erscheinung mit der zierlichen Figur, dem blühenden Gesicht und der graziösen Haltung kann für ein Ideal der Schäferinnen Watteau's gelten, die auch in dem gegenwärtigen Jahr 1733 noch in Mode sind, denn merkwürdig, das Kind trägt schon das Wesen einer Dame zur Schau, und noch dazu einer Dame, welche sich ihrer Vorzüge wohlbewusst ist. Wie ihre grossen Augen begehrend und herausfordernd in die Welt schauen, so versteht sie mit ihren jugendlichen Reizen gar nicht übel zu kokettiren, und wie sie in ihrem Prachtgewande stolz aufgerichtet thront und den Stab als Scepter handhabt, so hat man den Eindruck, als ob sie sich dereinst ein hohes Ziel stecken wollte und Energie genug besässe, dasselbe zu erreichen. Das kleinere Mädchen bildet dazu den vollendeten Gegensatz: strotzend vor Gesundheit und rund wie ein Apfel, von offenem und heiterem Ausdruck, das ächte Landmädchen, als welches sie sich auch in ihrer Tracht präsentirt, hängt sie mit bewunderndem Lächeln am Munde ihrer Gespielin. Der Knabe dagegen, welcher das Blumenarrangement derselben zu vervollständigen versucht, erscheint als Stadtkind in einer sauberen, dunklen Tracht, mit der seine Züge merkwürdig harmoniren; er freut sich gewiss über den Erfolg seiner kleinen Mühen und noch mehr der schönen Schäferin, aber ein strahlender Ausdruck will ihm nicht gelingen, der angeborne fast düstere Ernst bleibt vorherrschend.

»So, jetzt bin ich fertig,« ruft er endlich und tritt vor die Gefährtin, sie mit einem sorgsamen Blick musternd. »Nun komm, wir wollen Schäfer und Schäferin spielen: Du bist Astraea und ich bin Celadon.« »Und ich bin Phylax!« ergänzt die Kleine am Boden und schlägt ein drolliges Bellen an. »Ach, Astraea!« spöttelt die Schäferin; »die mag ich nicht sein, die ist mir zu langweilig, und zum Celadon bist Du auch nicht hübsch genug, lieber Jacques.« »Gefällt Dir etwa Chloë besser?« fragt der Knabe, sichtlich ernüchtert. »Ach geh mit Deinen Märchen,« straft ihn die Angeredete; »soll ich einmal etwas vorstellen, so will ich die Königin sein.« Nun taucht in dem Gesicht des Knaben ein spöttisches Lächeln auf, dann sagt er ernst: »Die Zeiten sind vorbei, wo Könige um Schäferinnen freiten. Wo ist heute ein Mädchen wie Bertha mit den grossen Füssen, die vom Spinnrocken weggeholt wurde, um Karl des Grossen Mutter zu werden! Soll ich Dir die Geschichte erzählen?« »Unartiger Mensch!« grollte Toinette; »Königinnen haben nie grosse Füsse.« Damit streckte sie ihm ein allerliebstes fein beschuhtes Füsschen mit hohem rothen Absatz und seidener Bandschleife weit entgegen, dann aber fuhr sie lächelnd fort: »Weisst Du denn gar nichts von den neuen Geschichten? Da gibt es feine, schöne Schäferinnen, und wenn sie klug genug waren, sind sie auch Königinnen geworden«. »Wenn!« rief der Knabe mit leichtem Spott und warf sich auf den Rasen; jene aber ging zu einem bislang noch unbemerkten Ernst über und meinte: »Jawohl, eine ist es wirklich geworden. Freilich waren das adlige Schäferinnen, aber das kann man ja auch werden.«

Nun riss Jacques die Geduld. »So nenne doch diese seltsamen Damen!« rief er ärgerlich. »Sehr gern,« erwiderte Toinette stolz. »Die eine hiess Lavallière, doch wurde sie nur Herzogin, die andere Fontanges — doch nein, die war zu dumm, die blieb, was sie war. Aber die Montespan, die hat es zu was gebracht, und die Maintenon wurde Königin, wirkliche Königin.« »Woher weisst Du denn das?« fragte der Knabe erstaunt. »Von meiner Mutter,« erwiderte jene eifrig, »und die weiss noch viel mehr, nur wollte sie mir das nicht verrathen. Was i c h aber einst werde, habe ich von einer weisen Frau; nun passt auf, was die mir gesagt hat«. Die Kleine rückte der Erzählerin noch näher auf den Leib, Jacques murmelte zwar etwas von dummem Zeug, spitzte aber doch die Ohren, und nun begann jene in geheimnissvollem, aber überlegenem Tone. »Hoch oben in dem Faubourg St. Jacques zu Paris wohnt Madame Lebon, die weiss Alles, Alles, was geschehen ist und noch geschehen wird. Das findet sie nicht in Büchern, sie liest es aus den Blättern eines Kartenspiels, aber es steht gerade so deutlich da, als ob es gedruckt wäre. Vor drei Jahren an meinem Geburtstag — diesen 30. December werde ich nie vergessen — führte mich meine Mutter zu der weisen Frau. Es war mir, als ob ich bei der Fee Carabosse einträte, so unheimlich prachtvoll sah es überall aus; da waren deckenhohe Spiegel und schwarze Bilder in goldenen Rahmen, auch ein Todtengerippe stand da und ausgestopfte Fledermäuse und andere Thiere, grosse schwere Portièren hingen an den Thüren und verdeckten die Fenster, auf dem Tische aber brannten neun schwarze Wachskerzen, von denen jede eins meiner Jahre bedeutete. Madame Lebon sass hinter dem Tisch, eine grosse Mirlitonmütze auf dem Kopfe und eine grässliche Eulenbrille auf der Habichtsnase, durch deren Gläser mich ihre Augen wie feurige Kohlen anfunkelten. Eine ganze Weile fragte sie mich Allerlei und betrachtete mich dabei so scharf, als ob sie mich durch und durch hätte schauen oder zum

guten Ende verspeisen wollen; ich hatte aber keine Furcht, sondern
sagte ihr Alles, was sie wissen wollte, begierig, meine Zukunft
zu erfahren. Darauf legte sie die Karten neben und unter einander auf den Tisch, und nun erschrack ich wirklich, denn während
sie mit Kartenblättern knisterte, sprang ein grosser kohlschwarzer
Kater auf den Tisch, als ob er der weisen Frau bei ihrem Werke
helfen wollte, und hielt seine glühenden Augen unbeweglich auf
mich gerichtet. So oft die Alte die Kartenblätter mit ihren langen
Knochenfingern berührte, sprach sie zu meiner Mutter; ich war
so verwirrt, dass ich nichts zu hören vermochte, aber Eins verstand ich deutlich: als sie sich plötzlich erhob, da sagte sie, dass
ich — Königin werden würde.«

Als ob durch die Erinnerung die ganze Spannung von damals in ihr lebendig würde, hielt die Erzählerin tief aufathmend
inne. »Dann musst Du mich zu Deiner Kammerfrau machen,«
lachte die kleine Dicke; »o, ich werde Dir Deine Kleider schön
in Ordnung halten, dann putze ich Dich an, und Du erzählst
mir dabei, was Dir der Herr König alles für schöne Dinge sagt,
wie Ihr Euch amüsirt und was Ihr treibt. Natürlich kriege ich
auch schönes Essen und schöne Kleider —« »Jawohl, Manon,
Du sollst meine Kammerfrau werden,« stimmte Toinette lachend
ein. »Und Du, Jacques, was für ein Amt soll ich Dir geben?
Versemachen ist Dir ja doch das Liebste, drum will ich Dich
zu meinem Hofpoeten erwählen; aber hübsch galant musst Du
sein, und den Griesgram zu Hause lassen, sonst bleibt Dir der
süsse Lohn versagt.« Mit diesen Worten nahm sie eine Rose
von ihrem Busen und warf sie ihm neckisch in den Schooss; eilig
hob er sie auf und betrachtete sie stumm. »Träumer, Träumer!«
rief Toinette. »Kann er nicht einmal Dank sagen, nicht einen
Quatrain auf die Rose reimen? Aber die Strafe kommt rasch:
morgen gehe ich mit Mama nach Paris zurück, und mit den
schönen Spaziergängen ist es aus.«

Jacques betrachtete seine Rose noch immer, jetzt aber brach
er das Stillschweigen und rief pathetisch:

> Du bist so schön wie eine Rose
> Und strahlend wie der Morgenstern:
> Heut liegt die Rose mir im Schoosse
> Und morgen ist der Stern mir fern.

»Sehr hübsch, ganz allerliebst,« jauchzte die Schöne mit rückhaltlosem Entzücken, und ehe es sich der angehende Hofpoet versah, erfasste sie seinen Kopf und drückte ihm einen herzhaften Kuss auf die Lippen. Tief erröthend schnellte er, wie von einem elektrischen Schlage getroffen auf, und ohne Dank und Gruss ging es auf und davon, als ob das ganze höllische Heer hinterdrein wäre. Verdutzt schaute ihm Toinette eine Weile nach, dann liess sie ihrem Unwillen freien Lauf. »Hässlicher, ungeschliffener Mensch! Knieen würden sie in Paris, die feinsten und vornehmsten Herren, wenn ich ihnen nur halb so freundlich begegnete, und er läuft davon, als ob ich der schwarze Kater der weisen Frau wäre! Schade um die hübschen Verse!« »Ach,« tröstete Manon, »Du hast noch Glück; wenn ich ihn einmal zum Dank für seine schönen Geschichtchen küssen will, läuft er schon davon, ehe ich ihm nur nahe komme.«

»Toinon!« liess sich jetzt eine Frauenstimme vom Ufer her vernehmen, und alsobald machten sich die Mädchen auf, den Weg zu erreichen, der dem Fluss entlang nach der Stadt führte. Dort warteten ihrer zwei Frauen, die eine in ländlicher Tracht mit einem Kinde an der Hand, die andere mit Putz beinahe überladen; sie waren auf einem Kahn herangekommen, der, von einem Mann und einem Jüngling geführt, eben vom Ufer abstiess. Das war Monsieur P o i s s o n , der — Name zugleich und Gewerbe — in der Poissonnerie von Dijon mit seinem Aeltesten sein Handwerk betrieb, im Uebrigen ein braver Mann nach altem Schlag. Sein Bruder war früher Schlächter der Invaliden in Paris gewesen, hatte aber nach manchen gefährlichen Unternehmungen, die ihn fast an den Galgen gebracht hätten, durch die Protection des königlichen Generalpächters, Baron L e n o r m a n d e T o u r n e h e m , eine Stellung als königlicher Stallbediener erhalten. Seine Frau und Tochter sollen dem reichen Cavalier noch näher gestanden haben, und diese waren es, welche jetzt ihre Verwandten in Dijon besucht hatten. Dabei lernte die vielversprechende junge Pariserin die kleine, hübsche und lustige M a n o n G u é r i n kennen, welche, einfacher Leute Kind, den langen Nachbarssohn zum dritten Theilnehmer an den Spielen und Spaziergängen gewann. Das war Jacques C a z o t t e , der nicht blos seinen Altersgenossen oft räthselhaft erschien, der Sohn eines Beamten, der die Kloster-

schule der Jesuiten besuchte, um sich für die Beamtenlaufbahn
vorzubereiten, sich aber im Stillen eifrig mit der Lecture von
Poeten und eigenen Reimversuchen beschäftigte. Im Ganzen und
Grossen hatte Toinette sich bei den Verwandten nicht übel amüsirt,
zumal sie gefunden hatte, dass in ihr doch etwas ganz Anderes
stecke, als in diesen Paysans; jetzt aber war es genug der Abwechslung, mit einer Art Sehnsucht eilte sie nach ihrem geliebten Paris zurück, und Manon zog wieder allein mit Jacques
durch die Felder, ohne dass ihr jemals das »Glück« zu Theil geworden wäre, was sich die kecke Pariserin im Flug erhascht hatte.

2. Hofintriguen.

Nach achtzehn Jahren finden wir die zwei Mädchen, die
wir in Dijon kennen lernten, im königlichen Schlosse von Versailles
in veränderten Verhältnissen wieder. Die kleine Poisson ist
eine der schönsten Frauen von Paris geworden, geistreich und
pikant, dazu klug wie keine zweite; sie hat ihr Ziel erreicht und
die Weissagung der Madame Lebon nicht übel verwirklicht, denn
wenn sie auch nicht Königin geworden ist, so ist doch die
Marquise von Pompadour die wirkliche Beherrscherin Frankreichs und seines Königs. Auch die dralle Manon, welche den
ältesten Sohn des Fischers Poisson heirathete, hat sich zu einer
der stattlichsten und hübschesten Frauen der Bourgogne entwickelt,
und heute ist sie, zwar auch nicht die Kammerfrau der Königin,
aber doch die Amme des königlichen Prinzen, der schon in der
Wiege den Namen seines Vaters erhielt, des Dauphins und
Herzogs von Bourgogne. Dass die ungleichen Gespielinnen von
damals sich jetzt so nahe begegnen und zwar beinahe in den
Rollen, welche sie sich als Kinder träumten, erscheint wie ein
Märchen; geradezu ein Wunder muss es aber genannt werden,
dass die Pompadour, welche nichts so hasste und verfolgte wie die
Erinnerung an ihre Herkunft, bei der Burgunderin eine Ausnahme
machte. Die allmächtige Favoritin, welche die Minister wie Hand-
schuhe wechselte, Marschälle ernannte und absetzte, auch wenn
jene eine Schlacht verloren, diese eine gewonnen hatten, duldete
eine Cousine mit dem plebejischen Namen »Poisson« geduldig in

ihrer unmittelbaren Nähe, ja sie lud sie sogar zu sich und pflegte insgeheim die alten Beziehungen.

Nach jenem Ausfluge in Dijon hatte die Erziehung des frühreifen Mädchens begonnen, für welche ihr greiser Freund, der Baron Lenormand de Tournehem, das Möglichste aufbot. Sie erhielt Lehrer aller Art, auch in den »angenehmen« und schönen Künsten; der berühmte Tenor der Opéra, Jeliotte, der dem deutschen Publikum aus Adams Postillon bekannt ist, gab ihr Unterricht auf dem Klavier und im Gesang, der nicht minder berühmte Balletmeister Gibaudet und die Camargo lehrten sie die höhere Tanzkunst, und Crébillon unterwies sie in der Declamation und graziösen Rede. Bald sang und tanzte sie wie die ersten Künstlerinnen, declamirte wie die Clairon, deren Tonfall sie übrigens täuschend zu copiren verstand, zeichnete, malte, radirte und bildhauerte. Zahllose Bewunderer huldigten der reizenden und talentvollen Schönheit, doch wusste Herr von Tournehem jede intimere Annäherung zu verhindern, da er sie seinem Neffen, dem jungen Baron Lenormand d'Etoiles bestimmt hatte, welcher bis zum Wahnsinn in die Circe verliebt war. Sie stand ihm ohne die geringste Zuneigung gegenüber, willigte aber doch in die Heirath, als ihr Beschützer einen Theil seines grossen Vermögens als Preis aussetzte. Am 9. März 1741 fand die Vermählung in der Kirche St. Eustache statt [1]), und als Frau Baronin d'Etoiles wurde Toinette eine Berühmtheit des Salons, der Abgott des lebensheitern Adels wie der vornehmen Bourgeoisie, so dass Samuel Bernard, einer der reichsten Männer seiner Zeit, bedauern konnte, sterben zu müssen, ohne dieses Phaenomen bewundert zu haben. Indessen galt ihr selbst alles das nur als Etappe zu dem Ziele, das sie nie aus dem Auge verlor; und ihre Rechnung war auch insofern richtig, als es gar nicht ausbleiben konnte, dass der Ruf einer so geistsprühenden und pikanten Schönheit bis nach Versailles drang, und Ludwig XV.

---

[1]) Es ist eine freie Erfindung Brachvogel's in seinem »Narziss«, dass Toinette Poisson eine Heirath mit dem Neffen Rameaus eingegangen sei. Dem Dichter bleibt es unverwehrt, mit seinem Stoffe zu schalten, wie er es zweckdienlich erachtet; sollte aber nicht das Gekünstelte und Outrirte, welches das Stück so überraschend rasch veralten liess, mit den willkürlichen Abweichungen von der Wirklichkeit im Zusammenhange stehen?

nicht blos immer noch der »Bien-aimé« hiess, sondern auch der galanteste der Könige geblieben war.

Als sich am 23. Februar 1745 der Dauphin mit der Infantin Maria Theresia von Spanien vermählte, gelang es der schönen Frau von Etoiles, auf einem Maskenball im Hôtel de Ville dem König näher zu treten. Die Folge war, dass sie ihren Gatten heimlich verliess, um ebenso heimlich das durch den Tod der letzten Geliebten des Königs, der Herzogin von Chateauroux verwaiste prachtvolle Appartement zu beziehen. Als Marquise von Pompadour hat sie dasselbe dann verlassen; aber nachdem sie damit ihren Traum verwirklicht hatte, blieb ihr noch die grössere Aufgabe, das Errungene festzuhalten, denn zahlreich waren die geheimen und öffentlichen Feinde, welche sich der neuen Machthaberin entgegenstellten, und am schwersten liess sich die Langeweile und Uebersättigung des Königs besiegen,[1]) welche sich immer und immer wieder geltend machte.

Nach dem Tode der Infantin vermählte sich der Dauphin zum zweiten Male mit der sechszehnjährigen Prinzessin Maria Josepha von Sachsen, Tochter Friedrich Augusts II., und am 13. September 1751 wurde ihm ein Sohn geboren, zur grössten Freude des königlichen Grossvaters. Da machte ein höherer Bediensteter des Dauphins, der aus der Bourgogne daheim war, die doppelt merkwürdige Entdeckung, dass in der Poissonnerie zu Dijon eine Cousine der Marquise vor wenigen Wochen eines kräftigen Knäbleins genesen sei, und dieser Umstand wurde von den Feinden der Pompadour, die sich um den Dauphin geschaart hatten, benützt, um gegen dieselbe einen tödtlichen Streich zu führen. Man stellte den hohen Eltern vor, dass diese hübsche, etwa dreissigjährige Frau von strotzender Gesundheit und gewecktem Geist, noch dazu aus der Bourgogne gebürtig,. die passende Amme für den Prinzen sein werde, und sofort wurde der Leibarzt nach Dijon beordert, um sein Gutachten abzugeben. Wenige Tage darnach hielt Madame Poisson ihren Einzug in die

---

[1]) Diesem Bestreben entsprang das Theater der Pompadour; hier war sie unvergleichlich. »Elle déployait,« sagen die Gebrüder Goncourt, »dans la comédie sa vivacité, sa finesse, l'art du bien dire, l'esprit du ton, la malice du regard. Elle révélait dans l'opéra toutes les caresses et tous les enchantements de sa voix. Et que de moyens d'être aimable et que de façons d'être belle!«

Appartements des Prinzen, war aber nicht wenig erstaunt, als man ihr berichtete, dass die allmächtige Marquise von Pompadour keine Andere sei als ihre Cousine Toinette. Natürlich wurde diese Neuigkeit ebenso rasch am ganzen Hofe colportirt und der Name Poisson dabei dick unterstrichen; auch sorgte man bestens dafür — das war ja die Pointe des ganzen Planes — dass die verhasste Favoritin davon in Kenntniss gesetzt wurde.

Binet, der Leibkammerdiener des Königs und Vertraute der Marquise, zugleich ein entfernter Verwandter ihrer Mutter, erschien als die geeignete Mittelsperson, und richtig, kaum hatte er die entsetzliche Geschichte vernommen, als er sie auch, am ganzen Körper zitternd, an dem beabsichtigten Orte überbrachte. Die Marquise, welche an die Manon aus Dijon längst nicht mehr gedacht hatte, war allerdings nicht wenig überrascht, dass dieselbe die Frau ihres Vetters Poisson geworden war; im Übrigen hatten sich aber die Verschworenen gründlich verrechnet, denn ihre Spitze prallte an dem Rüstzeug der Feindin wirkungslos ab. Mit einem Blicke übersah sie die Situation und gab augenblicklich so bestimmte Weisungen, als ob sie Alles Tage lang durchdacht und überlegt hätte. »Nun, verschwinden lassen können wir die brave Frau nicht mehr,« hob sie an. »Also eilen Sie sofort zum König und erzählen Sie, was geschehen ist, und warum. Ich aber hätte das nicht nur gewusst, sondern sei auch damit einverstanden gewesen, weil eine bessere Nährmutter für den jungen Herzog gar nicht zu finden sei; das Gespött meiner Feinde wäre mir gleichgiltig, wenn ich das Wohl der königlichen Familie befördern könne. Sagen Sie das dem König, dem ganzen Hofe, Allen, die es hören wollen! Dann aber gehen Sie zu dem Herzog und ersuchen Sie ihn in meinem Namen und in aller Form — hören Sie, Binet, in meinem Namen und in aller Form — meiner Cousine Urlaub ertheilen zu wollen, damit ich sie nach so langen Jahren umarmen kann. Dann werde ich das Nöthige mit ihr besprechen, und wir wollen sehen, wer den meisten Vortheil von dieser amüsanten Intrigue gewinnt.«

Monsieur Binet hatte die Marquise mit offenem Munde angestarrt, als sie, ohne in seine Bestürzung einzumünden, sofort zur Action überging; je deutlicher sich ihr Plan entfaltete, um so mehr erheiterte sich sein Antlitz, bis er, die Hand zur Stirne führend, in das spöttische Lächeln der Sprecherin einstimmte. »Zählen Sie auf mich, Frau Marquise,« erwiderte er mit respectvoller Verbeugung, indem er die dargebotene Hand küsste; »gegen solchen Geist und Muth muß selbst die Hölle die Waffen strecken.« »Ei, thun Sie den Herren nicht zu viel Ehre an,« schloss die Marquise; »Mückenstiche, nichts mehr, und über Nacht ist Alles vergessen.«

3. Ein gruseliges Wiegenlied.

Mit grösster Freundlichkeit empfing die Marquise die dicke Frau Poisson, welche von der imponirenden Erscheinung ihrer ehemaligen Gespielin so eingeschüchtert wurde, dass sie Kuss und Umarmung nicht zurückzugeben wagte. Damit war der letzte Zweck in der Hauptsache schon erreicht, und als die Marquise auseinandersetzte, dass die verwandtschaftlichen Beziehungen in ihrem Boudoir ungehindert gepflegt werden sollten, in der Öffentlichkeit aber ihre verschiedene Stellung Berücksichtigung verlange, fand das die Cousine vom Lande nur selbstverständlich. Dafür suchte sie das ihr zugestandene Recht jetzt weidlich auszunutzen und überschüttete ihr Gegenüber mit Erzählungen von ihrem Mann, ihrem Knaben und dem Leben in der Poissonnerie; mit lächelnder Miene liess die Marquise das Unvermeidliche über sich ergehen, bis ein neues Motiv ihre Aufmerksamkeit, ja anfänglich eine Art Furcht erregte. Mutter Poisson erzählte nämlich, dass sie einen Bekannten mitgebracht habe, der vor mehreren Jahren Dijon verlassen hätte und als Marinecontroleur weit über's Meer nach der Insel Martinique gegangen, jetzt aber zurückgekehrt sei, um in Paris sein Glück zu versuchen. Unterwegs hätten sie sich der Scene an der Ouche erinnert, und weil sich bei ihr doch etwas von dem glänzenden Loos erfüllt habe, von dem sie damals geträumt hätten, habe sie nicht umhin gekonnt, auch daran zu glauben, dass er so eine Art Hofdichter werden könne. Nun dürfe sie doch dem kleinen Herzog keine Noëls oder Schelmenliedchen im burgundischen Patois vorsingen; sie habe ihn also um ein Wiegenlied gebeten, was er ihr auch baldigst nach Versailles zu bringen versprochen habe. Wie sie sehe, würen die Wünsche von damals auch bei der Frau Cousine in Erfüllung ge-

gangen; warum sollte der gute Jacques es nicht ebenfalls noch
zu was bringen?

Die Marquise hatte wirklich auf einen Moment gefürchtet,
dass ein Dichter, der ihre Jugend kannte und seinen Eingebungen
rücksichtslos zu folgen gewohnt war, ihr in ihrer jetzigen Stellung
nach erneuerter Bekanntschaft Unbequemlichkeiten bereiten könnte;
über der Plauderei der lustigen Burgunderin wurde sie indess
andern Sinnes, musste unwillkürlich in der Erinnerung an die
entschwundenen Jugendtage lächeln und gab der Cousine Recht,
dass sich die Träume von damals in seltsamer Weise erfüllt
hätten. Sie wolle gern dazu helfen, dass Cazotte, der einzig noch
damit im Rückstande sei, sich auch ein Glück gewönne, und
forderte Manon auf, ihn ihr zuzuführen, sobald er nach Versailles
kommen werde.

Lange liess er nicht auf sich warten, und so sassen die drei
wieder zusammen, wenn auch nicht in so idyllischer Umgebung
und so ungezwungener Haltung wie damals vor achtzehn Jahren:
in einem kleinen, mit allem Raffinement des üppigen Rococo
ausgestatteten Salon thronte die mächtige Marquise auf dem
Sopha von geblümtem Seidendamast, während ihre Gäste in respectvoller Entfernung auf reich geschnitzten vergoldeten Sesseln
Platz genommen hatten. Cazotte, heute ein Mann von einund-
dreissig Jahren, blickt sehr ernst darein, und unheimlich leuchtet
sein Auge auf, wenn es auf der stolzen Gestalt der Hausherrin
in ihrem reichen Gewande haften bleibt. Während er mit seiner
heiteren Landsmännin in zuthunlicher Weise verkehrt, ist er mit
der Marquise förmlich, als ob er einer fremden vornehmen Dame
gegenüberstände; nur wenn sich die Gedanken den Jugendtagen
zuwenden, denen seine ersten Worte galten, nimmt Ton und Miene
einen milden Charakter an. Die Marquise denkt unwillkürlich an
die Empfindung, welche sie beim ersten Nennen seines Namens
überkam, und hat keine grosse Hoffnung für das Wiegenlied;
Lustigkeit wird wenig darin zu verspüren sein, auch dem galanten
Quatrain von der Rose und dem Morgenstern wird es nicht ähnlich
sehen, indessen neugierig ist sie doch und bittet um Mittheilung.
Ungezwungen tritt Cazotte an das reich mit Gold und Malereien
gezierte Clavecin, ein Geschenk der Dauphine, zugleich eins der ersten
Instrumente, welche die von dem deutschen Musiker und Klavier-

bauer Schröter erfundene, von dem Orgelbauer Silbermann
in Dresden verbesserte Hammermechanik in Paris bekannt gemacht hatten. Mit einfachen Accorden begleitet er die Melodie,
die er einem alten, originellen Volksliede entnommen hat, und
singt mit wenig Stimme, aber richtigem Ausdruck ganz im Geiste
eines Wiegenliedes, welches ein unruhiges Kind besänftigen und
in den Schlaf lullen soll. Madame Poisson strahlt im ganzen
Gesicht, und ihre Freude wächst, je mehr Schauerlichkeiten zu
Tage kommen; bei der Marquise dagegen wird das Staunen immer
befremdender, bis sie am Schluss einen Laut ausstösst, der sich
ebenso gut als Ausdruck eines tiefen Wehs wie als unterdrückter
Ausdruck des Zorns deuten lässt.

Dieses Wiegenlied, eine Ballade von nicht weniger als 25
achtzeiligen Strophen, also 200 Verszeilen, ist die erste poetische
Arbeit Cazotte's, welche in die Oeffentlichkeit drang. Sie war
den Zeitgenossen ein Zeugniss für sein unleugbares Talent, für
uns ist sie merkwürdiger als Beleg für die Sitten und Anschauungen jener prunksüchtigen, koketten Zeit, in welcher ver-
botene Liebesverhältnisse ohne Anstoss sich breit machten, ver-
brecherische Frivolität und krasser Mysticismus offenkundig be-
trieben wurden, jener berüchtigten Zeit des fünfzehnten Ludwig,
die unaufhaltsam der Revolution entgegentrieb. Aus dieser Zeit
geboren, fand das Gedicht allerwärts ein Echo und wurde als
wirkliches Wiegenlied gebraucht, die Melodie für die Kinder und
der Text für die Erwachsenen. »Die kleinen Schreier und Gaukler
in der Wiege,« sagt unser Joh. Friedr. Reichardt im Vor-
wort zu seinen Wiegenliedern, »bedürfen nur einer sanften ein-
lullenden Melodie, und die muss ein Wiegenlied immer haben,
wes Inhalts die Verse auch sein mögen. Die Sängerin an der
Wiege will aber auch zugleich wach dabei bleiben und angenehm
unterhalten sein. Für diese ist manches Lied, das mancher Leser
nicht für ein eigentliches Wiegenlied halten möchte. Um ganz
das zu sein, was sie sein sollen, wollen diese Lieder in mässiger,
auch wohl langsamer Bewegung und mit sanfter, halber Stimme
gesungen sein. Mit raschen, rumpelnden Bewegungen und lauter,
schreiender Stimme kann eine unverständige, leidenschaftliche
Amme ein unruhiges Kind wohl betäuben und zum Schlaf zwingen
wollen. Eine gute, zärtliche Mutter, die wohl fühlt und weiss,

dass nur sanfte Bewegungen und milde Töne einem zarten Kinde
die Ruhe geben, die nicht nur gedeihlichen Schlaf, sondern auch
einen wohlthätigen Ton dem künftigen Leben verleihen können,
die wird nie den sanften Ton verfehlen, in welchem sie sich, den
Blick auf's zarte Kind gerichtet, selbst nur wohl fühlt.« [1])
Das Wiegenlied Cazotte's beginnt schon schauerlich:

> Tout au beau milieu des Ardennes
> Est un chateau sur le haut d'un rocher,
> Où fantomes sont par centaine;
> Les voyageurs n'osent en approcher:
> Dessus ses tours
> Sont nichés les vautours,
> Les oiseaux de malheur.
> »Hélas! ma bonne, hélas! que j'ai grand' peur.«

Aber nicht genug damit: Ketten hört man rasseln, Wärwölfe
heulen, das Höllenfeuer glüht und in Strömen fliesst Blut, so
dass einem das Herz erstarrt, die Haare sich sträuben, sobald man
näher kommt. Trotzdem will der tapfere Sire Enguerrand
aus Spanien in diesem Gespensterschloss übernachten: er lässt
sich ein Lager herrichten, zieht die grossen Ritterstiefel aus und
begibt sich sonder Zagen zur Ruhe. Da kommt es um Mitter-
nacht heran; ein Sturm und höllisches Getöse erhebt sich, dass
das Schloss bis in seine Grundfesten erschüttert wird, Wuthgeheul
und Zähneknirschen, Schreckens- und Schmerzensschreie werden
laut, wie sie ein menschliches Ohr nie vernommen hat, bis das
arme Kind, dem dieses Wiegenlied zum Schlaf verhelfen soll,
zum sechsten Mal seinen Refrain ausstösst.

Doch es kommt noch viel besser. Durch den Kamin kollern
plötzlich einzelne Gliedmassen in die Schlafstube herab, Hände,
Beine, Arme, Köpfe und Leiber, welche sich zu dämonischen Un-
geheuern zusammenfügen; gleichzeitig stürzt durch die wild auf-
fahrenden Thüren eine Horde von scheusslichen Teufeln, die einen
Verdammten mit verzerrtem Angesicht daherschleppen, dessen Augen
geschmolzenes Blei weinen und dessen Haare im Feuer glühen.
Die Teufel geisseln ihm mit giftigen Schlangen den Rücken; er

---

[1]) Die Texte der Reichardt'schen Wiegenlieder sind von Claudius, Gräfin
Agnes und F. L. Graf zu Stolberg, Jacobi, Friederike Brun, Burmann,
K. Schmidt, Campe, Herder etc.; davon hat sich einzig das »Schlaf, Kindchen,
schlaf« erhalten.

will schreien, doch nur Kröten und Schlangen entschlüpfen seinem Munde. Nun naht ein weibliches Gespenst mit aufgelöstem Haar und stösst ihm einen flammenden Dolch wiederholt tief in's Herz, dass feuriger Dampf und schwarzes Blut herausquillt; dabei schreit das Gespenst: »Stirb, verruchter Schurke, büsse deine sündige Raserei! So strafe ich dich.« Der Aufschrei des geängstigten Kindes wird wirklich immer mehr berechtigt.

Der tapfre Sire Enguerrand freilich hat ohne alle Furcht diese Schrecknisse angesehen; als galanter Mann empfindet er sogar mit dem weiblichen Gespenst Mitleid und fragt es, woher es komme, was es denn so Schweres verbrochen habe, um zu diesem Spuk verdammt zu sein, und sofort redet ihn dasselbe mit einem Seufzer, doch in aller Höflichkeit als Monsieur an und erzählt ihm seine Geschichte. Graf Anselmus, der Herr des Schlosses, war der Vater der Dame; sie war schön, eitel und stolz auf ihre Vorzüge, aber tugendhaft. Nun verliebte sich der Schlosskaplan in sie und sann auf Mittel, ihr die Ehre zu rauben; Satan, dem er sich verschrieben hatte, kam ihm zu Hilfe und benutzte die Eitelkeit der Dame, um sie und ihren Galan zu verderben. Er hatte einer Rose, die auf ihrem Wege stand, höllischen Zauber verliehen, und kaum hatte sie dieselbe gebrochen und in ihrer Verblendung sich das Haar damit geschmückt, als ihr die Sinne schwanden und der Unhold sich beeilte, seine Lust an ihr zu büssen. Nachdem sie wieder zu sich gekommen war, wurde sie sich des Schrecklichen bewusst, was mit ihr vorgegangen war; sie stiess Hilfe- und Klagerufe aus, doch der erschrockene, dem Satan verfallene Sünder vollendete sein Werk und ermordete sie. Rasch wollte er sie mit ihrer Schande und seinen Sünden begraben, doch die Grube füllte sich mit Blut; nun kam auch, durch die Hilferufe aufgeschreckt, der alte Graf Anselmus herbei, der Mörder suchte sich zu verstecken, aber alsbald nahte der Satan in Gestalt eines Bockes und entführte ihn hohnlachend in die Hölle. Seitdem muss er sowohl als die Dame in dieser schrecklichen Weise spuken, damit sie die Sünden büssen, welche er aus Sinnenlust, sie aus Eitelkeit begangen hat.

Bei dieser schaurigen Mordgeschichte wird dem tapfren Sire Enguerrand doch etwas übel zu Muthe und er ruft den Namen des Herrn Jesus an, worauf im Nu der ganze Höllen-

spuk zerstiebt. Die Amme aber singt nun in der fünfund-
zwanzigsten Strophe die Moral:

> Apprenez par ceci, mesdames,
> A ne pas croire à votre vanité,
> Et vous, qui courtisez les femmes,
> Retenez bien cette moralité:
> Qu'il ne faut pas
> Du traître Satanas
> Invoquer la faveur.
> »Hélas! ma bonne, hélas! que j'ai grand' peur.«

Es ist nicht zu verwundern, dass dem Kind der Klageruf
allmälig zur Gewohnheit geworden ist, und so entschlummert
es denn schliesslich, ohne von der »Moralité« der sorglichen Wär-
terin weitere Notiz zu nehmen.

3. Schicksalstücken.

Die Marquise von Pompadour war weder von dem Sujet
noch der Moral der Ballade erbaut; wäre der Verfasser ein
Anderer gewesen, sie hätte gewiss alle Mittel angewandt, ein
solches Werk vom Hofe fernzuhalten, aber ihrem Bekannten von
Dijon sah sie auch das nach, was ihr Missvergnügen bereitete.
Dafür konnte sich Madame Poisson, die für das Gruseln schwärmte,
gar nicht genug an dem Erstling ihres Jugendfreundes ergötzen
und brachte ihn mit einem wahrhaft überraschenden Erfolg zur
Geltung. Aus der prinzlichen Kinderstube drang »das Schloss in
den Ardennen« bald in die weiten Kreise des Versailler Hofes,
wurde darauf fast in allen Pariser Häusern gesungen und machte
endlich die Runde durch Frankreich, Belgien und Holland —
seitdem Paris Paris ist, war dies der gewöhnliche Weg eines po-
pulären Erfolges.

Die deutsche Gemahlin des Dauphins gebar noch vier Söhne;
Xaver starb bereits im zweiten Jahre (1754), Ludwig Herzog von
Berry (geb. 1754), der Graf von Provence (geb. 1755) und der Graf
von Artois (geb. 1757) bestiegen dagegen nach einander den Thron
Frankreichs und sind uns in diesen Blättern schon des Oefteren
begegnet. Wahrscheinlich sind sie alle mit dem Wiegenliedchen
Cazotte's zur Ruhe gesungen worden, denn dasselbe war noch

Ende der sechziger Jahre in der Mode und fehlte, so befremdlich
es auch klingen mag, an keinem Kinderbett. Erst dem Sohn des
Herzogs von Berry (Ludwigs XVI.), der nach dem Tode des Herzogs
von Bourgogne (1761) »Erbe des Thrones und Schaffots« geworden
war, sang man mit einer neuen Weise zur Ruhe, welche, trotzdem
sie von Tod und Bestattung spricht, doch überall das grösste Vergnügen bereitete — wir kennen ja den Malbrough bereits. Ob
schaurig oder lustig, auf das Schicksal der Prinzen haben die
Wiegenlieder jedenfalls keinen Einfluss ausgeübt, denn dasselbe
war gleichmässig nicht vom Glück getragen, falls man das alte
»nemo ante mortem beatus« gelten lassen will. Aber auch der
Dichter der Ardennenballade nahm, obwohl er sich geraume Zeit
in recht angenehmen Verhältnissen befand und, ohne zum Hofpoeten zu avanciren, von den drei Dijoner Spielgenossen die
reichste innere Zufriedenheit erlangte, schliesslich ein böses Ende,
als er sich vermass, der Revolution in den Weg zu treten.

Neben dem genannten Liedchen hatte er noch ein chanson
grivoise, »Commère, il faut chauffer le lit«, ebenfalls für das königliche Kind geschrieben, dann ging er wieder nach Martinique zurück,
wo er rasch grossen Grundbesitz gewann. Da er indess das Klima
nicht vertragen konnte, veräusserte er ihn an den Jesuiten Lavalette
und wäre nach seiner Rückkehr ins Vaterland durch dessen Schuld
zum Bettler geworden, wenn ihm nicht sein Bruder gleichzeitig
eine bedeutende Erbschaft hinterlassen hätte. Seitdem lebte er
theils in Paris, theils auf seinem Landsitz in Pierry, widmete sich
ungehindert seinen literarischen Neigungen und erfreute sich
eines trauten Familienlebens. Schon in Martinique hatte er sich
nämlich verheirathet, und hier ist auch der Roman »Ollivier«
entstanden, auf dessen Stoff er durch die Ardennenballade geführt
worden war; nachdem seine Freunde 1762 die Publikation durch-
gesetzt hatten, machte derselbe mit seinem graziösen Stil und
seiner phantastischen Handlung grosses Furore, doch sind die
gleichfalls in Martinique gedichteten Novellen »Le diable amoureux« und »Le lord impromptu«, welche 1771 und 1772 erschienen, von entschieden grösserem Werthe. Eduard von Bülow,
der sie zuletzt in deutscher Uebersetzung vorführte, nennt sie mit
Recht Cabinetstücke und rühmt den leichten und vielsagenden
Ausdruck bei kunstvoller Composition, die Wahrheit der Schilde-

rung und Charakteristik bei märchenhafter oder doch phantastischer Erfindung. Im ersten Entwurf hatte der »Liebesteufel« sognr einen zweiten Theil, der wie ein Vorgänger des Goethischen Faust aussieht, indem Alvaro zum blinden Werkzeug des Teufels wurde, um allenthalben Verwirrung zu stiften, und Kritik, Satire und poetisches Beiwerk den weitesten Spielraum erhielten ; Cazotte meinte indess, dass er seinem Publikum dadurch zu ernst geworden wäre, und strich die ganze Partie. Allegorie und Symbolik ist aber auch in dem erhaltenen Theile, der seiner Zeit unsern Romantikern wohlgefiel, aber seinen Weltruhm selbst heute noch zu vertreten weiss.[1])

Durch seinen regen Verkehr mit der Welt war aus dem räthselhaften Knaben im Laufe der Jahre ein liebenswürdiger Gesellschafter geworden, dessen sinnige Anschauung, freimüthiges Urtheil und pikante Ausdrucksweise geschätzt wurde. Freilich war er nicht frei von phantastischen Alluren, so dass man sich unwillkürlich an E. T. A. Hoffmann erinnert fühlt; doch hing er dem Martinismus so wenig an wie dieser, obwohl er nach dem Erscheinen jener Novellen sich von Verehrern, die ihrerseits in ihm höhere Kenntnisse vermutheten, in dessen Geheimnisse hatte einweihen lassen. Wenn man liest, dass er sich die Gabe der Weissagung zugesprochen habe, so ist das ein Märchen und nicht zum Letzten auf die Erzählung La Harpe's zurückzuführen, dass er auf einem Gastmahl der Herzogin von Grammont (1788), bei welchem auch Condorcet, Chamfort, Vicq d'Azyr, Bailly, Malesherbes, Roucher zugegen waren, den Meisten, sich und die Damen eingeschlossen, ihren Tod in den bevorstehenden Revolutionszeiten und die Todesart dazu prophezeit hätte. Diese Erzählung ist später als eine Erfindung La Harpe's, dann aber wieder von einem Augenzeugen als Thatsache angesprochen worden; wahrscheinlich hat Cazotte, wenn auch nicht so positiv und ausführlich, wie die Erzählung später angab, die schrecklichen Ereignisse der Revolution geahnt, welche auch andere Leute von Geist und Phantasie mehr oder weniger deutlich herannahen sahen, und dieser Ahnung romantischen Ausdruck gegeben.

[1]) Cazotte's gesammelte Schriften erschienen 1817 und 1819 in 4 Bänden. Er schuf sehr leicht und hatte eine solche Geschicklichkeit im Copiren fremden Stils, dass mehrere seiner Sachen Andern zugeschrieben worden. Mit den oben genannten Werken halten die anderen keinen Vergleich aus.

Als die Revolution eingetreten war, dachte er allen Ernstes an Mittel, ihr Einhalt zu thun, und die Entdeckung des diesbezüglichen Briefwechsels führte zu seiner Verurtheilung wegen verrätherischen Royalismus in Gesinnungen, Reden und Schriften. Am 3. September 1792 sollte er mit tausend anderen Unschuldigen unter Henkershänden enden, doch seine siebzehnjährige Tochter warf sich auf den zweiundsiebzigjährigen Greis und führte seine Rettung herbei. Indessen war dieselbe nur ein Aufschub gewesen; Pethion schleppte ihn von Neuem vor das Revolutionsgericht, und am 25. September fiel sein Haupt unter dem Streiche der Guillotine. Dieser zweite Prozess ist ein Beispiel von der widerlichen Art, wie man in der Revolution Empfindsamkeit und Unmenschlichkeit verquickte: der Staatsanwalt bedauerte, ihn nach einem tugendhaften Leben schuldig zu finden, und der Richter tröstete ihn, dass ein Mann wie er dem Tod furchtlos ins Antlitz schauen könne! In der That hatte er sich während seiner ganzen Gefangenschaft die Heiterkeit seines Gemüths zu wahren gewusst, nahm, als seine Sache gänzlich verloren war, in würdigen Worten von seiner Familie den letzten Abschied und rief, ehe er sein Haupt auf den Block legte, mit fester Stimme der Menge zu: »Ich sterbe, wie ich gelebt habe, Gott und meinem Könige treu.« Er war ein stattlicher Mann mit einem Charakterkopf; in den letzten Jahren steigerten die herabwallenden weissen Locken noch diesen Eindruck, und wie ein ehrwürdiger Patriarch war er auf seinem letzten Gange zu schauen. »Henker sprachen ihn frei, Richter verdammten ihn,« sang ein dichterischer Genosse.

4. Fernere Schicksale der Ballade.

Während sich Cazotte's Ballade allmälig auf das Land zurückzog, wo sie »zum Gruseligmachen« fortdauernd gern gesungen wurde, drang ihr Ruf weit über Frankreichs Grenzen hinaus und fand auch in dem römischen Reich deutscher Nation, dessen schöne Literatur sich damals langsam zu entwickeln begann, mehrfache Beachtung. Wer die damaligen mystischen Strömungen kennt, von denen heute nur noch in Bürgers Balladen Rückstände lebendig sind, wird nicht erstaunen, dass Sire Enguerrand leicht Zugang fand; doch war es natürlich nicht das

Volk, welches sich an seinem schauerlichen Erlebniss ergötzte, sondern lediglich die höhere, französisch gebildete Gesellschaft. Nun
hatten die Literaten damals die Gewohnheit, fremde Erzeugnisse
zu »nationalisiren« d. h. so zu übertragen, dass Inhalt und Form
im Ganzen beibehalten, jener aber mit den deutschen Sitten in
Uebereinstimmung gebracht und in ein deutsches Lokal versetzt
wurde. Joh. Friedrich Löwen, der heute als Dichter vergessen
ist und nur noch als Theaterhistoriker und Dramaturg des Hamburger Nationaltheaters in der Erinnerung fortlebt, bemächtigte
sich der Ballade Cazotte's in dieser Weise, ja er ging noch etwas
weiter als die meisten Umdichter, indem er zwar Charakter, Form
und selbst den Refrain des Originals beibehielt, mit dem deutschen
Lokal aber auch eine neue Schauergeschichte und zwar in der
damals beliebten Manier von Volksthümlichkeit einführte.

Wir werden an einem anderen Orte darüber reden, wie
man in derben Redensarten und burlesker Uebertreibung das
Mittel populärer Gestaltung erblickte, genug, auch bei dieser
Gelegenheit glaubte Löwen so verfahren zu müssen, und sein
»Hannss Robert, erzählt von Ma Bonne«, eine »Romanze« in
18 Strophen, wurde auf diese Weise zur burlesken Schauerballade, die alles Andere wie Volkston und volksthümliche Erfindung aufzeigt. Die Erzählerin beginnt:

> Es lieget tief in Schwabenland
> Ein alt verwüstet Schloss;
> Durch Spückereyen itzt bekannt,
> Und sonst durch Rauben gross.
> Es war, so lehrt die Chronik dich —

und nun fällt ihr das Kind ins Wort: »Ma Bonne! ach wie fürcht
ich mich!« Im zehnten Seculo war es, erzählt dann die Sängerin
weiter, dass Hännschen Robert mit Schild und Speer vom
gnädigen Papa zehn Feldwegs über Land gesandt wurde, um
seine Braut einzuholen. Als er am Schloss des Grafen vorüberziehen wollte, sprengte dieser mit schwerer Lanze gegen ihn los,
glücklicherweise ohne ihn zu treffen; kaum hatte er aber unter Angabe seines Reisezweckes um Pardon gebeten, als ihm der Wütherich
hohnlachend einen Zweikampf aufdrang, infolge dessen er noch
»ganz warm« ins Schattenreich befördert wurde. Sein Pferd rennt
zurück, und der Alte schwört, den Mörder noch heute kalt zu

machen; nachdem auch »Miss Adelheit als Amazonin« angekommen
ist und sich erstochen hat, mäht ein Schwabe dem Grafen den
Kopf vom Rumpfe und schliesslich wird um »Schwabens Helena«
willen das ganze Dorf bis auf das Vieh umgebracht. Deshalb
spukt es seitdem in der Gegend des Schlosses, der Graf erscheint ohne Kopf inmitten einer Meute von Hunden mit feurigen
Rachen, während Adelheit als weisse Frau, oft klein, oft riesen-
gross, umgeht. Natürlich fehlt auch hier die Moral nicht, nur
dass sie etwas weniger moralisch ausfällt:

> Hört nun die nützliche Moral:
> Reist nicht um Mitternacht,
> Weil dann sammt der Gespenster Zahl
> Der Gott sey bey uns wacht.
> Davor behüte mich und dich —
> »Ma Bonne! ach wie fürcht ich mich!«

Holzhausen [1]) hat in dieser Ballade das erste Beispiel von
Kehrreimen gefunden; wenn er aber »La veillée de la bonne
femme« von La Place als Quelle angibt, so ist er im Irrthume.
Zu allem Ueberflusse können wir aus einem Briefe D. Schiebeler's,
welcher sich s. Z. in W. v. Maltzahn's Händen befand, anführen,
dass Löwen sein »Spückelied« nach einem französischen Poëm geschrieben habe, das er »am Hofe (dem Schweriner?) singen«
hörte. Nebenbei: hätte es dort als Wiegenlied gedient, so würde
der deutsche Nachahmer diesen Charakter wohl beibehalten haben,
dass er aber eine »Romanze« daraus fertigte, beweist, wie es in
Deutschland von Anfang an in diesem Sinne aufgefasst wurde.

In Frankreich hat es sich im Volke bis in das zweite Jahr-
zehnt dieses Jahrhunderts erhalten; später erinnerte man sich
seiner nur noch in Literaten- und Künstlerkreisen, um es gelegentlich zu parodiren. Während die Gespenster und Dämonen
in barocken und gewagten Anzügen mit Hörnern und Schwänzen
den Text recitirten, suchte man mit allen möglichen und unmöglichen Instrumenten das Kettengerassel, Heulen und Hohn-
gelächter zu veranschaulichen, bis mit den fünfziger Jahren auch
diese letzten Reminiscenzen aus den Ateliers und Künstlerkneipen
verschwanden.

----

[1]) Zeitschrift für deutsche Philologie XV. (1883) p. 160.

VIII.

Ein Vorgänger Casanova's.

(»Nous n'avons qu'un temps à vivre«, Trinklied des Grafen von Bonneval.)

1. Ein Thunichtgut.

Das Kriegsgeschwader des allerchristlichsten Königs Ludwigs XIV., welches auf der grossen Rhede von Toulon vor Anker
lag, hatte festlich geflaggt, denn der Minister Marquis von
Seignelay, dem die französische Marine grosse Fortschritte verdankte, war gekommen, die neuerrichteten Hafenbauten sammt
Schiffen und Mannschaften zu inspiciren. Auf Deck der schweren
Fregatte, welche der Befehlshaber der Flotille commandirte,
standen die Offiziere in Reihe und Glied und unter ihnen ein
junges Bürschchen, in dessen Haltung sich ebensoviel kecker
Uebermuth wie trotziges Selbstbewusstsein kundthat. Es war der
junge Graf Claude Alexandre von Bonneval, der sich vor
einigen Wochen an Bord eingefunden hatte und trotz des Wider-
spruchs des ersten Offiziers, des Grafen von Beaumont, von
dem Capitain, einem gleichnamigen Verwandten des Ministers, als
Fähndrich der »Maria Mancini« angenommen worden war. Die
Blutsverwandtschaft, welche ihn durch die Häuser Foix und Albret
mit dem Throne von Navarra und Frankreich verband, diente
ihm als Freibrief, der alle ·Hindernisse hinwegräumte und die
Erfüllung seines heissen Wunsches, sich dem Marinedienst zu
widmen, trotz seiner Jugend bewirkte. An Bildung und Kenntnissen fehlte es ihm freilich nicht, und die Maximen, welche
ihm sein Hofmeister eingeprägt hatte, stets sein Wort zu halten,
unter keiner Bedingung sich einen Schimpf aufladen zu lassen,
den Tod nicht zu scheuen und der Ehre gegenüber alles Andere

für nichtig zu achten, waren ihm so in's Blut übergegangen, dass
er sich mit jedem Cavalier messen zu können glaubte.

Jetzt donnerten die Kanonen ihre Salutschüsse über das
Meer hin, denn die Barke mit dem Minister nahte; wenige
Augenblicke, und er stand auf Deck, von den Offizieren und
Mannschaften mit lautem Zuruf und freudigem Schwenken der
Hüte begrüsst. Eine stattliche Erscheinung von etwa siebenund-
dreissig Jahren, lüftete er den Breithut, dann bewillkommnete er
den Capitain und redete die Offiziere mit freundlichen Worten
an. Plötzlich hielt er überrascht inne, denn sein Blick war auf
den jugendlichen Fähndrich gefallen, der seine herausfordernde
Haltung selbst dem höchsten Vorgesetzten gegenüber nicht aufgegeben hatte. »Was soll dieses Kind an Bord?« wendete er
sich dem Capitain zu; »senden Sie dasselbe nach Hause, damit
es zur Schule geht.« Schon wollte der Angeredete bescheiden bemerken, dass der Herr Admiral Graf von Tourville selbst die
Wünsche des Kleinen befürwortet habe, da reckte sich dieser
hoch empor, und einen Schritt vortretend rief er, die blitzenden Augen fest auf den Minister gerichtet: »Man schickt keinen
Bonneval aus dem königlichen Dienst, Herr Minister!« Ein Murmeln des Staunens ging die Reihen entlang, der Marquis hielt
einen Augenblick zurück, dann legte er dem Knaben die Rechte
auf die Schulter und sprach mit ernstem Wohlwollen: »Ihrer
Jugend will ich die unpassenden Worte verzeihen, denn auch ein
Bonneval ist seinem Vorgesetzten Ehrerbietung schuldig. Gut
denn, bleiben Sie, aber zeigen sie sich auch in der Gefahr so
muthig, als Sie es jetzt in der Vertheidigung Ihrer Stellung
waren.« Der Minister schritt vorüber und die Offiziere folgten;
als aber der Graf von Beaumont passirte, sprach er so laut, dass
es jeder hören konnte, zu seinem Nebenmann: »die Ruthe hätte
er verdient, der ungezogene Schlingel, für sein freches Ge-
bahren!« Bonneval flammte auf, und sofort wäre er dem Sprecher
an den Hals gesprungen, wenn sich nicht eine Hand, fest wie
eine Eisenklammer, um seinen Arm gelegt hätte. »Unglücklicher, was wollen Sie thun!« raunte ihm der Graf von Biron,
einer der älteren Offiziere, mit besorgtem Tone zu. »So bald
vergessen Sie die Mahnung des Ministers! Wollen Sie nach dem
Kielraum wandern, um morgen vor dem Kriegsgericht Ihre

Carrière zu enden?« »Ich danke Ihnen«, entgegnete der Knabe, plötzlich ernüchtert; »diesen Dienst werde ich Ihnen so wenig vergessen, wie jenem seine Schmähung.« Damit schlossen sich Beide dem Rundgang der Offiziere an, und die Inspektion nahm ihren Fortgang.

In Coussac 1675 geboren, war unser Fähndrich heute nicht viel über dreizehn Jahre alt, hatte sich aber schon bei den Jesuiten in Limoges so zügellos betragen, dass sie ihn aus ihrer Schule entlassen mussten. Auf dem Schiffe entwickelten sich seine guten und schlimmen Eigenschaften mit überraschender Schnelligkeit. Er war muthig und tapfer bis zur Tollkühnheit, hatte dabei einen scharfen Blick für die Schwächen des Gegners und wusste seinen Vortheil behend zu nutzen; Ehrgeiz und Genusssucht bildeten seine Hauptmotive, er war unversöhnlich im Hass, rücksichtslos in seinen Neigungen, aufrichtig bis zur Indiscretion, dazu aber nobel, hilfbereit, wissensdurstig und von leichter Auffassung, endlich von jenem sorglosen und heitren Temperament, das er später das glückliche nannte. Alle geselligen Fertigkeiten übte er mit Bravour, spielte gewandt die Laute, machte Verse, componirte und sang seine Lieder mit vortrefflichem Ausdruck, nur dass er auch diese Talente zuweilen missbrauchte. So dichtete er ein Spottlied auf den Marquis von Seignelay, das diesen nicht wenig verletzte, als er es unter dem Beifall der Matrosen zum Besten gab; nachdem er aber noch gar Gelegenheit gefunden hatte, den verhassten Grafen von Beaumont, der ihn fortgesetzt als Kind behandelte, vor die Klinge zu fordern, fand sein Treiben auf dem Schiffe ein Ziel. In allen Seegefechten, bei Dieppe, La Hogue und Cadix, hatte er sich vorzüglich gehalten, aber ungeachtet seiner besondern Befähigung zum Seeoffizier und trotz seiner hohen Verwandtschaft musste der Thunichtgut am Ende nach Hause wandern. Da ihm indess die Fregatte längst wie ein hölzerner Kerker erschienen und ein ungebunderes Leben sein beständiger Wunsch war, fiel ihm der Abschied von der »Maria Mancini« nicht schwer; er wollte in das Regiment der königlichen Garden eintreten, doch ehe er nach Paris zog, wandte er sich erst seiner Heimath zu, um den Vätern in Limoges zu zeigen, dass er inzwischen etwas gelernt und nichts vergessen hätte.

2. Das Narrenfest in Limoges.

Am ersten Sonntag in der Fastenzeit feierte man in Limoges das Fest »des brandons«, aber nicht blos mit dem althergebrachten Freudenfeuer, sondern auch mit jenen tollen Orgien, welche die Ueberreste der berüchtigten Fêtes des fous, der Eselsfeste, bildeten. Dass diese wüsten Gebräuche nicht in den Kirchen selbst geübt wurden, haben die Hymnologen neuerdings erwiesen [1]), doch das bleibt bestehen, dass sie ausdrücklich die kirchlichen Institutionen parodirten und meist auch in unmittelbarer Umgebung der Gotteshäuser stattfanden. Die Kirche hat allerdings, vom Papst bis zum Pater herab, oft genug Verbote und Strafen ergehen lassen, das Volk liess sich aber von seinem gewohnten Mummenschanz nur langsam abbringen, und in Limoges z. B. haben sich bis an das Ende des vorigen Jahrhunderts Reste davon erhalten. Im Carneval glaubte man damit keine Sünde zu begehen; dem Volk stand die Kirche so hoch, dass die Narrenspossen, welche es in Ermangelung anderer Ideale an ihre Einrichtungen anschloss, dieselben innerlich gar nicht berührten.

Dieses Narrenfest nun dünkte Bonneval eine prächtige Gelegenheit, sich für seine ehemalige Exmission an den Vätern der Gesellschaft Jesu zu rächen. Flugs reimte er ein lustiges Liedchen, dem er eine leicht fassliche volksmässige Melodie zu geben verstand, und wusste durch feurige Brandreden seine ehemaligen Commilitonen so für seinen Plan zu begeistern, dass sie ihm blindlings zu folgen versprachen. Nachdem also am Fastensonntag der gewohnte Vormittagsgottesdienst in der Kirche des heil. Martial, des Patrons der Stadt, abgehalten worden war, vereinigten sich am Nachmittag die frömmsten Kirchengänger mit den ausgelassensten Vagabunden zu einer grossen Masse, welche unter Geschrei und Gejohle das ehrwürdige Gotteshaus umtanzte. »Sanct Marceau, bitte für uns, und wir tanzen für dich«, erklang es aus tausend Kehlen; dann wurden Bänke herbeigeschleppt, ein Altar errichtet, Würste, Schinken, Käse, Brot und Wein angefahren, und während die Gemeinde ein zügelloses Zechgelage begann, erklangen Glöckchen, Weihrauchwolken hoben sich, und nach den profansten Melodien wurden die Kirchengebete von den Narrenpriestern heruntergeleiert. Jetzt aber kam ein neuer Zug

---

[1]) Sittard, Studien I p. 215 f.

herangetost, die Schüler des Jesuitencollegs mit dem jungen Bonneval an der Spitze. Einige trugen Schulhefte und Bücher, andere Instrumente, Holzscheite und Reisig, die Uebrigen griffen sich die ersten besten Mädchen, und nun begann unter dem herkömmlichen Refrain ein bacchantischer Tanz, bis sie vor dem Altar Halt machten und ein Feuer entzündeten.

Alsbald trat Bonneval vor und rief: »Die Kelche und Kannen, die Töpfe und Pfannen mit Wein gefüllt und dann tapfer eingestimmt!« Das Feuer loderte lustig auf, man nahm die Trinkgeräthe zur Hand, und mit dem einen Arm ein Mädchen umfassend, mit der Rechten einen Kelch hoch emporhaltend, begann der Rädelsführer sein übermüthiges Liedlein:

> Kurze Frist währt unser Leben,
> Huldigt, Freunde, drum der Lust;
> Was sich jenseits mag begeben,
> Das bedrücke nie die Brust!

> Wozu treibt ihr Weltgeschichte?
> Stets dasselbe Einerlei!
> Strebt ihr nach der Weisheit Lichte,
> So studirt die Zecherei.
> Kurze Frist währt unser Leben etc.

> Land und Wasser zu bereisen,
> Bringt nur Zeitverlust euch ein:
> Dass die Welt sich dreht in Kreisen,
> Lehrt ein Trunk vom Götterwein.
> Kurze Frist währt unser Leben etc.

> Höchste Freude des Gelehrten,
> Findet er des Sternes Lauf:
> Ohne Fernglas und Beschwerden
> Finde ich die Freude auf.
> Kurze Frist währt unser Leben etc.

> Nach dem Stein sucht man mit Schmerzen,
> Der den Staub in Gold verkehrt:
> Schau, er leuchtet mir im Herzen,
> Das ist mehr wie Gold mir werth.
> Kurze Frist währt unser Leben etc.

> Griechisch, Römisch braucht kein Zecher!
> Liebchen, das versteht ihn schon;
> Es credenzt den vollen Becher,
> Und er zahlt ihm süssen Lohn.
> Kurze Frist währt unser Leben etc.

Das erste Mal sang Bonneval den Refrain allein, dann übernahm ihn der volle Chor der Jesuitenschüler, welche zuerst Hefte und Bücher, dann Globen und Atlanten, Compasse, Ferngläser, Cirkel, endlich schweins- und kalbslederne Quartanten und Folianten in die Flammen warfen, dass sie hoch aufprasselten. Dieses lustige Autodafé jesuitischer Gelehrsamkeit entflammte die bereits genügsam angeregte Menge derart, dass Alles herandrängte, mitsang und mitthat. Das Verständniss für die Wichtigkeit des »bien boire« war überraschend allgemein, wenigstens nahm das nun folgende Trinkgelage eine Ausdehnung und Wendungen an, die jeder Beschreibung spotten. Die Nacht brach schon herein, und noch immer war die Kirche umlagert; seit Menschengedenken gab es nicht so viele »Abgefallene«, wie es im Comment heisst, kurzum man hatte sich lange nicht so köstlich — amüsirt.

Bonneval lachte sich ins Fäustchen über die wohlgelungene Rache, während die beleidigten Patres ihren verführten Zöglingen die empfindlichsten Strafen dictirten und seitdem mit Argusaugen darüber wachten, dass sich Niemand aus dem Colleg an den Narrenfesten betheiligte. Diese gingen immer mehr in plumpe Verspottungen und wüste Zechgelage über, so dass sich allmülig das ruhigere Publikum zurückzog und damit das Signal zur Auflösung der alten Gebräuche gab. Das Trinklied Bonnevals gewann dagegen mit den Jahren an Freunden und wurde schliesslich zu einem der populärsten Chansons, das dem des Maitre Adam »Aussitôt que la lumière« würdig zur Seite trat. Der Name seines Autors und noch mehr der Anlass seiner Entstehung war längst vergessen, und immer blieb es in Blüthe, aber auch heute, so man sich wieder des »famosen Aventurier« erinnert hat, wird es noch gesungen und in Ehren gehalten.

3. Der Kriegsheld in gleichzeitiger Beleuchtung.

Die Thatsachen, auf welche wir uns bislang stützten, sind beglaubigt und die Verse authentisch. Jetzt wollen wir diesen Ton verlassen, um das Bild wiederzugeben, welches sich die Zeit-

genossen von dem interessanten und berühmten Mann machten,
indem sie bekannt gewordene Thatsachen, verbürgte Züge und
Documente mit Gerüchten, Vermuthungen und romantischen Zu-
thaten mischten. Der Biograph, welcher Allerneuestes behandelte,
zum Theil sogar mit actuellen Spitzen, und sein Werk unbedenklich unter Bonneval's Namen veröffentlichte, verfuhr etwa wie
heute ein Journalist, der zufällig zusammengeraffte Quellen auf
Grund seiner Weltanschauung bearbeitet und wirkungsvoll auf-
putzt. Der leitenden Ideen sind nicht viele, doch haben sie Interesse, vor Allem zeigt sich, wie man in dieser »sittenlosen«
Epoche erotische Dinge zwar ebenso offen wie behaglich behandelte, aber der Religion und Moral doch ihre Würde erhalten
wissen wollte — die Menschen waren im XVIII. Jahrhundert just
geradeso gut und böse wie im XIX. Das Wohlwollen des Verfassers
ist unbestreitbar, er bewundert die Tugenden und romantischen
Vorzüge nicht wenig; da er aber oft verkehrte Motive annimmt
und an keinem Ueberfluss von Geist und Kenntnissen leidet, ist
sein Gemälde doch recht schief und flach ausgefallen, auch wenn
man die späteren »Berichtigungen« berücksichtigt.

Nachdem Bonneval, so beginnt er, bei den Musketieren in
Paris eingetreten war, that er es in der dort üblichen Lebensart
bald seinen Meistern zuvor, ohne gerade übermässig in Händel
und Liebesabenteuer zu gerathen. In den beiden Feldzügen, die
er mitmachte, zeigte sich seine Tapferkeit bereits in glänzendem
Lichte, auch gab er sich alle Mühe, die Kriegskunst gehörig zu
studiren; dann ging er zur Reiterei über und führte eine Com-
pagnie nach Flandern, um sich durch Gerechtigkeit, Leutseligkeit
und Freigebigkeit beliebt zu machen. Nach dem Feldzug von
1693 übernahm er unter dem Marschall v. Luxemburg ein Regiment zu Fuss und verbrachte nach dem Frieden in Paris lustige
Zeiten. Hier war es, wo er mit dem Marquis von Biron wieder
zusammentraf, der ihn seiner Schwester vorstellte, der Geliebten
des Grafen Beaumont, und nun mag man die Stärke seines Hasses
bewundern, wenn man hört, dass er diese allerdings nicht schöne,
aber liebenswürdige Dame zur Gattin nahm, um sie »in den
ledigen Stand zu versetzen.« Nachdem er seinen Zweck, dem alten
Gegner einen tödtlichen Stich beizubringen, erreicht hatte, zog
er an der Spitze eines neuen Regiments nach Italien und hat

sich seitdem nie mehr ernstlich seiner Gattenpflichten erinnert. Es ist charakteristisch, wenn erzählt wird, dass er in jener Zeit viel gelesen und dadurch seine Zweifel an der Religion vermehrt habe, immer aber hätte er sich bestrebt, die Wahrheit zu lieben, den Eigennutz zu hassen, redlich mit dem Freund und offen mit dem Feind zu handeln. Deshalb habe er sich des Betragens gegen seine Frau nachdrücklich angeklagt, übrigens aber behauptet, in der Liebe nicht beständig sein zu können, in der Wahl seiner Damen oft Capricen verfolgt und Platonismen stets für eine Marter angesehen zu haben.

Im Felde rühmte man wieder seine Tapferkeit und Umsicht, ja bei Luzzara (1702) war er es allein, der dem Prinzen Eugen, wie dieser ihm später oft wiederholte, den schon gewissen Sieg aus den Händen riss. Indessen trat er zu dem Kriegsminister C h a m i l l a r d bald in ein recht unerquickliches Verhältniss und wurde bei der Beförderung richtig übergangen. Nach einem heftigen Wortwechsel kam er rasend zu Hause an, raffte eine grössere Geldsumme zusammen und ging über die Grenze, um in einem beleidigenden Briefe dem Minister zu bedeuten, dass man seine Verdienste anderswo besser anerkennen würde. In der That nahm er in brennendem Hasse gegen sein Vaterland bei dem Kaiser von Deutschland Dienste, und während ihn Prinz Eugen als Oberst über ein Regiment setzte, wurde er in Paris vom Kriegsgericht verurtheilt, seiner Güter für verlustig erklärt und in effigie gehenkt.

Beim Regierungsantritt Kaiser Josefs zum General ernannt, machte er unter P r i n z E u g e n, dessen Gunst er immer mehr zu erringen wusste, den ganzen spanischen Erbfolgekrieg mit und zeichnete sich in verschiedenen Schlachten ausserordentlich aus, auch bei Malplaquet, wo er mit einem andern General den Fehler des Villars dem Prinz Eugen u n d Marlborough mitgetheilt haben soll, was am Ende nicht weit von der Wahrheit abliegt[1]). Er wurde mehrmals verwundet, blieb aber trotzdem von

---

[1]) Vgl. oben p. 79. Die »Memoires« charakterisiren den Prinzen Eugen als hervorragend klugen Feldherrn. Er habe ebenso gerne List als Gewalt gebraucht, seinen Feind durch stete Beschäftigung ermüdet, immer eine solche Menge von Projekten verfolgt, dass eins unfehlbar gelingen musste, und seine Anstalten derart eingerichtet, dass der Sieg die vortheilhaftesten Folgen haben

einem fulminanten Kampfeseifer beseelt und fehlte bei keinem
Unternehmen. Im Winterquartier ging es hoch bei ihm her,
höher wie bei den anderen Generalen; er hielt offne Tafel, gab
Bälle und Musiken, veranstaltete Spielabende und Comödien, bei
denen er die Fortschritte zur Geltung brachte, welche er sich
»nach deutscher Weise« in Wien angeeignet hatte. Daneben las
er gute und nützliche Bücher, von denen er sich eine ganze
Bibliothek anschaffte, schrieb militairische Abhandlungen und ergötzte sich durch kleine Amouren. Einen eifersüchtigen Ehemann im Mailändischen verspottete er beim Abmarsch dadurch,
dass er ihm den Nachschlüssel zu einem Panzerhemd als nunmehr entbehrlich übersandte; es kam zu einem Duell, das mit
grösster Leidenschaftlichkeit auf beiden Seiten geführt, mit dem
Tode des Herausforderers endete. Endlich brachte eine vierzehn-
jährige Engländerin, welche er in Haag kennen lernte, eine
Wandlung in diesen Dingen hervor: er liebte sie bald zärtlich
und blieb ihr lange treu.

Nun folgte der Türkenkrieg, in welchem er sich fast noch
mehr hervorthat. Bei Peterwardein (1716) wurde ihm der
Bauch aufgeschlitzt, so dass er nach damaliger Kurmethode seitdem
ein eisernes Band um den Leib tragen musste; dafür konnte er die
Beute, welche auf seine Person entfiel, nach Millionen berechnen
und befand sich doch nach Abschluss der Campagne in einer
Lage, dass ihm sein Kammerdiener anlag, sich um einen einträg-
lichen Gouverneurposten zu bewerben. Als dieser Coup nicht
glückte, tröstete er sich mit Liebesintriguen, aber bei einer Dame
vom ersten Range wäre er beinahe der Pistole zum Opfer gefallen, wenn ihn das geliebte Kammermädchen nicht vorher von
dem Plan avisirt hätte. Dadurch wurde er »von Neigungen,
welche mit gefährlichen Wagnissen verknüpft sind, völlig geheilt
und behielt nur zu leichten Liebeshändeln noch Lust.«

Inzwischen erhielt er ein wichtiges Commando in Sardinien
und kam dabei mit dem Regenten Philipp von Orleans in

---

musste, ein Schade aber nur mittelmässig sein konnte. Die Quelle von Marlborough's stetem Glück sei seine Tapferkeit und Geschicklichkeit gewesen;
Niemand hätte sich die Fehler des Feindes besser wie er zu Nutze gemacht.
Der unvollkommene Sieg bei Malplaquet sei einer seiner grössten Ruhmes-
thaten; er komme wesentlich auf seine Rechnung.

Berührung, der, von Jugend her mit ihm befreundet, das wider
ihn ergangene Urtheil cassirt hatte und für die Herausgabe seiner
Güter eingetreten war.   Als General der Infanterie ging er nach
Wien zurück, und nun kommt wieder solch ein voreiliger Streich
wie sein einstiges Schreiben an Chamillard.   Als man munkelte,
dass Prinz Eugen sich durch eine Geliebte ungebührlich beein-
flussen lasse, vermass er sich, dem Gönner eine Strafpredigt zu
halten, und als derselbe trocken entgegnete, dass er seinem Beispiel folgen und sich nicht in Privatangelegenheiten mischen möge,
fuhr er fort, in des Prinzen Gegenwart auf die Dame zu sticheln
und Spottlieder auf sie zu singen. Geschlechtsliebe ist aber stärker
als ungeschlechtliche Freundschaft, und als Bonneval kurz darauf
nach Brüssel entsandt wurde, um das Generalcommando der
Infanterie in den Niederlanden zu übernehmen, hatte er Recht,
diese Art Verbannung als Werk jener Dame anzusehen.   Statt
nun aber einzulenken, liess ihm die alte Rachsucht keine Ruhe,
jene neuerdings in ihrem Protegé zu treffen, dem frisch zum
Marquis beförderten Statthalter d e P r i é.   Zunächst suchte er
ihn zwar nur gesellschaftlich zu verdunkeln, indem er einen
kleinen Hof hielt, zweimal in der Woche Concerte, oft mit
eigenen Produktionen untermischt, veranstaltete, und durch Feste
und Gelage sich Adel und Bürgerschaft geneigt machte; dadurch
aber, dass er die Klagen annahm, welche man gegen den Statthalter auf dem Herzen hatte, und sie mit seinen Commentaren
nach Wien übermittelte, ging er zum Angriff über, dem die
Freundin des Prinzen von vornherein dadurch die Spitze ab-
brach, dass sie Bonneval für den Anführer einer heimlichen
Revolutionspartei erklärte.

    Als Gegenzug beeilte er sich (1724), ein Geklätsch der
Marquise de Prié und ihrer Tochter über angebliche Liebes-
händel der Königin von Spanien in scharfer Weise öffentlich,
sogar in einer Druckschrift zurückzuweisen, wobei er seine Ver-
wandtschaft mit der Angegriffenen zum Deckmantel nahm, und die
Folge war, dass der Statthalter ihn als einen Menschen ohne
Religion und Gewissen, der Respektswidrigkeit gegen Kaiser und
Behörden, sowie verrätherischer Verbindungen mit Frankreich und
Spanien verdächtigte.   Der Regent Philipp, der seine Rückkehr
nach Paris gern gesehen hätte, hatte ihn gewarnt, sich von seiner

leidenschaftlichen Hitze dem listigen Italiener gegenüber fort-
reissen zu lassen, sein Schwiegervater und die schöne Engländerin,
welche wieder zu ihm geeilt war, tadelten seine Unklugheit; indess konnte er weder zurück noch verhindern, dass man ihn
nach Antwerpen in Arrest sandte und darauf zur Rechenschaft
vor den Kaiser forderte. Obwohl ihm seine Wiener Lebens-
retterin deutlich genug schrieb, dass Alles gegen ihn Partei genommen habe und er verloren sei, machte er sich doch auf den
Weg, nicht aber, ohne sich noch in Holland beinahe einen Monat aufzuhalten. Die Folge war, dass man ihn anwies, sich auf
den Spielberg in Arrest zu melden, und ein »horribler und ver-
teufelter« Prozess begann, der damit endete, dass er zum zweiten
Mal zum Tode verurtheilt, von Karl VI. aber zu einjährigem
Gefängniss und Cassation begnadigt wurde. Hatte er bislang eine
Vertheidigungsschrift immer leidenschaftlicher wie die andere ab-
gesandt, so verspritzte er jetzt sein Gift gegen die Richter; der
einzige Erfolg war aber, dass er sich in immer tödtlicheren Hass
gegen den Wiener Hof hineinarbeitete und dem Gedanken Raum
gab, zum zweiten Mal den Coriolan zu spielen.

---

4. Der Märchenpascha mit drei Rossschweifen.

Nachdem Bonneval seine Freiheit wieder erlangt hatte —
zufällig an dem Todestage seines Todfeindes, des Marquis de Prié —
wandte er sich nach Venedig (1729), wo er sich eine schöne
Französin dadurch verpflichtete, dass er sie aus Kupplerhänden
errettete. Er gestand ihr, dass Ehrbegierde und Rachsucht die
erste Stelle in seinem Mikrokosmus einnähmen, seine Liebe aber
bereits zwischen Cäcilie und Anna, der Engländerin und Wienerin,
getheilt sei; nichtsdestoweniger bestand Thekla darauf, als Dritte
aufgenommen zu werden, und der tapfere Krieger fühlte sich
überwunden. Ehe er aber dem Gesandten der Pforte die Zusage
ertheilte, in türkische Dienste und zum Muhamedanismus über-
zutreten, war sein Seelenkampf kein geringer. »Was wird meine
Familie denken, was Europa sagen!« rief er, während ihm die
Haut schauderte. »Wird man nicht dem de Prié Recht geben,
dass ich ein Mann ohne Treue und Glauben bin?« Zwar er-

schienen ihm alle monotheistischen Religionen gleich gut und die
verschiedenen Ceremonien lediglich wie Volksmoden, indessen
konnte er sich doch der allgemeinen Ansicht nicht entziehen,
dass ein Religionswechsel, zumal in eigennütziger Absicht, weder
mit der Ehre noch der Redlichkeit bestehen könne. Wirklich be-
antragte er, von der Convertirung Abstand zu nehmen, und bat
sich, als dies abgeschlagen wurde, Bedenkzeit aus; aber was sind
Gründe der Leidenschaft gegenüber! Ruhm, Ehre und Genugthuung musste er haben, und jetzt, wo er gegen Prinz Eugen
und den Hofkriegsrath ebenso aufgebracht war, wie einst gegen
Chamillard und seinen Anhang, sah er in der Türkei das einzige
und richtige Mittel, rasch zu einer Höhe emporzusteigen und sich
für Schmach und Leid zu rächen. Und so schien ihm der Uebertritt schliesslich gar nicht mehr so verwerflich, lachend verglich
er sich vielmehr mit der Donau, die ja auch in christlichen Ge-
bieten ihren Ursprung nehme, um sich schliesslich bei den Musel-
männern einzufinden.

Ein Aufenthalt auf der Insel Chios war insofern für ihn
wichtig, als der dortige Gouverneur sich nicht genug thun konnte,
um ihm für die Wohlthaten zu danken, welche er ihm einst in
der Gefangenschaft erwiesen; er gab ihm wichtige Aufschlüsse und
Empfehlungen, versorgte ihn mit Wein und Geld und blieb auch
in der Zukunft sein Gönner und Weinlieferant. In Konstantinopel empfing ihn der Grossvezier mit Auszeichnung, und ehe
Wochen vergingen, hatte er sich bereits durch seine angenehmen
Umgangsformen einen feinen Bekanntenkreis erworben; der Mufti
bestimmte ihm einen sehr liberalen Imam zum Religionslehrer,
den er nicht selten in die Enge trieb, dann aber wieder nach
Belieben gewähren liess. Bei dem Artikel vom Wein, der
ihn am meisten interessirte, wetterte der Imam gegen denselben
als tödtliches Gift und Quelle aller Unordnung, gestand aber zu,
dass man ihn als Arznei trinken könne, und wenn man daran
gewöhnt sei, trinken dürfe, sobald man Aergerniss vermeide.
Natürlich hatte Bonneval auf diese Erlaubniss nicht gewartet;
er spielte seine Schülerrolle bis ans Ende mit Bravour und liess
sodann die rituelle Aufnahme in die Religion Muhameds über sich
ergehen. Als ihm aber ein Kapuziner einen Brief schrieb, in dem
er fragte, was ihm Jesus Christus gethan habe, dass er ihn verrathe

und auf die Seite seiner Feinde träte, blieb er die Antwort schuldig, weil dieselbe »sein Gemüth allzu heftig aufgeregt haben würde«.

Der Empfang beim Sultan, der ihm das Patent seiner neuen Würde überreichte, war ausserordentlich glänzend; der Zug von seinem Hause zum Palast dauerte zwei Stunden und glich dem Triumph eines gekrönten Hauptes, indem er in dem kostbarsten Anzug und auf einem Pferde aus dem Hofstall von einer starken Abtheilung Kavallerie und Janitscharen, einer Menge von Paschas, Ministern, Hof- und Staatsbeamten escortirt wurde. Man hatte verbreitet, dass er ein naher Verwandter des Königs von Frankreich und einer der ersten Generäle des deutschen Kaisers gewesen wäre; alle Welt wollte ihn deshalb sehen, und auf eigens erbauten Tribünen begrüsste ihn die Elite mit Beifallssalven und bestreute ihn mit Blumen und Räucherwerk. Nicht zum Letzten nahmen aber auch hier wieder die Frauen seine Partei, und die erste Gemahlin des Sultans liess ihm ungebeten versichern, dass sie an seinem Glücke grossen Antheil nähme und ihm demnächst eine Privataudienz bei Seiner Majestät verschaffen werde. Hier gab er Achmet ein politisches Tableau von Deutschland mit demselben Freimuth, wie er einst dem Kaiser Josef eine intime Schilderung der französischen Verhältnisse entworfen hatte, entwickelte aber auch gleichzeitig seine Ideen zur Reform des türkischen Heeres. In demselben Grade, wie dieselben Aufsehen machten, erregten sie aber auch den Neid einiger Grosswürdenträger, und nach kurzer Frist wurde Bonneval als Statthalter in eine Provinz an die Grenzen der kleinen Tatarei entsandt.

Wie ein Gott empfangen, regierte er mit unumschränkter Vollmacht, aber als der alte Graf von Bonneval mit Wohlwollen und Gerechtigkeit. Er duldete alle Religionen, lieh jedem Anliegen sein Ohr, sprach sein Urtheil nach bestem Gewissen, reformirte Justiz und Militair, enthielt sich jeder unrechten Bereicherung, so dass ihn das Volk bald Vater nannte und als solchen ehrte. Komisch ist, wie er zu seiner ersten Haremsdame kam. Nach türkischer Sitte drückt eine verheirathete Frau damit, dass sie sich in Gegenwart ihres Mannes entschleiert, die Absicht aus, bei ihm nicht länger verbleiben zu wollen und trägt dem andern Anwesenden ihre Person an. Darauf gestützt, beklagte sich eine Türkin, welche den Pascha lange mit Wohlge-

fallen beobachtet hatte, vor demselben über Vernachlässigung
seitens ihres Mannes und liess zum Beweise der Grundlosigkeit
ihre unverhüllte Schönheit sehen; der Mann entsagte und der
Statthalter acceptirte das Geschenk mit Freuden, indem er zugleich Veranlassung nahm, sich vier Sclavinnen zuzulegen. Nach
zwei Jahren kehrte er zum Leidwesen der Provinzialen nach
Konstantinopel zurück, wo man ihn eifrig wegen des ausge-
brochenen Krieges mit Persien consultirte und zur weiteren Aus-
arbeitung seiner Militairreformpläne aufforderte. Er that das
mit aller Schonung und stellte, ohne die zahlreichen Missstände
zu kritisiren, nach französischem und deutschem Muster ein Ideal
auf, das in dem Satze gipfelte, eine gute Armee mache nicht die
Masse der Menschen, sondern straffe Disciplin, beständige Uebung,
gute Ordnung, Geschicklichkeit und Ansehen einer genügenden
Anzahl von Offizieren. Gerade weil man die Berechtigung dieser
Forderungen einsah, entstanden Strömungen gegen Bonneval, den
man einen hochmüthigen, unbeständigen und vaterlandslosen
Menschen nannte, und so erhielt er weder ein Commando im
Perserkriege noch den Auftrag, seine Vorschläge im Grossen
durchzuführen. Nur die in Konstantinopel garnisonirenden Regimenter wurden ihm unterstellt, und diese liess er nun durch
gleichfalls übergetretene deutsche und französische Soldaten drillen.
Als zum ersten Mal ein Bataillon von 600 Mann auf dem
Hippodrom exercirte, lief ganz Konstantinopel zusammen ; dann
wurden kleine Manöver angestellt, denen auch der Sultan an-
wohnte und endlich die Reiterregimenter herangezogen mit denen
es am schlechtesten bestellt war. Nach einem halben Jahre waren
auf diese Weise 15,000 Mann auf europäischen Fuss gebracht, und
Bonneval, dem der Ruhm zufällt, die erste türkische Heeresreform
geleitet zu haben, ward nicht müde, neue Details auszuarbeiten.
Die aus dem unglücklich verlaufenen Perserkriege zurückkehrenden Offiziere waren aber über diese Neuerungen wenig erbaut,
und der Janitscharengeneral hatte leichte Arbeit, dass dieselben
in den Anfängen stecken blieben ; trotzdem erhielt der Sultan
Bonneval seine Huld, erhöhte seine ursprüngliche Besoldung von
30,000 fl. durch weitere Bezüge sowie ausserordentliche Geschenke
und wies ihm eine Meile von der Hauptstadt ein Schloss mit herrlichen Gärten und der Aussicht auf das Meer zum Wohnsitz an.

Bald war dasselbe mit allem Luxus ausgestattet, in den Ställen wieherten zwanzig edle Rosse, fünfundzwanzig Domestiquen sorgten für alle Bequemlichkeiten. Der Koch war nicht blos ein Franzose, sondern kochte auch französisch, der Kammerdiener, welcher nebenbei die Casse verwaltete, war ein Deutscher; zu der Türkin kamen aber auf die Vorstellung des Mufti noch zwei Perserinnen, welche Bonneval für etliche tausend Thaler erstand und sich in einer achttägigen Hochzeit anvermählte. Indessen waren drei Frauen für einen Pascha nicht genügend, und so hätte er nochmals auf den Handel ausziehen müssen, wenn sich nicht eines Tages drei verschleierte Damen bei ihm gemeldet hätten und ihm um den Hals gefallen wären. Sein Staunen war gross, denn mit Einem standen die drei Frauen vor ihm, welche er in seinem Leben am meisten geliebt hatte, und obwohl er „sonst nicht so zärtlich war", flossen seine Thränen mit den ihrigen. Cäcilie war von Brüssel nach Wien gegangen, um seinen Aufenthalt zu erforschen und suchte dort Anna auf, welche während des Prozesses und der Gefangenschaft des Geliebten ausserordentlich gelitten hatte. Beide begaben sich nach Venedig, von wo seine letzten Nachrichten datirten, und kamen bei ihren Nachforschungen an Thekla, welche das Leid der Trennung gar auf das Krankenlager geworfen hatte. Die gemeinsame Liebe machte alle drei zu Freundinnen, und als ein Brief von dem nunmehrigen Pascha eintraf, traten sie die Reise zu ihm ohne Weiteres an. Anfangs waren sie etwas betreten darüber, dass er schon drei Gemahlinnen besass, da dieselben ihnen aber sofort freundschaftlich begegneten und Bonneval als Türke noch so liebenswürdig erschien wie er als Christ gewesen war, so war die Zufriedenheit rasch hergestellt. Selbst im Serail staunte man über das wundersame Schicksal der drei Christinnen und bewunderte ihre Treue und Freundschaft; nachdem Bonneval ihnen neben der Freiheit ein beträchtliches Vermögen sichergestellt hatte, fand eine glänzende Hochzeit statt. Cäcilie erhielt mit dem Titel einer ersten Gemahlin die Sorge für den gesammten Haushalt, nie aber zeigte sich zwischen den sechs Gemahlinnen Eifersucht, Missgunst, List und Intrigue, und im ganzen türkischen Gebiete war dies wohl der einzige Harem, wo die Frauen in geregelter Thätigkeit lebten und in steter Antheilnahme an den Fortschritten europäischer Cultur einen bewussten Genuss vom Leben hatten. Eunuchen gab es nicht, alles Gefängnissmässige war vermieden; in einem eigenen Haus befanden sich die Frauengemächer, daneben Bäder, Küchen und Wirthschaftsräume, und während Sclaven und Sclavinnen in wieder gesonderten Zimmern hausten, vereinigten die Salons, Ess- und Wohnzimmer Mittags und Abends den Hausherrn mit seinen Damen. Da wurde gesungen und gespielt, auch ganze Ballette und Komödien kamen zur Aufführung, und zwar nicht blos fremde, sondern auch eigene deutsche und französische Produkte, kurzum Lust und Freude nahmen kein Ende.

Was Bonneval's spezielle Herzensverhältnisse anbetrifft, so widmete er Cäcilien die vollkommenste Hochachtung, Anna die grösste Dankbarkeit und Thekla eine wahre Zärtlichkeit; die Türkin und die Perserinnen theilten sich in seine wohlwollende Neigung. Wenn Liebe den Menschen glücklich machen könnte, meinte er, so wäre es niemand mehr wie er; sein Ideal sei aber, an der Spitze einer Armee zu stehen und dem kaiserlichen Hofkriegsrathe zu beweisen, dass er sich nicht ungestraft hudeln lasse und sie ihm entweder zu viel oder zu wenig gethan hätten. Zwar ward ihm wieder allmälig Gelegenheit, seine Exercitien fortzusetzen und Verbesserungen in der Armee einzuführen, auch leistete er im Kriege gegen Russland und den persischen Eroberer Kuli-Chan mehrfache Dienste und schürte in Aufsätzen und Vorträgen den Krieg gegen Oesterreich; was bedeutete das aber den Aufgaben . gegenüber, die er sich träumte! Die Apathie des Divans und der Neid der Grossen verhinderten, dass er das Ziel seines leidenschaftlichen Strebens erreichte; am Ende blieb ihm nichts übrig, als dem Rath Cäciliens zu folgen, den Philosophen zu spielen und sich seines Lebens so viel er konnte zu freuen. Soweit der zeitgenössische Biograph, der aber nicht schliesst, ohne hinzuzufügen, dass Bonneval seinen Uebertritt am Ende selbst nicht mehr gelobt habe. »Ich will nicht sagen«, lässt er ihn bekennen, »ob ich denselben für richtig halte, allein er ist einmal geschehen«; oft sei er auch über seinen Religionswechsel »überaus unruhig« gewesen und habe Cäcilien aufgesucht, um mit ihr dieses Thema zu verhandeln und sich womöglich Trost zu holen. Seine Frauen wären nämlich gut katholisch gewesen, die Engländerin sei sogar zu diesem Glauben übergetreten, und auf seine Veranlassung habe

ein Missionar stets in seinem Hause die Messe gelesen, obwohl.
dies nicht ohne Gefahr geschehen konnte. Was würde der Mann
erst gesagt haben, hätte er über die letzte Wandlung des Pascha
zu berichten gehabt!

5. Des Fürsten von Ligne „Rettung".

Die »Mémoires du comte de Bonneval«, welche zuerst 1737
erschienen, nachgedruckt und wieder aufgelegt, auch vermehrt und
verbessert, zudem mehrfach in unser geliebtes Deutsch übertragen
wurden, sind keine literarische Grossthat und zeigen entgegen den
Memoiren Casanovas, welche F. W. Barthold als Quellenwerk
ersten Ranges nachwies, den Charakter einer Compilation mehr
belletristischer als historischer Natur. Bonneval selbst nannte sie
ein dummes Buch und die »neuen Memoiren«, welche, allerdings
nicht mehr unter seinem Namen 1740 und 1741 herauskamen,
lächerliche Romane, that aber nichts dagegen, weil seine »sottises«
dem Publikum nichts Lehrreiches bieten könnten und jene Schriften
mit dem Tag verwehen würden. Dies geschah indess keineswegs,
vielmehr wurde er auf Grund derselben mit Cagliostro, dem
Grafen von St. Germain, Casanova, dem Freiherrn von
Trenck und dem Chevalier d'Eon in eine Rubrik geordnet.
Später hat man hervorgehoben, wie die damalige Sittenfreiheit
und Intriguensucht das Problematische befördern musste, in Einzelnen Männer von vielen Graden erkannt und hinzugefügt, dass
auch viele Grössen der Geschichte mit ihnen rangiren würden,
wenn nicht die Uebermacht gewisser Fähigkeiten die Schattenseiten
in den Hintergrund drängte. Ein Stern erster Grösse ist nun
Bonneval keineswegs, aber doch mehr wie eine Type der Zeit;
ein Kriegsmann und Politiker mit einer ruhmvollen Laufbahn, ein
trotz seiner Verirrungen interessanter Mensch, ein kräftiger Charakter und genialer Kopf, hätte er dauerndes Glück gefunden,
wenn er seine Leidenschaft zu zügeln verstanden hätte, und

> »he was likely, had he been put on,
> To have prov'd most royally.«

So urtheilt der Fürst Charles von Ligne [1]), ein kenntnissreicher
und geistvoller Schriftsteller der nach etwa sechzig Jahren gegen

---

[1]) Das Mémoire sur le Comte de Bonneval erschien einzeln Paris 1817.
Im Ganzen hinterliess der Fürst 46 — wenig bekannte — Bände.

die Abenteurermemoiren auftrat und die Wahrheit von Bonneval's Lebensgang an das Licht stellte.

Zunächst ist es unrichtig, dass Bonneval bei den Musketieren und der Reiterei gedient hat, vielmehr stand er von 1698 bis 1701 bei den Garden und warb sich beim Ausbruch des Erbfolgekrieges als Colonel für 33,000 Frcs. ein Infanterieregiment an. Mit Auszeichnung machte er die Campagnen unter Catinat, Villeroy und Vendôme mit, von Letzterem ausserordentlich geliebt und protegirt. Schon damals zeigte er neben tüchtiger kriegswissenschaftlicher Bildung politisches Geschick, kam aber gelegentlich der Capitulation von Biel mit der Heeresadministration in Competenzconflicte, wobei sich der Kriegsminister Chamillard bewogen fand, ihm ein beleidigendes Schreiben zuzufertigen. In der ersten Hitze antwortete er in demselben Tone und drohte, falls er keine Genugthuung bekäme: »j'irai au service de l'Empereur où tous les ministres sont gens de qualité et savent comment il faut traiter leurs semblables!« Da ihm die Bastille sicher war, ging er, ohne seine rückständigen Forderungen an den Staat einzucassiren, nach Venedig (1705); man sperrte ihm sein Vermögen und eröffnete einen Process, der indess nicht mit der Verhängung der Todesstrafe abschloss, vielmehr anhängig blieb, bis er 1717 durch Vermittlung des Regenten Philipp und des Herzogs Eugen nach Paris zurückkehrte, um sich vor Gericht zu unterwerfen. Mit dem Tode des Ersteren gingen aber die erneuten guten Beziehungen zu seinem Heimathland wieder verloren, und bis in seine letzten Tage klagte er über die Behandlung seitens der Krone sowohl wie der Gesandten.

Aller Mittel entblösst, blieb ihm nach seiner Flucht nichts übrig, als nach dem Beispiel von Condé, Turenne und anderer Kriegshelden fremde Dienste anzunehmen; mit offenen Armen wurde er vom Prinzen Eugen, der ihn seit Luzzara schätzte, empfangen und bald zum Generalmajor befördert. In dieser Eigenschaft gab er bei Turin, wo er nebenbei seinen älteren Bruder vor der Gefangennahme rettete, ein glänzendes Debut, und machte darauf, nicht nur in die militärischen Dispositionen, sondern auch in alle diplomatischen Verhandlungen eingeweiht, die Campagnen seines Gönners und 1709 einen Zug unter Daun mit. Nach dem Frieden von Rastadt (1714), an dessen Vorverhandlungen er gleichfalls

betheiligt war, wurde er Generallieutenant, 1716 Mitglied des
Hofkriegsraths und 1717 General der Infanterie; Prinz Eugen
konnte seine Verdienste im Türkenkriege und besonders in den
Schlachten von Peterwardein und Belgrad, nicht genug rühmen,
während er 1719 in Sardinien als Feldmarschalllieutenant 12,000 kaiserliche Völker und 6000 Mann des Herzogs von Savoyen en chef
commandirte. Seine Stellung in Wien war nun so glänzend wie
sein auswärtiges Renommée. Die Souveräne würdigten ihn ihres
Vertrauens, Prinzen ihrer Freundschaft, und mit allen Diplomaten
und Ministern stand er — immer Frankreich ausgenommen —
auf vertrautem Fusse; seiner Tapferkeit, militärischen und diplomatischen Gewandtheit, seiner Aufrichtigkeit und Liebenswürdigkeit liess man alle Gerechtigkeit widerfahren, und es ist gar kein
Zweifel, dass er das Erbe des Prinz Eugen angetreten haben würde,
wenn er nicht kraft anderer Eigenschaften den dummen Streich
begangen hätte, diesen gegen sich aufzureizen.

Der Ursprung dieser Affaire ist in den »Mémoires« ziemlich
richtig dargestellt, nur dass die Gräfin B a t h i a n y eine hoch-
gestellte Dame war und Prinz Eugen nicht als Herkules am
Spinnrocken der Omphale sass, sondern, der Geschäfte müde, den
Einflüsterungen von geschätzter Seite gern Gehör gab. Hinzuzufügen wäre noch, dass ihn auch Bonneval's freies Auftreten in
Wien choquirte. Nicht allein dass derselbe den Freigeist offen heraus-
kehrte und seine Amouren von sich reden machten, waren auch
seine Trinkgelage recht degagirt, und die satirischen Verse, mit
denen er dabei unter Assistenz seines Freundes J. B. Rousseau [1])
alle Welt bedachte, machten oft genug böses Blut. Inzwischen
war er geliebt von den Soldaten, geschätzt von den Offizieren,
beneidet von den Generälen, wegen seiner Leutseligkeit bei
den Bürgern, wegen seiner Generosität beim Haufen beliebt;
die Kreise aber, die er aus Klugheit hätte hofiren müssen, be-
leidigte er durch seine unbedachtsame Leidenschaftlichkeit und
sorglose Aufrichtigkeit, so dass er »heureux à la guerre,
tomba à la paix.« Sein Auftreten in Brüssel, wo er den
Titel eines Feldzeugmeisters führte, ist in den Mémoires wie-

---

[1]) Derselbe widmete ihm seine sechste Epistel, blieb auch nach dem
Wiener Aufenthalt mit ihm in Correspondenz. Ein satirisches Chanson Bonnevals steht bei de Ligne p. 47.

der richtig geschildert, ebenso der Conflict mit dem Marquis
de Prié; Oel goss er aber dadurch ins Feuer, dass er
bei seinem Aufenthalt in Holland persönliche Beziehungen zu
Spanien anknüpfte und dem Prinzen Eugen als Protektor der
Leute, welche die Königin von Spanien geschmäht hatten, eine
Forderung übersandte. Damit war er immer rasch bei der Hand,
die Zahl seiner Duelle dürfte wohl der seiner Liebschaften nicht
nachstehen; während der Utrechter Friedensverhandlungen focht
er sogar einmal für und einmal wider dieselbe Sache — und
beidemal glücklich. Diesmal aber erhielt er die erste Weigerung,
und mit ihr zerfiel eine neunzehnjährige Freundschaft, die nur
vorübergehend auf der einen Seite durch Bonnevals Extravaganzen,
auf der anderen durch des Prinzen Aversion »pour l'auguste sang
de France« hin und wieder getrübt worden war.

Bonneval hat Deutschland nichts nachgetragen, sprach vielmehr von einer Nation, »pleine de point d'honneur et de géne-
rosité«, grollte auch nicht auf den Kaiser Karl, dessen Edelsinn er
voll anerkannte, selbst den Spruch des Hofkriegsraths fand er
formell berechtigt. Aber über das »Unglück« kam er nicht hinweg, und wenn er auch den guten Appetit nie verlor und »sa
philosophie en son sang« immer wieder erprobte, so hat ihm doch
diese abermalige Verkennung seiner besseren Absichten und allzu
herbe Bestrafung seiner Schwächen viel trübe Stunden bereitet.
Der Fürst von Ligne bekräftigt, dass man gegen einen Mann
von seinen Verdiensten, der zwölf Blessuren für Oesterreich davongetragen und oft den Sieg hatte entscheiden helfen, zu schroff
verfahren sei; inzwischen war wieder von Todesstrafe nicht die
Rede, er wurde vielmehr zu einem halbjährigen Gefängniss und
Cassation verurtheilt, ihm aber ein Injurienprozess gegen den
Marquis de Prié aufbehalten. Unstät wanderte er nach dieser
schlimmen Zeit von Land zu Land, bis er in Venedig (1729) die
Verhandlungen wegen Eintritts in spanische Dienste wieder auf-
nahm; zu seinem neuen Unglück mochte er, verbittert wie er war,
nicht der Versicherung glauben, dass Prinz Eugen an seine Re-
habilitirung denke, und verletzte denselben neuerdings mit seinen
Actionen. Im Zweifel, wohin er sich in seiner bedrängten und
unsicheren Lage wenden sollte, kam er nach Bosna-Serai, wurde
aber hier von einem österreichischen Offizier erkannt und sistirt;

fünfzehn Monate blieb er auf der Festung eingeschlossen, bis
seine Feinde die Auslieferung an Oesterreich durchsetzten. Da ihn
der französische Gesandte als Franzosen zu reclamiren weigerte,
blieb ihm, das Leben zu retten, nur ein einziges Mittel, der Uebertritt zum Muhamedanismus Trotz der Anathemata der »Bet-
brüder« wollte er »lieber mit heiler Haut den Turban tragen, wie
als guter Christ von seinen Feinden lebendig geschunden werden«,
und so liess er drei Tage vor der beabsichtigten Auslieferung eine
Scheinceremonie vor sich gehen und stellte dann bei dem Grossvezier den Antrag, in türkische Dienste aufgenommen zu werden.
        Damit entfällt die angebliche Reise nach Chios, die Geschichte
vom Religionsunterricht, der Staatsaudienz beim Sultan und so
weiter; auch haben ihm die »Mémoires« einen Rossschweif zuviel
vorantragen lassen. Er selbst sagt einmal kurz und bündig, dass das
Kleid nicht den Mönch mache, und dass er auch als Türke der alte
Graf Bonneval geblieben sei; äusserlich musste er sich dagegen
metamorphosiren, liess sich also einen langen weissen Bart statt
des früheren Schnurrbartes wachsen und das Haar rasiren, welches
er rund wie Karl XII. getragen hatte, bewunderte diese »Maskerade« und ergötzte sich, wenn er ohne Zeugen war, dieselbe
mit französischer Kleidung zu contrastiren. In seinem Hause
wurden die Fleischverbote eingehalten, auch gab er öffentlich kein
Aergerniss, im Uebrigen aber wusste er sich, namentlich in puncto
Wein, schadlos zu halten. Annähernd richtig sind in den Mémoires seine Bemühungen für die Heeresorganisation dargestellt,
indessen leistete er viel Bedeutenderes auf politischem Gebiete,
indem er an allen ottomanischen Actionen seit 1730 als Mit-
wisser, Berather oder sogar als Urheber theilnahm. Er war täglich mit Combinationen und Plänen beschäftigt, die Sardinien,
Schweden, Ungarn, Oesterreich, Preussen und Frankreich galten,
bis Europa für ihn zu klein wurde und er auch andere Welttheile
in seine Kreise einbezog. Davon ist ein Minimum zur Ausführung
gekommen, einmal wegen der Lethargie des Divans und dann
wegen zahlreicher Widersacher, die ihn bald für, bald gegen
Frankreich, Deutschland etc. eingenommen erklärten und nicht
zum Letzten durch seine Aufrichtigkeit und Geradheit beleidigt
wurden. Infolge eines Vertrauensbruches seines Dolmetschers
führte die Verbindung des französischen Gesandten mit dem Gross-

vezier, welcher er durch directe Vorstellung beim Sultan entgegentreten wollte, eine halbjährige Verbannung nach Asien herbei (1738); indessen erfreute er sich bald wieder des alten Ansehens, während er von auswärtigen Fürsten,. Staatsmännern und katholischen Kirchenfürsten trotz seiner »situation extravagante« stets mit Auszeichnung behandelt wurde. Sehr oft kehrt die Betheuerung wieder, dass er in seinen drei Dienstverhältnissen redlich und treu verfahren sei; daneben bekennt er, dass er sich den Serail nicht ausgesucht haben würde, tröstet sich aber damit, dass man ihn dort gewiss nicht acceptiren würde, wohin ihn seine Neigung wiese. So kampfeslustig wie früher ist er indessen nicht mehr, wennschon ihm der Bosporus eine neue Jugend bescheert: er steigt zu Pferd wie ein Zwanzigjähriger, macht Fusstouren, leidet nicht an Gicht und Stein und bedauert einzig die zunehmenden Beschränkungen in Sachen Veneris [1]).

Nichtsdestoweniger konnten sich die Zeitgenossen den Pascha nicht ohne Harem denken und räumten danach vor- und rückwärts der Erotik eine bedeutsame Stelle in seiner Biographie ein. Ein Verehrer des Frauengeschlechts ist er ja auch in aller erwünschter Weitherzigkeit gewesen, und den Wiener und Venediger Geschichten, an denen etwas Wahres ist, haben sich zweifellos romantischere angereiht als die oft genug wiederholte Fabel vom Panzerhemd. Die drei Hauptamouren, welche ihn schliesslich zum Grafen Gleichen avanciren lassen, sind aber ebenso naiv erfunden wie die Beschreibung der Schlosseinrichtung; thatsächlich wohnte er in Pera, und nur der französische Koch, der Wein und die Gesellschaften bleiben bestehen. In seiner türkischen Zeit war er nicht verheirathet, vielmehr commandirte in seinem Hause sein früherer Kammerdiener, ein Italiener, der gleichfalls den Turban genommen hatte und von ihm schliesslich adoptirt wurde. Dagegen ist es richtig, dass er das ehemalige Fräulein von Biron nach achttägiger Ehe verliess und nie wieder sah; nur hat man diese Thatsache aus dem Jahre 1717 ein Mandel Jahre vordatirt, um seine Schuld zu erhöhen, und die Beziehung zu Beaumont

---

[1]) In einem Brief schreibt er seinem Bruder (de Ligne p. 176): »Le démon, qui tourmentait Saint-Paul jusqu'à lui donner un soufflet, m'a quitté, dont je suis bien marri. Il est vrai, qu'il vient encore de temps en temps, les matins, me rendre visite — mais passons là-dessus.«

später hinzugefügt, um die »Rachsucht« auf dem Laufenden zu
erhalten. Auch muss bemerkt werden, dass er seiner Frau, einer
zweiten Mad. de Sévigné, die grösste Achtung bewahrte und der
in den feinsten Formen geführte Briefwechsel erst mit seinem
Uebertritt in türkische Dienste abbricht; im Uebrigen glaubte er
keine Zeit zur ehelichen Liebe zu haben und liebte die Dame
auch wirklich nicht so, wie er gewöhnt war.

---

6. Der Geburtstag des Propheten (23. März 1747).

Bonneval hatte nicht blos neben seiner persönlichen Tapferkeit ungewöhnliche Kenntnisse in der Kriegskunst, welche er für
eine der schwersten Künste erklärte, sondern war auch in den
andern Wissenschaften gut bewandert, so dass er bei seiner Ankunft in der Türkei nichts so sehr bedauerte, als seine reiche
Bibliothek noch nicht zur Hand zu haben. Ebenso huldigte er
in allen Lebenslagen auch der Poeterei und hat ausser den
Versen seiner Jugend eine grosse Menge von Couplets, Vaudevilles
und Chansons en stile gaillard, grivois et satirique geschrieben,
von denen sich aber, wie auch von seinen prosaischen Aufsätzen,
nur Kleinigkeiten in dem Buche des Fürsten von Ligne erhalten
haben. Nichtsdestoweniger zeigen dieselben, wie er in seinen letzten
Jahren über Welt, Menschen und sich selbst gedacht hat, und
ergänzen das Bild, welches man sich von dem Epikuräer am
goldenen Horn machen muss, in erwünschter Weise.

Zunächst gibt er eine Schilderung seiner Situation und singt:

Bonneval ist alterschwach?
Lästerzungen, nur gemach!
Seine Mädchen und sein Wein
  Scheuchen ihm des Alters Plage,
  Jung wird bis zum letzten Tage
Das beglückte Herz ihm sein.

Fränkisch, deutsch und türkisch Land,
Nirgends, wo er Ruhe fand.
Nicht ein Hüttchen nennt er sein,
  Doch damit sein Lohn ihm werde,
  Räumt sich ihm die ganze Erde
Dienstbereit zum Wohnsitz ein.

Tadelt nur im hohen Rath,
Ob Gedanken ihn und That,
Die ihn heimathlos gemacht!
  Doch im weiten Erdenrunde
  Lauscht bewundernd man der Kunde,
Was sein Genius vollbracht.

Hat das Unglück angepocht,
Hat es nie ihn unterjocht.
Muth, der jedem Schreckniss steht,
  Hat, mit Weisheit eng verkettet,
  In dem Schiffbruch ihn errettet,
Wo der Feigling untergeht.

Sandte Gott ihn in ein Reich,
Er verband es sich sogleich.
Wie man Alexandern that,
  Eilt ein jedes, ihn zu ehren,
  Um die Wette fast begohren
Von ihm Hilfe sie und Rath.

Alcibiades, erprobt,
Edlen Bluts und hochbelobt,
Glich in allem Bonneval:
  Schuldlos seines Lands verwiesen,
  Aber als Genie gepriesen,
Liebte man ihn überall.

  Doch genug der Schwätzerei!
  Ob sie aber spasshaft sei
  Oder sich hübsch ernsthaft hält:
    Was ich sage, das ist Wahrheit,
    Und da Kunst nicht fehlt noch Klarheit,
  So gefällt es aller Welt.

Sodann geht er auf seine Philosophie über und lässt sich vernehmen:

Die Vernunft hat mir gegeben
Eine Lehre für das Leben
  Hier am goldnen Horn:
Folge der Natur Gesetzen,
Frevel ist's, sie zu verletzen,
  Und sie straft in grimmem Zorn.

Oftmals bis zur hellen Sonne
Schlürfe ich des Bechers Wonne
  Hier am goldnen Horn,
Und Anakreon, der Graubart,
Gross als Sänger, Zecher, Blaubart,
  Ist mir Musterbild und Sporn.

Doch der Treue folgt der Segen:
Stetig lacht mir Glück entgegen
  Hier am goldnen Horn.
Wünsche fühl ich neu entspriessen,
Doch womöglich reicher fliessen
  Auch der Freude Wunderborn.

Ceres, Bacchus, Venus schreiten
Mir beständig treu zu Seiten
  Hier am goldnen Horn;
Und die jenen Gott verpönen,
Welchem die Pariser fröhnen,
  Nehm ich lachend mir auf's Korn.

  Klagt ob meiner Afterlehre,
  Seufzt ob meiner Sünden Schwere
    Hier am goldnen Horn!
  Froh geniesse ich das Heute,
  Und das heisst, ihr klugen Leute,
    Rosen pflücken ohne Dorn.

Man sieht, wie gern Bonneval auf das Alterthum zurückgreift; ausdrücklich fügt er aber noch bei, dass ihn Plutarch, sein Brevier von Jugendzeiten her, und die alten Philosophen fortgesetzt beschäftigen. Sie haben ihn darin bestärkt, dass er mit aller Ruhe die »Maschine« zur Gruft herabrollen sehen, und sich doch gleichzeitig noch des Lebens freuen kann, welches dem Menschen zur Glückseligkeit gegeben ist, so blitzartig es auch entflieht. Der Tod ist eben kein Uebel, sondern ein Gut, wie jede Gabe des Schöpfers aller Dinge, und Alles was entsteht,

ist werth, dass es zu Grunde geht — »le mort est un sort iné-
vitable à tout ce qui est né.« Mag deshalb seine Moral auch für
einen Greis ein wenig leicht scheinen, sie ist von der Natur ab-
strahirt, und da diese nichts ist wie die Offenbarung Gottes, so
darf auch er sich der Frömmigkeit schmeicheln.

Uebrigens darf man nicht glauben, dass Bonneval, »an den
Tumult des Kriegs und den Lärm der grossen Welt gewöhnt«,
sich in die Abstraction allzuweit verloren hätte. In seiner jetzigen
Unthätigkeit fand er allerdings bei ihr zunächst einen Ersatz, all-
gemach aber genügte sie ihm doch nicht mehr zu der unbedingt
nothwendigen Glückseligkeit, und er konnte sich melancholischen
Anwandlungen nicht entziehen. Als sich dazu die Gicht wieder
einmal einstellte, ward er der Türkei müde und fragte seinen
Bruder als den Chef des Hauses, zu was er ihm rathe; »aus
Zwang«, meinte dieser, »bist Du eingetreten, durch den Zwang
bist Du frei geworden, gefällt es Dir nicht, so verändere Dich.
Bedenke, dass wir beide nicht mehr lange zu leben haben; alles
Geld, dessen Du bedarfst, will ich Dir zuweisen.« So wandte sich
Bonneval an den König beider Sicilien, und dieser setzte ihm
eine ansehnliche Pension aus, indem er von seinen militärischen
Kenntnissen und diplomatischen Fähigkeiten noch gute Dienste für
den Staat erhoffte; auch mit einem Bevollmächtigten des Papstes
trat er in geheime Unterhandlungen, und Benedict XIX. bot gern
die Hand dazu, ihn in den Schooss der Kirche zurückzuführen. Es
wurde eine heimliche Flucht verabredet, und damit dieselbe in
Sicherheit geschehen könnte, der Tag, an welchem man die Geburt des Propheten feierte, zur Ausführung bestimmt.

Als am Vorabend die Sonne mit ihren letzten Strahlen die
Kuppeln der Moscheen in rothem Feuer erglühen liess, stieg der
Pascha auf die Terrasse seines herrlichen Gartens, von welcher
er die Küste bis zu dem von Schiffen aller Art durchkreuzten
Hafen überschauen konnte. Ueber dem langen golddamastnen
Unterkleid trug er einen mit feinem Pelzwerk verbrämten Kaftan,
auf dem Haupte die hohe, runde, mit Perlschnüren besetzte Mütze,
welche seinen Rang bezeichnete; Niemand hätte ihm aber seine
siebzig und etliche Jahre angesehen, denn hell blickten die grossen
Augen in die Ferne, während das stark hervortretende Kinn
sammt dem üppigen Mund von ungeschwächter Energie zeugten,

und der elastische Gang wie die stramme soldatische Haltung die
letzten Gichtanfälle Lügen zu strafen schienen. »Sie sind zur
Stelle«, murmelte er, und ein befriedigtes Lächeln glitt über seine
Züge. Höchstens eine Viertelstunde unterhalb seines Wohnsitzes
hatte nämlich die Barke angelegt, welche ihn, noch bevor die
Muezzin zum Morgengebete riefen, zu dem Kutter im Hafen
hinabführen sollte, um der neuen Zukunft entgegenzugehen. Rasch
wandte er die Schritte zurück, denn Alles war bereit, um die letzte
Nacht zu einer der köstlichsten zu machen, welche er in diesem
Paradiese verlebt hatte.

Hatte er jemals das bien boire mit Grazie ausgeübt, so war
dies heute der Fall. Der edle Chier floss in Strömen, da es aber
galt, einen Auszug all der herrlichen Freuden zu gewinnen, die
ihm hier gelächelt hatten, fehlte es auch nicht an prächtigen
Weibern, die mit graziösen Aufzügen entzückten und durch
bachantische Tänze die Sinne verwirrten. Es war ein Fest, so
berauschend, dass Bonneval plötzlich ausrief: »Wie schön ist die
Erde, wie hässlich scheint der Tod! Aber wie Ulysses zu Thersites
sagte: Achilles fand sein Ende, warum sollte es Dir erspart
bleiben?« Dann fiel er einer Schönen in die Arme und stimmte
mit heller Stimme das Lied seiner Jugend an:

> Kurze Frist währt unser Leben,
> Huldigt, Freunde, drum der Lust;
> Was sich jenseits mag begeben,
> Das bedrücke nie die Brust.

Weiter kam er nicht; der Becher entglitt seinen Händen, und
mit dumpfem Schalle sank er zu Boden. Am Morgen wartete
die Barke vergebens auf ihren Gast, der Kutter segelte in's Meer
hinaus, ohne seine Beute geborgen zu haben, der sich Achmet
Pascha genannt hatte, war ein stiller Mann. Obwohl ein als Arzt
verkleideter Jesuit, sowie ein Imam zugegen war, hatte er doch
keinerlei geistliche Hilfe nachgesucht, auch sich über sein Be-
kenntniss nicht geäussert, als er vorübergehend die Besinnung
wiedererlangte. So bestattete man ihn auf einem nahen türkischen
Friedhof und setzte eine Inschrift auf seinen Sarkophag, die be-
sagte, dass er, obwohl ein berühmter General im Leben, doch
nur dadurch unsterblichen Ruhm erlangt habe, dass er sich zum
wahren Glauben bekehrte. Er sei ein weiser und unparteiischer

Richter über Wahrheit und Lüge gewesen und habe sich zum Todestag den besten Moment ausgewählt, den Geburtstag des Propheten; man wünsche, dass seine Seele auf Rosenbetten im Paradiese die wohlverdiente Ruhe finden möge.

So beschämte Bonneval die Schriftsteller, die aus seinem Leben einen schlechten Roman gemacht hatten, durch einen Abschluss, wie er nicht wirksamer erdichtet werden kann. Auch der Verfasser der Inschrift verdient das höchste Lob, indem er die stärkste Ironie und die höchste Tugend unseres Helden neben einander verewigte: seinen Muhamedanismus und die Aufrichtigkeit gegen sich selbst und Andere. Man könnte diese Inschrift sogar als ein Symbol deuten, da die hervorragenden Lichtseiten stets, mindestens vor dem Richterstuhle der Geschichte, anerkannt werden, während bei den Schattenseiten nicht blos der Zeitgenosse, sondern auch der Nachfahre recht oft in Zweifel bleibt oder sich vergreift.

IX

N i n a.

(»Quand le bien-aimé reviendra«, Romanze von Marsollier.)

——◆◆◆——

1. Bellevue an der Seine und an der Maas.

Das Schlösschen B e l l e v u e zwischen Sedan und Donchéry
hat in unsern Tagen blutige Kämpfe gesehen und durch die
Zusammenkunft zwischen Napoleon III. und König Wilhelm ge-
schichtliche Bedeutung erlangt: vor hundert Jahren herrschte
dort der Frieden einer Idylle, welche an das goldene Zeitalter
hätte erinnern können. Auf dem linken Ufer der Maas lag es
inmitten gradliniger, statuengezierter Gärten in seiner ganzen
Rococozierlichkeit und bot eine entzückende Aussicht auf die
grünen Flächen der rechten Maasseite und die bewaldeten Höhen-
züge der Ardennen, während man in nächster Nähe das malerische D o n c h é r y mit den Ueberresten der von Ludwig XIV.
angelegten Befestigungen und auf anmuthiger Anhöhe das
Dörfchen F r e s n o y (heute Frénois) erblickte. Die Maas selbst
war ebenso wenig belebt wie die Strasse, welche von Paris über
Rheims, Mézières und Sedan nach Luxemburg und Lothringen
führte; hier verkehrte dreimal wöchentlich die Pariser Postkutsche
und dort zogen nur vereinzelte Segelschiffe und einige Nachen
hin und wieder.

Der Eigenthümer des Schlösschens Bellevue, Herr v o n B e l-
m o n t, welcher dasselbe mit seiner Tochter Ninette bewohnte,
hatte vordem auf dem Schlosse gleichen Namens gehaust, welches
zwischen Meudon und Sèvres liegt. Entzückt durch die wunder-

bare Aussicht über die Ufer der Seine, hatte sich Madame
de Pompadour hier ein Schlösschen gewünscht, und kaum
zwei Jahre später stand es in der ganzen üppigen Pracht der
damaligen Zeit, mit herrlichen Gärten, kostbaren Kunst- und
Wasserwerken da, wie durch einen Zauberstreich dem Boden entwachsen. Der galante Ludwig XV., der zum ersten Mal am
24. November 1750 hier übernachtete, schenkte es seiner Favoritin,
welche ihm nach jener unvergleichlichen Aussicht den Namen
gab; bald war sie seiner indessen überdrüssig und verkaufte es
dem König wieder. Nun wurde Herr von Belmont, bisher Secretär
im Jagddepartement, zum Intendanten bestellt, und glückliche
Tage verlebte er in diesem Paradiese, bis ihm seine Gemahlin —
nicht lange nach der Geburt seines Töchterchen — verstarb. Als
darauf Ludwig XVI. nach dem Tode seines Grossvaters das
Schloss seinen beiden Tanten, »Mesdames de France«, zum
ständigen Aufenthalt überwies (1774), kehrte Herr von Belmont
nach seinem Schlösschen an der Maas zurück und legte demselben in der Erinnerung an seinen früheren Aufenthalt dessen
Namen bei.

Ninette war damals ein hübsches, sinniges Mädchen von
etwa siebzehn Jahren. Der Aufenthalt im Schloss der Pompadour
hatte einen grossen Einfluss auf ihr Seelenleben ausgeübt, und
dieses Schloss war ein wahres Märchen, seit es vom Hofe nicht
mehr besucht wurde. Die steinernen Götter und Helden, welche
auf den Wiesen und zwischen den Baumgruppen prangten,
bildeten ihren Hofstaat, die Schäfer und Schäferinnen, welche
aus den geschnitttenen Taxuswänden hervorlugten oder sich
zwischen Blüthenbüschen verbargen, waren ihre Gespielen, und
die Tritonen und Nymphen, die Ungeheuer und Fabelthiere der
Fontainen und Wasserwerke dienten ihr als getreue oder un-
bändige Unterthanen. Ninette plauderte und sang, lachte und
grollte mit ihnen, als ob sie von Fleisch und Bein wären, und
immer glänzender, immer zauberhafter wurden die Erfindungen,
welche sie ihren Spielen zu Grunde legte. Aber die Zeit kam,
dass sie dieses Märchen verlassen musste — zu ihrem tiefen Herzeleid. Denn wenn es an der Maas auch Gärten und Steinfiguren
gab, so schön und duftig war es nicht wie an der Seine, nicht
so wundergross und zauberprächtig, und während sie früher unge-

stört ihren Träumen nachhängen durfte, sprachen jetzt Menschen zu ihr und suchten sie in das Leben hineinzuziehen.

Im Dörfchen Fresnoy bewirthschaftete ein greiser Landedelmann, Herr von T o u r v i l l e mit seinem Aeltesten, Martin, einem mürrischen Gesellen und passionirten Jägersmann, ausgedehnte Ländereien und Waldstrecken; dagegen waren sein jüngerer Sohn Charles und seine einzige Tochter Lucie lustige Kinder, welche stets Leben in das Haus brachten. Rasch hatte Ninette mit Lucie Freundschaft geschlossen, und bald wurde Charles als Dritter im Bunde aufgenommen; doch lange sollten ihre Spiele nicht währen, denn Charles erhielt das Patent als Garde-du-Corps und musste Abschied nehmen, um sich in Versailles zu stellen. Die beiden Mädchen begleiteten ihn ein Stück Wegs nach Donchéry zu, um auf einer Höhe die Postkutsche zu erwarten. Auf einer steinernen Ruhebank, die eine weite Aussicht bot, besonders der Landstrasse entlang nach Mézières zu, liessen sich alle drei nieder, doch eine Unterhaltung kam nicht in Fluss, Lucie redete allein; der Abschied von den Mädchen musste Charles weit näher gehen, als von Vater und Bruder, während Ninette durch irgend ein besonderes Vorkommniss verstimmt schien. Da wackelte die alte Kutsche heran und hielt unweit still. Charles umarmte seine Schwester, dann presste er Ninette ungestüm an seine Brust, drückte einen heissen Kuss auf ihre Lippen und war im Umsehen entschwunden.

Ninette war bei dieser unerwarteten Wendung todtenbleich geworden; ihr Herz stockte, ihr Körper schauerte zusammen, und eine seltsam mit Seligkeit gepaarte Angst trieb ihr Thränen in das Auge. Noch stand sie, keiner Bewegung fähig, auf derselben Stelle, als sie Lucie umfing und ihr lächelnd zujauchzte: »Er liebt Dich, Ninette!« Da löste sich der Bann, und die Umarmung der Freundin erwidernd hauchte sie mit einem glücklichen Lächeln: »Und jetzt weiss ich auch, dass ich ihn lieb habe.« Lucie zog sie auf die Steinbank nieder, und so sassen sie, sich eng umschlossen haltend, und schauten dem Wagen nach, bis er in der Ferne in Staubwolken entschwand.

2. Auf der Höhe von Donchéry.

Von nun an war die Bank auf der Höhe von Donchéry Ninettens Lieblingsplützchen und der Weg dorthin ihr liebster Spaziergang. Dort träumte sie von ihrer Liebe und ihrem zukünftigen Glück, dort erwartete sie Charles, als er zur Zeit der »dédicace« auf einige Wochen zu Besuch kommen sollte, und ihr sinniger Gruss zeigte dem Glücklichen, welch reichen Schatz reiner Liebe er sich errungen hatte. Tage stiller Seligkeit verlebten beide in dieser fröhlichen Kirchweihzeit, doch ihr Geheimniss blieb nicht verborgen, und die Entdeckung führte zu ungeahnten Ereignissen. Schon längst war nämlich zwischen den beiden Vätern eine Verbindung zwischen Ninette und Martin verabredet worden, während Herr v. Tourville für den hoffnungsvollen jungen Offizier auf ein reiches altadeliges Fräulein des Hofes rechnete. Freilich sträubte sich Martin, der Ninette bis dahin kaum beachtet hatte, und als diese ihre Neigung zu Charles gestand, dachten die Väter, welche ihre Kinder zu sehr liebten, um einen Zwang ausüben zu wollen, auch nicht weiter an Ausführung ihres Planes. Nun aber geschah das Merkwürdige: auf einmal fand Martin das Mädchen begehrenswerth und grollte den Seinen, dass sie ihm sein Glück wehrten.

So war das Jahr 1780 herangekommen; da erschien Charles plötzlich auf dem Landsitz seines Vaters in höchster Erregung und bat denselben, ihn in den Krieg ziehen zu lassen. Bekanntlich kämpften die Nordamerikaner damals schon seit fünf Jahren für die Befreiung vom englischen Joche, und in Frankreich fanden sie grosse Sympathien, nachdem die Encyclopädisten die Gedanken von der Freiheit und Gleichheit wach gerufen hatten. Der junge, heissblütige Lafayette eilte 1777 gegen den Willen des Königs nach Nordamerika, um für die Freiheit zu kämpfen, aber schon ein Jahr später schloss Ludwig XVI. selbst ein Bündniss mit den Freistaaten ab, in Folge dessen der Admiral d'Estaing im Juli ihnen ein erstes Hilfscorps zuführte. Ein zweites Heer von 6000 Mann sollte Marschall Rochambeau 1780 in den Kampf für — fremde Freiheit führen, und diesem beizutreten lag der feurige Charles seinen Vater so angelegentlich an, dass er endlich die Einwilligung erhielt.

Die arme Ninette fügte sich widerstandslos in die Trennung; sie ergab sich in die Schickung Gottes, der sie vielleicht durch eine neue, schwerere Prüfung läutern wolle. Und wieder sassen die drei, welche so innig mit einander verbunden waren, droben auf der Steinbank an der Landstrasse, um die Postkutsche zu erwarten. Charles sprach den Mädchen Muth ein. »Ist es nicht ein hehres Ziel, für ein edles Volk zu kämpfen? Und was sind zwei Jahre Trennung gegen ein ruhmvolles Thun! Meine Kapitulation lautet ja nur auf diese kurze Zeit, aber ich werde dieselbe nutzen zum Frommen der Menschheit, und wenn ich dann zurückkehre, ruhmgekrönt, dann soll uns der Segen der Kirche verbinden, und unser Glück wird unendlich sein.« Die Begeisterung und Zuversichtlichkeit des jungen Helden beruhigte Lucie einigermassen, aber Ninette blieb stumm und hatte keine Antwort wie Thränen. Herzzerreissend war der letzte Abschied; gewiss, die Hoffnung blieb ihr, in wie weite Ferne eilte aber der Geliebte, welchen Wagnissen unterzog er sich, welchen Gefahren ging er entgegen!

Die Höhe von Donchéry wurde nun noch öfter von den Mädchen besucht und regelmässig, wenn der Pariser Wagen vorüberkam. Anfangs brachte er zweimal in der Woche Nachricht von Charles, und die Postillone wurden so bekannt mit den Mädchen, dass sie schon von fern den rothgesiegelten Brief in die Höhe hielten und ihren Hut dazu schwenkten. Dann erhob sich ein fröhlicher Jubel auf der Steinbank; einmal aber nahm derselbe einen traurigen Abschluss und Ninettens Thränen flossen so heiss, als ob der Brief ein schwarzes Siegel getragen hätte. Er war aus Havre de Gráce vor der Einschiffung geschrieben; in rührenden Worten versicherte Charles die Geliebte seiner unwandelbaren Treue und sprach die feste Hoffnung aus, sie dereinst glücklich wiederzusehen. Wie oft las Ninette diesen letzten Gruss aus der Heimath, still und unter Thränen für sich, laut und unter banger Hoffnung mit Lucie! Es war ihr heiligster Schatz, dieser Brief; er ruhte an ihrem Herzen, das für nichts in der Welt mehr Raum hatte als für den Geliebten.

Obwohl sie nun von der Post voraussichtlich für lange Zeit nichts zu erwarten hatten, setzten die Mädchen doch ihren Spaziergang nach der Bank regelmässig fort; dort weilten sie stundenlang, versetzten sich in Gedanken nach dem fernen Amerika und plauderten von Heldenthaten und Ruhmeskränzen. Daheim studirten sie die wöchentlich erscheinende »Gazette« und den »Mercure de France«, welche Nachrichten vom Kriegsschauplatze brachten und mit grösster Zuvorkommenheit durch Martin von dem Sedaner Gouverneur beschafft wurden. Derselbe hatte sich allmählich in sein Loos gefügt, wenigstens hatte kein Wort, kein Blick seit langer Zeit von einer noch vorhandenen Neigung Zeugniss abgelegt, ja seit der Abreise seines Bruders schien er die Sorge für dessen Schicksal aufrichtig zu theilen. Die Zeit verging; in langen Zwischenräumen langten Briefe von Charles an und erleichterten den Mädchen das schmerzliche Warten, doch das ersehnte Jahr 1782 brachte ihn nicht heim. Als aber sechs Monate nach dem letzten Schreiben vergangen waren, wurde die Spannung unerträglich; jeden Tag sah man der Ankunft des Ersehnten oder doch einem Brief von ihm entgegen, und wenn die Post wieder nichts gebracht hatte, erhob sich Ninette schwermüthig von der Bank und rief: »Wieder vergebens! Nun vielleicht morgen — morgen!«

Es war im Mai. Die Freundinnen hatten zu gewohnter Stunde ihr Lieblingsplätzchen aufgesucht, und Lucie begann eben wieder alle ihre Trostgründe anbeizuholen, da sprengte ein Reiter in der Richtung von Sedan im schnellsten Trappe heran. »Es ist Martin«, rief Lucie, »er muss wichtige Botschaft für uns haben.« Ninette war in athemloser Spannung aufgesprungen und starrte den Kommenden an, der kaum der Mädchen ansichtig wurde, als er seinen Gaul parirte und herabsprang. »Ein Unglück«, keuchte er mit glühendem Gesicht, »ein entsetzliches Unglück! Der »Mercure« hat es erst jetzt erfahren, Charles ist — der Arme ist — schon im Herbst vorigen Jahres bei der Belagerung von Yorktown — gefallen!« Ein jäher Aufschrei, und wie von einem Blitzstrahl getroffen, sinkt Ninette wie leblos auf den Boden nieder.

»Grausamer, was hast Du gethan!« jammerte Lucie in ihrem zweifachen Weh. »Er ist todt und nun hast Du sie auch getödtet!« Schluchzend warf sie sich über den starren Körper und suchte ihm ein Lebenszeichen zu entlocken; Martin verzog das Gesicht in finstere Falten, doch säumte er nicht, Hand anzulegen,

und bald war Ninette auf der Bank gebettet. Todt war sie nicht,
aber die Besinnung kehrte nicht wieder. Da nahte die so oft
und so oft vergeblich erwartete Postkutsche; die Passagiere
räumten willig ihre Plätze, Martin half in finsterem Schweigen
die Unglückliche hinübertragen, dann trabte er zurück, von
Bellevue Leute herbeizuschaffen, welche Ninette von der Landstrasse heimtrugen, und eilte gleich hastig nach Sedan, einen
Arzt zu holen. Nach einer Stunde etwa war Ninette bei dem
jammernden Vater angelangt und wurde von Lucie und der alten
Magd zu Bett gebracht; jetzt trat der Arzt an das Lager, und
lange dauerte seine sorgliche Untersuchung. »Ein trauriger Fall«,
sagte er endlich, »eine Gehirnerschütterung! Für ihr Leben stehe
ich ein, nicht aber für ihren Verstand.« In diesem Augenblicke
wurde ein leiser Seufzer hörbar, und mit keuchendem Athem
stiess die Kranke abgerissen hervor: »Nicht todt — nein — nur
heute nicht gekommen! Morgen — kommt er, morgen —
morgen!« Wie ein Hauch verwehte das letzte Wort, dann ward
es still im Zimmer; Thränen glänzten in den Augen der Anwesenden, aber so gross war ihre Ergriffenheit, dass jede Klage
auf ihren Lippen erstarb.

Die Katastrophe ging aber nicht ohne körperliche Er-
schütterung vorüber, wie der Arzt geglaubt hatte, sondern hatte
ein schweres Nervenfieber zur Folge, das die beklagenswerthe
Ninette an den Rand des Grabes brachte; Monate lang rang sie
mit dem Tode. Während nun nicht blos der Vater und Lucie,
sondern alle Bewohner von Bellevue und Fresnoy mit Bangen
jede Wendung der Krankheit verfolgten und heisse Gebete zu
dem Allerbarmer im Himmel sandten, eilte Martin nach Paris,
um von dem Kriegsminister, Graf v. Vergennes, nähere Er-
kundigungen über das Schicksal seines Bruders einzuziehen.
Leider bestätigte sich die Zeitungsnachricht. Bei den glorreichen
Kämpfen von Yorktown in Virginien, die im Oktober des vergangenen Jahres 1781 mit der Einnahme der Festung und Gefangennahme eines grossen Theiles des englischen Heeres durch die
Amerikaner und Franzosen unter Washington und Rochambeau
endigten, hatte Charles von Tourville einen rühmlichen Tod gefunden. Mit der officiellen Liste der Gefallenen und der Todes-
urkunde kehrte Martin langsam und ernster, als er gegangen war,

nach Hause zurück. Während er damals, als er die erste Nachricht
erhielt, unbegreiflicherweise den Gedanken nähren konnte, dass
nun seinem eigenen Glück nichts mehr im Wege stehe, hatte
er, nachdem Ninettens Unglück ihre Treue in so trauriger Weise
bewährte, der Hoffnung Raum gegeben, dass sich am Ende doch
das Gerücht als falsch erweisen könne. Nun war auch diese
Möglichkeit dahin, und Reue, bittere Reue erfasste ihn, dass er
grämlicher und verbissener wurde wie je.

Als der Sommer seinem Ende nahte, erklärte der Arzt die
Kranke für körperlich geheilt, ihr Geist aber blieb nach wie vor
getrübt. Still und stumm wie eine Träumende ging sie umher,
war gut und folgsam wie ein Kind, nahm aber keinen Antheil
an den Vorgängen des Lebens, und gerade der Umstand, dass
sie mehr den Eindruck einer tief Schwermüthigen als Geistes-
gestörten machte, sich aber durchaus keine Aussicht auf Besse-
rung zeigte und möglich erschien, berührte ihre Umgebung so
besonders schmerzlich. Wahnvorstellungen hatte sie keine ausser
dem einen Gedanken, dass der Geliebte wiederkehren werde, das
war aber der einzige Gedanke, dem sie lebte und Worte zu leihen
vermochte. Wenn sie mit sich selbst sprach, murmelte sie stets
von der falschen Todesnachricht und der baldigen Heimkehr;
zuweilen aber rief sie zu Lucie: »Komm, wir müssen hinaus,
heute wird er kommen, ganz gewiss!« Und Lucie, die treue
Seele, welche keinen Augenblick von dem Schmerzenslager der
Freundin gewichen war, führte sie auf die Höhe von Donchéry,
wo sie sich auf der Steinbank niederliessen und still warteten, bis
die Postkutsche von Mézières nahte. Doch der Postillon hielt
keinen Brief fröhlich in die Höhe, kein Charles eilte ihr jubelnd
entgegen; er war todt und lag in der fremden Erde gebettet für
immer. War dann der Wagen vorübergefahren, so erhob sich
Ninette nach einer Weile; »lass uns gehen, Lucie«, sagte sie, »er
ist heute nicht gekommen; aber morgen — morgen!«

So ging es mondenlang an jedem Tage, an welchem die
Post vorüberfuhr, und immer dieselbe Enttäuschung, derselbe
Trost; so ging es Jahre, und Lucie erlahmte nicht in ihrem
Liebesdienste, opferte ihr eigenes Lebensglück, um der noch
ärmeren Freundin eine treue Führerin zu sein. Ueberall, wohin
die Kunde dieser ergreifenden Geschichte drang, erweckte sie die

innigste Theilnahme; den Reisenden, welche das arme Mädchen
mit ihrer Begleiterin gewahrten, wurde von den Postillonen ihr
Schicksal gedeutet, einer erzählte es dem andern, und so konnte
es nicht fehlen, dass auch die Pariser Gazetten Notiz davon
nahmen.

3. Ein Stück von Mad. Dugazon.

Wir sind im Frühling des Jahres 1785 und in dem alt-
berühmten Café de la Régence in der Pariser Rue St. Honoré
dem Palais royal gegenüber, welches das Rendez-vous der tonangebenden Gelehrten, Dichter und Musiker bildet. An all den
kleinen Tischchen, wo Kaffee oder Chocolade getrunken wird, ist
auch das Schachspiel vertreten, und mit einem Ernst werden die
Figuren gehandhabt, als ob es sich um das Wohl und Wehe der
Spieler handelte. Zwei jüngere Herren sind indessen mit dieser
Nachtischunterhaltung bereits zu Ende; der Eine in modischem
Tuchrock mit reichgestickter Schossweste ist in ein Quartblatt ver-
tieft, auf dessen Vorderseite der Titel »Mercure galant« prangt,
während der Andere in der kleidsamen Uniform der Garden
des Grafen von Artois, eine jugendfrische Gestalt, deren Gesicht
nur durch Pockennarben verunziert wird, leise vor sich hinsummt
und in ein Notizbuch kritzelt. Da legt jener sein Zeitungsblatt
hin, starrt zu seinem Genossen hinüber und sagt: »Zum Teufel,
was treiben Sie denn da, d'Alayrac? Ich glaube gar, Sie componiren selbst im Café!« Nun sieht auch der Officier auf und
meint träumerisch: »Ich suche nur eine Melodie festzuhalten, die
ich auf dem Wege von Versailles nach Paris von einem Savoyardenknaben hörte. Es war ein Lied der Sehnsucht nach der fernen
Heimath, eine Melodie, die man nicht machen kann, die dem
Herzen des Volkes entquillt, und ich schäme mich nicht zu ge-
stehen, dass ich davon bis zu Thränen gerührt wurde.«

»Na«, warf der Andere lächelnd hin, »da kann ich Ihnen
gleich die passende Opernhandlung dazu geben. Sehen Sie einmal«, und damit schob er ihm den »Mercure galant« hinüber.
»Wenn Sie das sagen, Marsollier, muss es wahr sein«, entgegnete
d'Alayrac, griff hastig nach dem Blatt und begann die bezeichnete

11

Stelle zu lesen — es war die Geschichte unserer Ninette, welche
Baculard d'Arnaud in seinen »Délassements de l'homme sensible«
erzählte. Kaum aber war er zu Ende, als er in hell aufflammen-
der Begeisterung von seinem Stuhle emporsprang. »Wahrhaftig«,
rief er, »diese unendliche, nie zu stillende und deshalb um so
rührendere Sehnsucht nach dem Geliebten, das ist der richtige
Text für meine Melodie; Sie müssen die Comödie schreiben,
Marsollier, und ich setze die Arien und Chöre dazu. Aber sogleich! Noch in diesem Jahre muss die göttliche Dugazon unsere
Wahnsinnige aus Liebe singen und darstellen.« »Nur gemach,
mein hitziger Freund«, entgegnete der Dichter. »Haben Sie denn
auch überlegt: eine Wahnsinnige als Heldin? Ist das möglich?
Bis heute hat das noch Niemand gewagt.« »Nun, so thun wir
es, einer muss überall den Anfang machen«, fuhr jener unbeirrt
fort. »Aber das ist auch nicht einmal richtig; denken Sie doch
an den wahnsinnigen König Shakespeares sammt seiner närrischen
Begleitung.« »Das ist ganz etwas Anderes; den Alten bringt der
Undank um den Verstand, hier aber ist es ein Zufall.« »Nun,
so machen wir ihn vernünftig. Es wäre doch jammerschade,
solche trefflichen Hilfsmittel unbenützt zu lassen, wie wir sie in
dieser rührenden Begebenheit und meinem Volksliede besitzen.«
»Es wäre zu überlegen«, meinte Marsollier, noch immer zögernd.
»Ei was, nur frisch zugesagt!« drängte der Andere. »Dann besprechen wir uns mit der Dugazon, und wenn sie zusagt, garan-
tire ich einen Erfolg, wie ihn die Comédie Italienne seit Jahren
nicht erlebt hat. Schlagen Sie ein!« Und die Aussicht auf Erfolg
verscheuchte den Zweifel; in wenigen Tagen waren beide Theile
schon in bester Arbeit, und in kürzester Frist wurde »Nina ou la
folle par amour«, Comédie in einem Act mit Arietten zur Welt
geboren.

Der Wagemuth der beiden Künstler erklärt sich leicht
daraus, dass sowohl Marsollier des Vivetières als Nicolas d'Alayrac
damals erst im Beginn ihrer Laufbahn standen. Als sie das Werk
vollendet hatten, machte sich der Zweifel an der Aufführbarkeit
aber um so dringender geltend, und Madame D u g a z o n, eine
der ausgezeichnetsten Künstlerinnen, welche die französische
komische Oper besessen hat, konnte nicht umhin, denselben zu
bekräftigen. Sie begeisterte sich für die Rolle der Nina wie

kaum für eine andere Aufgabe, und wenn sie das aus dem
savoyardischen Volksliede hervorgegangene Sehnsuchtslied sang,
so blieb kein Auge trocken; aber die kleine Oper ihren Collegen
zur Aufführung vorzuschlagen, erschien ihr allzu keck. Da erbarmte sich die Guimard, die berühmte Tänzerin der grossen
Oper, der drei zagenden Künstler und liess auf dem reizenden
Miniaturtheater ihres Prachthôtels an der Chaussée d'Antin Nina
im Winter 1785/6 zweimal aufführen; dann wurde das Werk auf
dem Schlosstheater des Herzogs von Coigny in Choisy gegeben
und machte auf ein Elitepublikum von fürstlichen Personen und
Künstlern einen solch tiefen Eindruck, dass die Mitglieder der
Comédie Italienne sich zur Aufführung entschlossen. Endlich am
15. Mai 1786 kündeten die Afichen das kleine Werk an, doch
befürchteten die Autoren immer noch einen Misserfolg und
wahrten deshalb zunächst ihre Anonymität.

Madame Dugazon hatte schon bei den bisherigen Triumphen
den Löwenantheil davongetragen; ihre jetzige Darstellung wurde
als schlechthin meisterhaft bezeichnet, wobei man besonders be-
tonte, dass sie ohne Modell Alles aus Divination geschöpft und
die Grenzen des Erlaubten fein innegehalten habe. »Il fallait la
voir et l'entendre«, sagt Bouilly [1]), »pour prendre une juste idée
de cette voix pénétrante, de ce délire déchirant et plein de
charmes, de cette énergie d'expression qu'elle faisait vibrer dans
tous les coeurs.« Selbst Baron Grimm, der gern tadelte, stellte
Mad. Dugazon in dieser Rolle über alle Künstlerinnen der Comédie
française, und unter diesen befanden sich die Rancourt, Contat,
Sainval; Mad. Lebrun malte sie als Nina, und die Lobreime auf
diese Darstellung füllen ein ganzes Buch! [2]) Bei der ersten Vorstellung blieb in dem dicht gefüllten Hause kein Auge trocken,
selbst ernste Männer weinten und Damen fielen in Ohnmacht;
das Sehnsuchtslied musste mehrmals wiederholt werden, und der
versöhnende Schluss weckte eine Begeisterung, welche anfänglich
durch die Freudenthränen gedämpft wurde, dann aber um so
stürmischer hervorbrach. Ninette gewinnt nämlich hier ihre Vernunft wieder, weil der Geliebte, nur verwundet und fälschlich
todt gesagt, zurückkehrt — eine Abweichung von der Wirklich-

---

[1]) Mes récapitulations, I, p. 126.
[2]) A. Pougin, Figures d'opéra comique p. 41 f.

keit, welche sich der Dichter gestatten zu müssen glaubte, wenn
er das Sujet überhaupt zur Verwendung bringen wollte. So erfüllte sich die Voraussage d'Alayracs thatsächlich; die Comédie
Italienne hatte noch selten, Mad. Dugazon noch niemals einen
ähnlichen Erfolg davongetragen, die Oper erlebte über hundert
Aufführungen und brachte den Autoren eine reiche Ernte an Gold
und Lorbeer. Adam [1]), berichtet, die pathetische Situation, das
eindrucksvolle, leidenschaftliche Spiel und die reizenden Melodien
d'Alayracs hätten einen Thränenerfolg erzielt, wie er seit dem
Déserteur nicht dagewesen sei; das Publikum aber fasste sein
Urtheil dahin zusammen: der Text ist von Marsollier, die Musik
von d'Alayrac, das Stück von Mad. Dugazon.

5. Das Theater als Heilmittel.

Die Kunde von der Oper d'Alayracs und ihrem ausser-
gewöhnlich grossen und anhaltenden Erfolg verbreitete sich bald
in die Runde. Die Gazetten sprachen von den Beifallskund-
gebungen, die Reisenden erzählten von der spannenden Handlung
und hübschen Musik, die Kunstfreunde lobten die Darstellung der
Dugazon und das Sehnsuchtslied. Auch in Fresnoy und Bellevue
konnte das nicht verborgen bleiben und verfehlte seine Wirkung
auf die Verwandten nicht; war es doch das Schicksal Ninettens,
welches auf dem Theater gegeben wurde, nur mit einem anderen,
einem glücklichen Ausgang.

Nachdem das erste peinliche Unbehagen überwunden war,
sagte Lucie eines Tages zu Herrn von Belmont: »Wir wollen
Ninette in die Comédie Italienne führen; dort wird sie sich wie
in einem Spiegel erblicken, und vielleicht kann das eine Krisis er-
zeugen, die zu ihrer Heilung führt.« Herr v. Belmont erschrack über
diesen Vorschlag nicht wenig, aber Lucie redete immer dringender auf ihn ein, so dass er endlich den Arzt befragte, welcher
den Gedanken ausführbar fand. So hielt denn wenige Tage
darauf die alte Reisekirutsche des Nachbars, bequem hergerichtet
und mit zwei kräftigen Gäulen bespannt, vor dem Schlösschen,
und willig liess sich Ninette zu der Fahrt nach Paris bewegen,

---

[1]) Souvenirs d'un musicien p. 254

nachdem ihr Lucie gesagt hatte, dass sie Charles so desto früher
würden begrüssen können. Auch in die Comédie Italienne folgte
sie ohne Widerstreben; nur fragte sie auf dem Wege dahin einmal, ob er nun auch bald kommen werde, und die gute Lucie
vertröstete sie auf das ewige »Morgen.«

Nun sass sie zwischen dem Vater und der Freundin in
einer dunklen Parterreloge und starrte verständnisslos auf die
vielen Menschen, welche das Theater füllten und sich laut und
ungezwungen unterhielten. Doch plötzlich wurde Alles still, die
Musik begann, und Ninette, von welcher die Verwandten keinen
Blick wandten, horchte sichtlich erfreut auf. Die ersten Scenen
gehen vorüber, da erwacht Nina; mit Haltung, Blick und Ge-
berden einer Wahnsinnigen redet sie von dem Geliebten, den sie
erwartet, und singt ihr Sehnsuchtsliedchen:

> Wenn der Liebste wiederkehrt,
>   Steigt der Lenz zur Erde nieder,
> All mein Flehen ist erhört,
>   Und die Blumen blühen wieder.
> Doch wie ich auch warte, mir lächelt kein Glück,
> O wehe, der Liebste kehrt nimmer zurück!
>
> Schöner tönt der Vögel Sang,
>   Tiefer dringt er zu dem Herzen,
> Lehrt sie seiner Stimme Klang
>   Liebeslust und Liebesschmerzen.
> Doch wie ich auch lausche, mir lächelt kein Glück,
> O wehe, der Liebste kehrt nimmer zurück!
>
> Echo, wie oft theiltest du
>   Meine Seufzer, meine Klagen!
> Schweige still! Er hört mir zu,
>   Will mir selbst die Antwort sagen.
> Doch wie ich auch rufe, mir lächelt kein Glück,
> O wehe, der Liebste kehrt nimmer zurück!

Da erbebt Ninette sichtlich, krampfhaft umschlingt sie den
Hals der Freundin und bricht, ihr Antlitz an deren Brust ber-
gend, in heftiges Weinen aus; dasselbe bleibt indessen unbemerkt, da auch andere Augen in diesem Augenblicke nass geworden sind. Lange verharrt sie so, dann flüstert ihr Mund
Worte, welche sie früher nie gesprochen hat; sie wiederholt den
Refrain des Liedes, und hoffnungsfreudig begegnen sich die Blicke

Luciens und des Vaters. Inzwischen entwickelt die Dugazon in ergreifender Darstellung den Wahnsinn Ninas; das Urbild ist immer noch mit dem Refrain beschäftigt, wiederholt ihn mit einem leicht summenden Ton, als ob sie sich in Schlaf lullen wollte, und schliesslich mit unverkennbarem Anklang an die Melodie, während ihre Begleiter von den Vorgängen auf der Bühne, welche die Wirklichkeit ziemlich getreu wiedergeben, nachhaltig eingenommen werden. Jetzt erscheint Germeuil, der todtgeglaubte Geliebte, und redet mit Nina, welche ihn noch nicht erkennt; sie beginnt nach Klarheit zu ringen, und diese Scene, von der Dugazon psychologisch meisterlich wiedergegeben, versetzt Alles in Spannung. Lucie ist so erschüttert, dass sie die Freundin auf Augenblicke ausser Acht lässt; da kehrt Nina die Vernunft wieder, und als sie mit einem Jubelruf dem wieder erkannten Geliebten in die Arme sinkt, ertönt als Echo ein herzzerreissender Aufschrei, der Darsteller wie Publikum erbeben macht, und hochaufgerichtet ruft ein junges Mädchen mit den verzerrten Zügen einer Wahnsinnigen aus einer Parterreloge: »Charles, komme zu mir!«, um ohnmächtig zusammenzusinken. Das ganze Haus geräth in unbeschreiblichen Aufruhr, und mit Blitzesschnelle verbreitet sich die Kunde, dass das Urbild der Nina, die arme Wahnsinnige aus dem Schlösschen bei Sedan, zugegen ist. Rasch wird sie in einen Wagen verbracht und erholt sich allmälig unter der sorgsamen Pflege.

Eine besondere Wirkung brachte das gewagte Heilverfahren nicht hervor, weder im Guten noch glücklicherweise im Schlimmen; nach wie vor zog Ninette auf die Höhe von Donchéry, und die einzige Aenderung gegen früher bestand darin, dass sie Worte und Töne des Liedes nachzusummen versuchte, worin sie Lucie unterstützte. Als nach wenig Jahren die Revolution die stille Gegend an der Maas überfluthete, wurde das Gut des Herrn von Tourville in Asche gelegt, doch das Schlösschen Bellevue blieb verschont; die Edelleute wurden ins Gefängniss geschleppt oder flohen über die Grenze, nur die arme Wahnsinnige und ihr kranker Vater blieben unberührt, und als ob Frankreich im tiefsten Frieden lebe, setzte Ninette mit ihrer treuen Pflegerin ihre Spaziergänge fort. Als aber Bonaparte die Revolutionshydra besiegte und eine neue Generation heranwuchs,

folgte der arme Vater und die gute Lucie den Tourvilles ins
Grab; Ninette wanderte allein auf die Höhe, immer langsamer,
doch immer gleich hoffnungsfroh, bis endlich das ersehnte
»Morgen« anbrach, wenn auch nicht auf dieser Erde. An einem
schönen Frühlingstage fand man sie, ein altes Mütterchen, auf
der Steinbank eingeschlafen; man bestattete sie auf dem kleinen
Friedhof von Fresnoy zur Ruhe und errichtete zu ihrem Andenken ein Steinkreuz auf der Höhe, das heute wohl ebenso zer-
fallen ist wie das Andenken an die arme Wahnsinnige von
Bellevue.

6. Die Schicksale des Liedes.

Schon im ersten Jahre nach der Geburt der Nina componirte ein weit bedeutenderer Musiker als d'Alayrac, Giovanno
P a i s i e l l o seine Nina, »la Pazza per amore«, die im Mai 1787
in Caserta und Neapel ihre ersten Aufführungen erlebte. Der Text
war von L o r e n z i nach Marsollier hergestellt, während in Deutschland Graf S p a u r das französische Original für die Composition
Ign. v. B e e c k e's zustutzte (1790). Ueber all diese Werke trug
Paisiellos Nina den entschiedenen Sieg davon; sie wurde von
den Italienern in Paris und in Deutschland von den einheimischen
Sängern längere Zeit mit Beifall gegeben, wobei wiederum die
Besetzung der Titelrolle ausschlaggebend wirkte. Bei uns hat
sich keine Künstlerin grösseren Ruhm damit erworben als
F r i e d e r i k e U n z e l m a n n, bei welcher beinahe alle die Lob-
sprüche wiederholt wurden, welche man der Dugazon gewidmet
hatte.

Uebrigens hatte Paisiello das Sehnsuchtslied d'Alayracs beibehalten, das er unmöglich übertreffen zu können erklärte; ein
aus dem Innersten geborener Seufzer, der in künstlerische Form
gebracht ist, hat das Lied auch in dieser neuen Umgebung
seine einfach rührende Wirkung ausgeübt. Es wurde von der
empfindsamen Jugend übernommen und konnte noch ein Jahr-
zehnt lang als Volkslied gelten, hat auch als »chef d'oeuvre de
sentiment« die Romanzensänger so nachhaltig beeinflusst, dass
man eine ganze Reihe von Anklängen nachzuweisen vermag. Am
Ende brachte G a r d e l die Geschichte der armen Ninette als Ballet

auf die Bühne — es ist ja immer »am Ende«, wenn Thalia einen
Stoff an Terpsichore abgibt. Während aber Mademoiselle B i g o t-
t i n i den Text so ausdrucksvoll, als es ihre Kunst gestattete,
wiedergab, spielte das Orchester die Melodie des Sehnsuchtsliedes;
auch das zweite Lieblingsstück aus d'Alayracs Oper, ein kleines
pastorales Solo für die Hautbois, »Musette«, betitelt, wurde beibehalten.

Später ist der Stoff nochmals 1835 in Italien als Libretto
verwandt worden, doch hat die zweiaktige Oper von Pietro Ant.
C o p p o l a »Nina, pazza per amore«, Text von Ferretti, welche
ihre Première in Rom erlebte, keine Bedeutung erlangt. M e y e r-
b e e r's Dinorah (Le pardon de Ploërmel), Text von Jul. Barbier
und Mich. Carré, kann zwar nicht als direkter Abkömmling der
Ninette figuriren, doch ist das Motiv, dass die Heldin wahnsinnig
wird, weil sie sich von dem Geliebten verlassen glaubt, unserer
Geschichte oder vielmehr dem Stück Marsolliers entnommen. Zum
ersten Mal am 4. April 1859 in Paris aufgeführt, hat die Oper
sich bis in unsere Tage wirksam erhalten; ausserdem aber ist das
Ninamotiv, soviel ich weiss, weder im Liede noch in Drama und
Oper mehr verwandt oder benutzt worden, und auch d'Alayracs
Sehnsuchtsromanze ist heute gänzlich verschwunden.

X.
Ein Lied als Lebensretter.

(»Quand on est mort, c'est pour longtemps«. Trinklied von Désaugiers.)

— ••••• —

1. Auf der Insel Haytl, 1790.

Je mehr die französischen Revolutionshelden daran gingen, alles Hergebrachte gewaltsam zu vernichten, um so mehr griff auch die Auswanderung der höheren Gesellschaftsklassen um sich. Aber nicht allein Mitglieder der königlichen Familie, des Hofes und Adels suchten sich jenseits der Grenzen zu retten, sondern auch Leuten aus dem Bürgerstand wurde es zu schwül in Paris, und manches Schiff, das nach England oder den Kolonien segelte, barg solche abgesagte Feinde des revolutionären Treibens. Ein grosser Dreimaster, der gegen Ende des Jahres 1790 die Seestadt Brest verliess, um nach Domingo und Hayti zu segeln, war fast gänzlich mit Emigranten besetzt, und darunter befand sich auch ein junger Mann von noch nicht zwanzig Jahren, der anscheinend an hübschen Mädchen und lustigen Gesellen grösseren Gefallen fand als an lärmenden Sansculotten und finstern Jacobinern.

In einer musikalischen Familie 1772 zu Fréjus an der schönen Riviera geboren, war Marc-Antoine Désaugiers, etwa sechszehn Jahr alt, zu seinem Onkel und Pathen, einem berühmten Operncomponisten, nach Paris gewandert und hatte sich daselbst vorerst auch recht gut gefallen. Er spielte die Geige und sang mit frischer Stimme, gutem Ausdruck und bestem Humor Trink- und Liebeslieder, versuchte sich auch selbst als Dichter und Componist in diesem Genre. Die schöne Literatur Frankreichs zog ihn deshalb ungleich mehr an als die alten Kirchenväter, und

die Kunst des Oheims schien ihm begehrenswerther als das theo-
logische Studium, zu dem ihn der Vater bestimmt hatte. Als
jener freilich mit glühendem Eifer seine musikalischen Talente in
den Dienst der Revolution stellte und unter Anderm in der
Notredamekirche die Erstürmung der Bastille als Oratorium auf-
führte, trennte er sich von ihm und beschloss, Verwandte auf
der sonnigen Insel Hayti aufzusuchen, um weiter seine lustigen
Liedchen reimen und singen zu können.

Schon auf dem Schiffe brachte er seine Talente zur Geltung
und verkürzte Kapitän und Passagieren die lange Ueberfahrt in
angenehmster Weise. So entstand eine ganze Anzahl von über-
müthigen Chansons, die der Autor mit solcher Wirkung vorzu-
tragen verstand, dass die Zuhörer in laute Fröhlichkeit, oft sogar
in unbändigste Ausgelassenheit versetzt wurden. Endlich landete
der Dreimaster im Hafen von Cap français, der zweiten Hauptstadt Haytis, und die Gesellschaft ging auseinander. Wohl fand
Désaugiers hier seine Verwandten, nicht aber die Ruhe und
Heiterkeit, welche er suchte, denn auf der Insel gährte es nicht
minder wie im Mutterlande. Die Bewohner theilten sich damals
in vier scharf getrennte Klassen. Obenan standen die »grands
blancs«, die reichen Pflanzer, welche meist der französischen
Aristokratie entstammten oder wenigstens mit ihr verschwägert
waren; dann kamen die »petits blancs«, welche bis etwa 20 Sclaven
hielten, und endlich die eingeborenen freien Mischlinge, die
Mulatten, und die aus Afrika eingeführten Negersclaven. Diese
dritte und vierte Klasse bildete den weitaus grössten Theil der
Bevölkerung, während die grossen und kleinen Weissen die Gewalt besassen und Gesetz und Recht für sich hatten; da sie aber
den Bogen allzu stark spannten, konnte es nicht fehlen, dass
jene mit den Revolutionsideen des Mutterlandes sympathisirten, und
Hass und Bedrückung sich bald unversöhnlich gegenüberstanden.

Herr Désaugiers, der Oheim unseres gleichnamigen Chansonniers, gehörte zu den kleinen Weissen. Anfänglich war er
Vogt auf einer grossen Plantage gewesen, hatte aber die Peitsche
so wirksam zu handhaben verstanden, dass er einen Zehntel Ge-
winnantheil erhielt; später kaufte er sich eine Kaffeeplantage
sammt den nöthigen Sklaven und hielt sich nun selbst einen
Vogt, der die Neger womöglich noch unmenschlicher behandelte

wie er in früheren Zeiten. Von einer Mulattin hatte er zwei
Mädchen, sehr hübsche Kinder mit Augen wie glühende Kohlen
und rothen schwellenden Lippen; Cora war etwa sechszehn,
Colomba fünfzehn Jahre alt, beide besassen aber alle Alluren
und Ansprüche erwachsener Damen und noch dazu lebenslustiger
und leidenschaftlicher Damen. Solche Cousinen schienen dem
jungen Désaugiers eine angenehme Gesellschaft, und auch den
Mädchen gefiel der schmucke und fröhliche Parisien gar nicht
übel. Da der Vater bequem und ruheliebend war, den Neffen
aber von vornherein als künftigen Schwiegersohn betrachtete, verkehrten die jungen Leute sehr ungezwungen mit einander, und
so kam, was kommen musste: die Schwestern liebten den Cousin
beide, und dieser blieb im Zweifel, welcher er den Vorzug geben
sollte. In ernsten Momenten meinte er, mit der Zeit werde sich
die Sache schon klären, vorläufig aber machte er beiden den Hof
und besang ihre Reize in allen Versmassen und Tonarten. Und
die Mädchen liessen sich das ohne jede Anwandlung von Eifersucht gefallen, denn solch eine mehrköpfige Liebe war unter
diesem Himmel durchaus nichts Fremdartiges; dass aber eine andere
Sitte der Insel der Tändelei ein Ende mit Schrecken bereiten
sollte, hätte wohl keiner der Betheiligten ahnen können.

Das Wohnhaus des Oheims lag vor der Stadt Cap français
mitten in herrlichen Gärten auf einer Anhöhe, die auf den belebten Hafen, das weite Meer und die grünen Berge im Westen
einen zauberischen Ausblick gewährte; die Plantage dagegen, auf
welcher ein Franzose Namens Lambert mit unumschränkter Vollmacht gebot, war etwa eine Stunde weiter ins Land hinein. Fast drei
Monate befand sich Désaugiers bei seinen Verwandten, ohne Cap
Français verlassen zu haben; der Aufenthalt an der Seite seiner
feurigen Schönen war zu verlockend, als dass er sich nach einer
schattenlosen Kaffeeplantage und stumpfsinnigen Negern gesehnt
hätte. Jetzt aber mussten sich die Damen zu einem Besuch der
Besitzung rüsten, und in der Aussicht auf einen fröhlichen Ritt und
neue Pikanterien war der Geliebte selbstverständlich von der Partie.

Wenn der Alte wohl und gut aufgelegt war, ritt er selbst
hinaus, seinen Vogt zu controliren; wenn nicht, fuhr er zu Wagen
oder liess sich von seinen Haussclaven hintragen oder aber er
sandte seine Töchter, die ihn, von Jugend auf mit allen Vor-

kommnissen vertraut, energisch und erfolgreich zu vertreten
wussten. Heute wollte sich nun Herr Lambert, der in dem Neffen
schon seinen künftigen Herrn sah, im günstigsten Lichte zeigen
und liess zur Begrüssung sofort die Peitsche über die Rücken der
armen Schwarzen sausen. Die Mädchen lachten zu dem Weh-
geschrei, indess dem guten Désaugiers das Blut zu erstarren begann; es sollte aber noch besser kommen, denn seine liebsten
Strafarten musste der pflichteifrige Vogt doch auch noch vor-
führen. Bald hatte er in einem riesigen Neger mit Namen Morro,
der sich vor ihm nicht tief genug gebückt hatte, das passende
Object gefunden; er führte ihn an einen hohen Pfahl und hiess
ihn, sich auf den Zehen hoch emporrecken. Die Mädchen zogen
den Cousin hastig herbei, als ob es ein lustiges Schauspiel gelte,
und nun nahm Lambert Hammer und Nägel hervor und heftete
den Neger mit dem Ohre an den Pfosten. Derselbe liess einen
unterdrückten Schrei hören, mehr Zeichen der Wuth als des
Schmerzes, und streifte Peiniger und Zuschauer mit einem tödtlichen Blicke; dann verharrte er regungslos wie ein Säulen-
heiliger, der mit übermenschlicher Kraft jeden Anflug menschlicher
Empfindung erstickt.

Désaugiers war todtenbleich geworden und wollte schon los-
stürzen, um den Unglücklichen aus seiner Lage zu befreien, als
Cora ihn mit zornigen Blicken zurückhielt. »Was willst du? Er
hat nur, was er verdient. Du kennst diese Schufte nicht; mit
europäischer Sentimentalität ist hier nichts zu machen.« Diese
Worte trafen ihn womöglich noch empfindlicher als die unmensch-
liche That des Vogtes; zu einer Erwiderung fand er indess keine
Zeit, denn schon zeigte sich ihm ein neues, noch schrecklicheres
Schauspiel. Ein alter, weisshaariger Neger hatte sich mit ge-
krümmtem Rücken dem Vogte mühsam genähert und stöhnte mit
nassen Augen und erhobenen Händen: »Krank sein, Mossie, sehr
krank sein, Mossie!« Statt einer Antwort fielen die Peitschenhiebe
so hageldicht hernieder, dass der alte Mann zu Boden stürzte,
und eher gönnte sich der Henker keine Ruhe, als bis auch die
letzten Seufzer verstummten — der Arme von seiner Krankheit
für immer genesen war.

Désaugiers floh, als ob der Vogt mit seiner Peitsche hinter
ihm drein wäre, und als die Mädchen ihn endlich einholten, suchte

ihn Colomba mit aller ihr zu Gebote stehenden Sanftmuth zu beruhigen. »Ich begreife dich nicht, Cousin«, meinte sie. »Ein Neger darf nicht krank sein, ein Neger ist doch kein Mensch.« »Aber der Elende hat ja den alten Mann todtgeschlagen!« rief Désaugiers, der seiner Aufregung nicht Herr werden konnte. »Die Küste von Afrika« antwortete Cora lachend, »ist eine gute Mutter, sie wird den faulen Alten durch einen kräftigen Sohn ersetzen.« Désaugiers schauderte; nur verstohlen warf er einen Blick auf diese Teufelinnen, die er als Engel besungen hatte.

Auf dem Heimweg blieb er sehr still, und als er sich von seinen Begleiterinnen verabschiedete, war er nicht mehr im Unklaren, welcher von Beiden er die Palme reichen sollte: von seiner Doppelliebe war er auf einmal geheilt.

---

2. Ein Abend bei den Schwarzen.

Am andern Tag musste Désaugiers eine sehr ernste Belehrung seines Oheims vernehmen, welche mit dem Rathe schloss, die Plantage recht oft zu besuchen, um sich mit den Sitten und Gewohnheiten in Behandlung der Schwarzen bekannt zu machen. Er versprach, sein Studium sofort zu beginnen und traf auch richtig nach Sonnenuntergang, als die Glocken der zahlreichen Plantagen die Ruhestunde läuteten, bei Herrn Lambert ein. Derselbe empfing ihn mit kriechender Unterthänigkeit und bot ihm seine Dienste bei der Besichtigung der Anlagen an; er lehnte indess höflich ab und ging allein vorwärts, bis er unter gewaltigen Palmen den Schuppen erreichte, welcher den Negern als Lagerstätte diente. Sonst überliessen sich dieselben in dieser einzigen freien Stunde wie unzurechnungsfähige Kinder der Freude, tanzten und sangen ihre einförmigen Lieder; heute lagerten und kauerten sie stumm und unbeweglich auf dem Boden, vielleicht aus Trauer über den Tod ihres alten Leidensgefährten. Désaugiers hatte Morro sofort herausgefunden und sprach ihn an, doch ohne Erfolg. Erst als er ein Büchschen hervorzog und das stark geschwollene Ohr einzureiben begann, wandte er sich und starrte ihn an, als ob er etwas Übernatürliches erführe, aber über Absicht und Wirkung noch im Zweifel sei. Nach kurzer Frist zeigte die Salbe ihre

lindernde Kraft, Morro zögerte immer noch; endlich flüsterte er
in gutem Französisch »Danke, danke Herr«, während Andere
herbeikrochen, die unbegreifliche Scene in der Nähe zu verfolgen.
Désaugiers drückte dem Verwundeten das Büchschen in die Hand
und bedeutete ihm, fleissig davon Gebrauch zu machen; mit einem
grimmigen Blick nach der Wohnung des Vogtes fletschte er die
Zähne, nickte aber dem Geber mit seinem wolligen Kopf hastig
zu und liess die Gabe schnell im Gürtel verschwinden. Nun
gaben auch die Andern Töne der Befriedigung von sich, Einzelne
kamen sogar heran und suchten, da sie sich wohl nicht an der
Hand des Weissen zu vergreifen wagten, wenigstens seine Rock-
schösse zu erfassen.

Das Eis war gebrochen, und die Freude, welche Désaugiers
darüber empfand, weckte mit aller Macht seine übermüthige
Lebenslust. In der Nähe erblickte er neben einem am Boden
kauernden Schwarzen ein Ding, das ihm wie ein Instrument erschien; zwei mittellange Holzstäbe verschiedener Dicke waren auf
einem hohlen Kasten befestigt, und zwei Klöppel lagen daneben.
Rasch eilte er herzu, kauerte sich wie sein Nachbar auf den Boden
und begann mit den Klöppeln die Holzstäbe zu bearbeiten. Sie
gaben Töne in deutlich vernehmbaren Intervallen von sich, und
dieselben als Bestandtheile zweier Accorde behandelnd, stimmte er
eins seiner einfachen lustigen Lieder an, das schon auf der Ueberfahrt seine erheiternde Wirkung erprobt hatte. Er begann mit
dem Refrain:

> »Ist man todt, so ist's für lang« —
> Nehmt dies weise Sprichwort
> Zum Stichwort.
> Folgt getrost des Herzens Drang,
> Nutzt die Zeit,
> Spottet der Vergänglichkeit.

Das wirkte wie ein Wunder, besonders als der gewandte
Poet für seinen schwarzen Zuhörer besondere Verse improvisirte.
Sie vergassen Kummer und Traurigkeit, versuchten mitzusingen,
tanzten, als dies nicht gelang, und begleiteten jedes Wort, jeden
Satz, den sie verstanden, mit hellem Jauchzen. Zuletzt wurde
es ein wahrer Hexensabbath; der am lustigsten lachte, war Désaugiers, wer aber gar nicht lachte, Morro, der ganz in der Ferne
stand und mit finsteren Blicken das Treiben seiner Genossen ver-

folgte. Da tönte die Glocke zum zweiten Male, der Moment der
Einsperrung nahte, und als ob der entsetzliche Vogt schon hinter
ihnen wäre, schob die schwarze Horde nach dem Stalle — wie
ein höllischer Spuk war Alles mit einem Schlage verschwunden.

Am Ausgange der Plantage stiess Désaugiers auf den Vogt,
der nur mit Mühe seinen Grimm verbergen konnte. »Was Sie
gethan haben«, sprach er diesmal wenig unterwürfig, »ist eine
Sünde an Ihrem Herrn Onkel«. »Na«, entgegnete der sorglose
Lebemann, »wir wollen sehen, wer es weiter bringt, Sie mit Ihrer
Peitsche oder ich mit meinen Liedern. Morgen will ich meine
Geige mitbringen — gute Nacht!« »Dass dich der Satan hole mitsammt deiner Geige!« knirschte der Vogt. »Der könnte die
Schufte rebellisch machen; doch wir wollen ihm das Handwerk
ein wenig legen.« Damit machte er Kehrt und liess die Blut-
hunde los, welche die »Schufte« in ihrem Kerker zu bewachen
hatten.

----

3. Wohlthun trägt Zinsen.

Herr Lambert nahm sich vor, am andern Tag in aller Frühe
seinem Gebieter von des Neffen thörichten Streichen Meldung zu
thun; als er aber aufstand, musste er die noch schrecklichere Entdeckung machen, dass seine Meute erschlagen und Morro mit den
drei kräftigsten Negern entflohen war. Der Kampf mit den
Bestien musste furchtbar gewesen sein, denn in ihren Zähnen
fanden sich noch Stücke von dem Fleisch der Angreifer, von
denen selber indess keine Spur zu entdecken war.

Ehe der Vogt noch seine Hiobspost zu verkünden vermochte, wurde er aber über deren Tragweite durch seinen Herrn
aufgeklärt, der ihm ganz gegen seine Gewohnheit in lebhaftester
Aufregung entgegeneilte. »Revolte, Lambert!« schrie er, »Die
schwarzen Hunde empören sich! Chabauds Haus und Gehöfte
haben sie in Brand gesteckt, bei Grillon sind über zweihundert
entflohen, und bei Lagoscette ist der Vogt erschlagen! Aber sie
kriegen ihre Strafe, heute noch sollen die Rüdelsführer geschunden
und gerädert werden!«

Nachdem die Mädchen ihrerseits Drohungen und Verwünschungen gegen die schurkischen Aufrührer hinzugefügt hatten,

kam der Vogt endlich zu Wort und gab dem Farmer Veranlassung zu neuen Zorn- und Wuthausbrüchen. Désaugiers sass da,
ohne zu wissen, was er denken und sagen sollte, doch hatte er Zeit,
sich zurecht zu finden, denn man achtete seiner nicht weiter.
Der Alte schickte sich an, in die Stadt zu fahren, wo eine Versammlung der Plantagenbesitzer tagen und zugleich die Execution
an den Sclaven Lagoscettes vor sich gehen sollte, und entliess den
Vogt mit der strikten Weisung, die Neger eingeschlossen zu halten
und nöthigenfalls wie die Hunde niederzuschiessen. Die Damen
durften natürlich bei dem blutigen Schauspiel nicht fehlen und
warfen sich eilends in ihren Putz, Désaugiers dagegen, der aus
Paris der Greuel halber geflohen war, schlich sich davon, um
hier nicht weit Entsetzlicheres zu schauen.

Die Ereignisse nahmen einen raschen Verlauf, aber in einer
anderen Richtung, als die grossen und kleinen Weissen sich
dachten. In einem Walde, die rothe Morne genannt, sammelten
sich die massenhaft ihren Peinigern entlaufenen Neger, und
Loukman, ihr energischer und begabter Führer, forderte sie in
einer begeisterten Ansprache, sogar in poetischer Form auf, sich
die Freiheit zu erringen und an ihren Bedrückern zu rächen.
So loderten allnächtlich Plantagen auf, und als der Haufe nach
Tausenden zählte, ging er zum offenen Kampfe vor; in einer Nacht
umzog ein mächtiger Feuerkranz die Stadt Cap français, sämmt-
liche Plantagen wurden in Asche gelegt, und unter unsäglichen
Greueln alle Weissen, Männer und Frauen, Mädchen und Kinder
von den wüthenden Negern hingeschlachtet.

Auch an dem Hause Désaugiers sollte sich das Schicksal
erfüllen, obwohl die Nähe der Stadt die Rebellen bislang noch
zurückgehalten hatte. Die Plantage war verloren, aber um die
persönliche Sicherheit schien dem Alten noch nicht bange, zumal
wenn er sich in die Stadt selber begab. In der Nacht sollte die
Uebersiedlung stattfinden; da drang plötzlich ein heulender Haufen
in das Haus, erschlug die weissen Diener und schleppte Vater, Töchter
und Neffen mit sich fort, um sie einem grausameren Tode zu über-
liefern. Der Jammer der Mädchen verhallte in dem Wuthgeschrei
der schwarzen Bande, die ihre Opfer marterte und höhnte; dann
ging es unter dem Widerschein des brennenden Gebäudes über
die Höhe nach einem offenen Platz, wo der Haupttrupp der Re-

bellen sich um geraubte Füsser mit Rum und Wein gelagert
hatte und nach grausen Freveln zu neuen Greuelthaten durch den
berauschenden Trank stärkte. Die Mitglieder der Familie waren
bald von einander getrennt, und Désaugiers empfand es als eine
Erleichterung, nicht Zeuge des Endes seiner Verwandten sein zu
müssen; an einen Baum gebunden, hatte er sich in sein Schicksal
ergeben und fand sogar seinen Humor wieder, als er das Trinkgelage der Schwarzen in seinen Einzelheiten verfolgen konnte.
In improvisirten Reimen empfahl er seine Seele der Fürsprache
der alten lustigen Chansonniers seiner schönen Heimath und bat
Dadé, Panard und Collé, ihm ein kleines Fleckchen in den ely-
säischen Gefilden zu reserviren, wo er singen könne, wenn am Ende
auch nur in vorgeschriebenen Grenzen, und trinken, wäre es auch
lediglich Lethe. Dann stimmte er aus voller Brust frisch und fröhlich
den Refrain seines Trinkliedes an und sang diesmal sich selber zum
Troste:

> »Ist man todt, so ist's für lang« —
> Nehmt dies weise Sprichwort
> Zum Stichwort.
> Folgt getrost des Herzens Drang,
> Nutzt die Zeit,
> Spottet der Vergänglichkeit.

Die Schwarzen stutzten, ein so lustig klingender Sang
schien ihnen im Munde eines Todescandidaten unbegreiflich;
Désaugiers liess sich aber sogar dadurch nicht stören, dass eine
Reihe der Aufrührer Schusswaffen zur Hand nahmen, sondern ging
seelenvergnügt zu den eigentlichen Strophen über, in denen es heisst:

Trauern und Leiden	Hebt sich der Sonne
Liege euch fernst,	Purpurner Strahl,
Tiefsinn und Ernst	Sehnender Qual
Müsst ihr vermeiden.	Nahe die Wonne!
Wer Jugendtagen	Singt, wenn der Morgen
Lust abgewann,	Lustig erwacht,
Braucht nicht zu klagen,	Singt, wenn in Sorgen
Kommt dann das Alter an.	Hinsinkt die müde Nacht.
Würden die Thoren	Fröhliche Töne
Wieder geboren,	Leih die Camöne;
Welche verloren	Schallend erdröhne
Durch Jammer sonder Massen	Das Lied durch Stadt und Haine!
So Glück wie Stern:	Und steigt empor
Sie zögen gern	Des Geistes Flor
Der Freude Strassen	Vom Schäumeweine,
Und blieben dem Kummer fern.	So singet im vollen Chör:
»Ist man todt, so ist's für lang« etc.	»Ist man todt, so ist's für lang« etc.

Sorgen und Mühen
Lassen mir Ruh.
Sagt doch, wozu?
Nur dass mir blühen
Feindliche Tücken,
Neidischer Drang,
Das zu zerpflücken,
Was mir mein Fleiss errang?
Spätere Weisen,
Ob sie mich preisen
Oder verreissen,
Das macht mir keine Schmerzen;
Denn frischbereit
Die Lebenszeit
Verbracht in Scherzen,
Ist mehr wie Unsterblichkeit.
»Ist man todt, so ist's für lang« etc.

Lachen und Kosen
Sei unser Theil:
Nirgends ist Heil
Sonst zu erlosen.
Nörgelnde Richter,
Stört nicht mein Glück,
Ränkvoll Gelichter,
Zieh deine Hand zurück!
Sucht Edellinge
Euch vor die Klinge,
Bin zu geringe.
Und hätte Kümmernissen
Ich mich geweiht,
Gelegenheit,
Um euch zu missen,
Die gäbe es weit und breit.
»Ist man todt, so ist's für lang« etc.

Herrlichstes Streben,
Seht, es erliegt;
Moira bekriegt
Wahllos das Leben.
Fürsten selbst quält
Täglich die Noth,
Keinen verfehlet
Endlich der grimme Tod.

Kann ich an Schätzen
Mich nicht ergetzen,
Köstlicher letzen
Der Wein mich und die Minne.
Die machen Muth
Und frohes Blut,
Dass mir zu Sinne,
Als trüg ich des Kaisers Hut.
»Ist man todt, so ist's für lang« etc.

Wenn in Gewittern,
Sturm und Gebraus,
Tosen und Graus,
Berge erzittern,
Töne der Becher
Fröhlicher Schall!
Lärmende Zecher
Zwingen den Donnerhall.
Flieget, ihr Propfen!
Perlet, ihr Tropfen!
Leeret die Schopfen!
Dem Rausch muss alles weichen;
Der Wangen Gluth,
Des Auges Wuth
Macht Blitze bleichen.
Ein Gott ist dem Zecher gut!
»Ist man todt, so ist's für lang« etc.

Ist dann zu Ende
Fest und Genuss,
Wonnigen Kuss
Liebchen euch spende.
Krieg den Grisetten,
Eifersucht, flieh!
Krieg den Koketten,
Ehemann, zieh!
Nehmt aus dem Lädchen
Amors euch. Mädchen
Zwanzig ans Fädchen.
Lasst frei die Liebe werben!
Ob Sausewind,
Ob fromm gesinnt,
Der Mensch muss sterben —
Drum fröhlich und frisch geminnt!
»Ist man todt, so ist's für lang« etc.

Inzwischen war Loukman herangekommen, schien aber von dem Treiben seiner Genossen wenig erbaut zu sein; auch Morro's

Vortrag fand offenbar seinen Beifall nicht, denn er schüttelte ver-
schiedentlich den Kopf und zuckte die Achseln. Als Beide einige
Schritte auf den Gefangenen zugingen, dem eben die Binde über
die Augen gelegt wurde, grüsste dieser höflich, und liess — war
es Gewohnheit oder Galgenhumor — ein Freimaurerzeichen ein-
fliessen. Merkwürdigerweise erwiderte Loukman dasselbe und gab
Morro heimliche Weisungen, worauf dieser auf die Gefährten zueilte und ihnen zurief: »Wartet ein wenig! Er hat mir und den
Meinigen durch seinen Gesang Leid in Freude verkehrt: lasst
ihn erst seine Kunst zeigen, dann mag er seinen Brüdern in
ihren Himmel nachfolgen.« »Jawohl, er soll singen«, schrieen die
Schwarzen in · wildem Jubel durch einander und banden den
Weissen von seinem Marterpfahle los. »Morro!« rief derselbe; der
aber war schon bei den Tonnen und füllte seinen Brüdern die
Geschirre, dann brachte er auch Désaugiers einen Trunk und
flüsterte ihm zu: »Singe, singe — so lustig Du kannst!«

Hoch seinen Krug emporhaltend, fuhr der zu einem späteren
Tode Begnadigte in seinem Gesange fort, stimmte ein noch lustigeres
Liedlein an und auf Verlangen ein weiteres; die Schwarzen aber
tranken und erlustirten sich zusehends, versuchten heulend mit-
zuthun und umtanzten schliesslich den Sänger, bis einer nach dem
andern sinnlos zu Boden sank. Dazu liehen die brennenden Gehöfte ringsum ihren feurigen Schein, von ferne hallte das Knattern
der Gewehre, das Jammergeschrei der niedergestreckten Opfer,
das Jubelgeheul der rachgierigen Meuterer — wenn die Scene
nicht historisch wahr und verbürgt wäre, man würde es kaum für
möglich halten, dass der junge Chansonnier an diesem Orte Muth
und Stimmung fand, seine ausgelassensten Weisen zum Besten
zu geben.

Glücklicherweise ermattete er erst, als die Zecher unfähig
geworden waren, die Pause zu bemerken; da fasste ihn eine
kräftige Faust und zog ihn fort. Nun ging es durch dichtes
Gebüsch, so rasch er konnte, dann abwärts dem Meere zu. Obwohl Gewitterwolken den Himmel bedeckten, konnte man doch
mehrere grosse Segelschiffe in einiger Entfernung vor Anker sehen;
die ausgebrochene Gährung hatte sie offenbar am Einlaufen ver-
hindert. Schweigsam wie bisher, zog Morro einen Kahn an ver-
steckter Stelle hervor und führte seinen Schützling mit kräftigen

Ruderschlägen dem nächsten Schiffe zu, von wo demselben auf
seinen Alarmruf eine Strickleiter zugeworfen wurde. Kaum dass
er die erste Sprosse betrat, glitt der Nachen auch schon unter
ihm hinweg: nicht einmal ein Wort des Dankes wollte der brave
Neger hören, der Frankreich einen seiner liebenswürdigsten Lieder-
dichter und besten Menschen rettete[1]).

4. Der Vorläufer Béranger's.

Désaugiers kehrte, wenn auch erst nach Jahren und auf
Umwegen — eine Zeit lang fristete er in Philadelphia als Musik-
lehrer sein Leben — nach der Heimath zurück. Da er in dem schwer
heimgesuchten Lande weder mit der Musik noch mit der Poesie sein
Brot verdienen konnte, auch die Theater damals den Autoren nur
spärliche Einkünfte gewährten, so wurde er gelegentlich Schauspieler, was nicht nur seinen Talenten, sondern auch seiner heiteren
Lebensauffassung durchaus zusagte. Namentlich war er ein unüber-
trefflicher Coupletsänger, der nicht blos mit musikalischer Sicherheit Verve verband, sondern sehr fein pointirte und im Nothfall
das zu gesteigerter Wirkung Fehlende aus eigenen Mitteln ergänzte.
So improvisirte er einmal in Avignon, als man da capo rief, vier,
fünf Strophen unter grenzenlosem Jubel des Publikums; hätte
man es gewünscht, wäre er aber auch wohl im Stande gewesen,
den ganzen Abend fortzufahren. Ein Jahr später zog er mit
seinen Kameraden von Marseille nach Paris, und trotzdem sie
aus Mangel an schnödem Mammon meist zu Fuss gehen mussten,
auch der Proviant oft genug ausging, war es doch eine lustige
Fahrt; erst nicht weit vom Ziele ging ihnen mit der letzten Kraft
auch der Muth verloren, und die noch eben aus ihrem Elend Stoff
zu den ausgelassensten Spässen gezogen hatten, glaubten — und
wünschten — jetzt, demselben zum Opfer zu fallen. Da ergriff
Désaugiers, der Unverwüstliche, seine Geige und begann eins seiner
Lieder, bis Alles Hunger und Ermüdung vergass; dann intonirte
er eine Quadrille und, wie der Rattenfänger von Hameln seine

---

[1]) Vergl. Désaugiers, Vorrede zu dem ersten Bande seiner Chansons und
Bouilly, mes récapitulations III. p. 367.

Kinder, führte er geigend und tanzend seine Collegen in die Thore der Hauptstadt.

Von jetzt an (1806) widmete er sich vollständig der Literatur. Er schrieb allein und im Verein mit Andern im Laufe der Jahre über hundert Komödien, komische Opern, Parodien und Vaudevilles mit heiteren und witzigen Couplets, zu denen er meist selbst die Musik setzte. So leicht diese Produkte waren, haben sie doch alle Wirkung gemacht, so dass seine Theatercarrière eine fortgesetzte Kette von Erfolgen bildete; sein eigentliches Gebiet blieb aber das Chanson, in welchem er alle Vorgänger überflügelte und eine neue Periode begann. Wie Lafontaine der geborne Erzähler, war er der geborne Chansonnier, sagt Du Mersan; von Collé hatte er den Esprit, von Vadé den Frohsinn, von Panard den Witz geerbt, und in allen seinen Genres, den Tafel-, Schalks- und Trinkliedern wie den satirischen Weisen entfaltete er, der oft genug an Melancholie litt, einen abgeklärten Epikuracismus nach der Art von Chaulieu und St. Evremond, zeigte er, an den besten Mustern gebildet, Schwung, Erfindungskraft und angenehme, volksthümliche Form. La traille de sincérité, Les tableaux de Paris, Pierre et Pierrette, Ma Margot, Le carnaval, Ma philosophie und viele andere Liedlein verdienen Cabinetstückchen genannt zu werden; eins der hübschesten und originellsten ist »Monsieur et Madame Denis«, welches später (1862) Offenbach die Veranlassung zu einer seiner wirksamsten Operetten gegeben hat.

Was ihm aber ganz eigenthümlich war und, so lange man bei Tafel sang, den Ruf eines »roi des chansonniers« erhielt, war der mehrerwähnte ausgezeichnete Vortrag; Niemand entfaltete dabei eine solche Komik, Verve und Wärme wie er, der seine Lieder geradezu in Scene setzte. Sein offenes Gesicht, lebhafter Blick, schalkhaftes Lächeln, seine Beweglichkeit sammt dem Embonpoint, welche er selbst für »le physique de l'emploi«, die Requisiten des Buffo erklärte, gaben ihm die Mittel, allen Nuancen und Finessen gerecht zu werden, und diese Kunst wirkte ansteckend, sobald der Wein seine befreiende Wirkung äusserte, sodass er zum boute-en-train, zum Lockvogel und Sangesmeister wurde. Ganz an seinem Platze war er deshalb im »Caveau moderne«, einer 1807 von Capelle und Armand Gouffé gegründeten Gesellschaft von lebenslustigen Dichtern und Sängern, welche bei ihren Zusammenkünften durch Wort und Ton, aber auch durch die That Weib, Wein und Gesang verherrlichten. Die meisten seiner Lieder hat er für diesen Verein gedichtet und in demselben zum Vortrag gebracht; nach Piis' Abgang wurde er zum Präsidenten gewählt und hat als solcher, allgemein geschätzt wegen seines Charakters und gesucht wegen seiner Liebenswürdigkeit, seinen Standesgenossen viele Vortheile errungen. Er war es auch, der die erste Ausgabe von Béranger's Liedern veranlasste und denselben 1813 in den Verein einführte, wo beide, durch Naturell und Art verschieden, neben einander glänzten; in seinem Antrittsliede »L'Académie et le Caveau« feierte Béranger seinen Sangesbruder Désaugiers und hat auch sonst Veranlassung genommen, neidlos dessen Ruhm zu verkünden. [1])

Als Barré ihm 1815 die Direction des Vaudevilletheaters übergab [2]), glaubte man, dass seine sorglose Natur sich mit dieser Stellung nicht vertragen würde; durch gutes Ensemble und ausgewähltes Repertoire gelang es ihm indess, die Bühne in grosse Aufnahme zu bringen, und so lange das Glück währte, waren auch seine perönlichen Eigenschaften ausreichend, das Schauspielervölkchen in Zucht zu erhalten. Als 1819 mit dem Théâtre du Gymnase ein neues Genre und eine neue Mode aufkam, verringerte sich leider der Besuch zusehends und die Einnahmen sanken; Zwistigkeiten und Parteiungen, welche damit unter den Actionären und Mitgliedern ausbrachen, waren aber nicht nach Désaugier's Geschmack, und er verliess ohne Weiteres seinen Posten. Zwar kehrte er auf allgemeines Verlangen 1825 nochmals auf denselben zurück, aber vermehrte Concurrenz verhinderte nennenswerthe Erfolge, und ein zunehmendes Steinleiden, infolgedessen er schmerzhafte Operationen durchzumachen hatte, erschwerte ihm die Thätigkeit. Am 9. August 1827 ereilte ihn der Tod, und alle, welche ihn gekannt hatten, trauerten mit aufrichtigem Schmerz an seiner Bahre. Er hatte dagegen in seinen Leiden den Humor nicht verloren und verfasste sich gleich Scarron wenige Tage vor seinem Hinscheiden eine Grabschrift, welche im Deutschen vollständiger lauten könnte:

[1]) Béranger, ma biographie zum Jahre 1813.
[2]) N. Brazlers, Chroniques des petits théâtres II p. 123.

Still schlummert unter diesem Stein
Ein Mann, der leider starb am Stein.
Er ward nicht alt noch reich wie Stein,
Ist Niemand mehr im Weg ein Stein.
O Wandrer, bist Du nicht von Stein,
Wirf auf den Todten keinen Stein!

In der Literaturgeschichte hat Désaugiers, wie es sich gebührt, keinen niederen Platz, seine lustigen Weisen sind dagegen
heute fast vergessen; zu dem classischen Literaturschatz, der im
Volke lebendig fortlebt, aber nirgends eine beträchtliche Ausdehnung erreicht, hat von den damaligen Chansonniers nur Béranger
beigetragen, Désaugiers musste seinem grösseren Nachfolger den
Vorrang lassen. Dafür ist er als Vertreter der »franche et spiri-
tuelle gaieté« sprichwörtlich, und es war auch mindestens sein
markantester Zug, dass sich Leben und Dichtung bei ihm deckte,
sein Sang den unverfälschten und ungekünstelten Ausdruck seiner
Weltanschauung bildete.

XI.
Die Marseillaise.
(»Allons, enfants de la patrie«, von Rouget de Lisle.)

———•••———

1. Wie das Lied entstand.

Als der Krieg mit Oesterreich und Preussen unvermeidlich schien, liess die constituirende Versammlung vorsorglich die Heere zum Schutz der Grenzen ausrücken. Die Nordarmee befehligte Rochambeau, die Centralarmee der ruhmgekrönte Vertheidiger der nordamerikanischen Freiheit, Lafayette; die Rheinarmee aber unterstand dem Marschall Luckner, dem Sohn eines bayrischen Bierbrauers aus Cham, der sich unter Friedrich dem Grossen durch seine Tollkühnheit so ausgezeichnet hatte, dass ihn Ludwig XV. nach dem Hubertsburger Frieden mit 30,000 Frcs. Gehalt in seine Dienste nahm. Jetzt wurde derselbe von Convent und Volk gleich enthusiastisch gefeiert und erhielt im August 1792 sogar das Obercommando über alle drei Armeen; schon im September verlor er indess diese Würde sammt der Freiheit und musste sogar ein Jahr später seinen Kopf auf die Guillotine legen.

Die Rheinarmee sammelte sich zu Anfang des Jahres 1792 in Strassburg und Umgegend; nach einem Decret der Constituante sollte sie 50,000 Mann stark sein, zählte aber in Wirklichkeit nur die Hälfte und befand sich sowohl hinsichtlich der Ausrüstung wie Führung in schlechtem Zustande. Die besten Truppentheile waren Ueberreste früherer deutsch-französischer Regimenter wie des Royal Allemand, Alsace, Darmstadt, Bavière, Nassau, Lamark, Suède und der vier Husarenregimenter Esterhazy und Berchyni; es waren dies Soldtruppen, welche meist von kleinen deutschen

Fürsten, deren Länder als Enclaven unter französischer Oberhoheit standen, gestellt und befehligt worden waren. An Kriegslust und Frohsinn gebrach es indess der Rheinarmee nicht, ja es herrschte ein Enthusiasmus, der sie gegen die augenblickliche Entbehrung unempfindlich machte. Die Pfeifer spielten die alten, theilweise aus Deutschland importirten Märsche, die Soldaten sangen die neuen Freiheitslieder, und während sich die Masse durch die Neugestaltung der Dinge wie in einem Rausche fühlte, stimmten die Offiziere in den Lobgesang auf Freiheit und Ruhm, in die Verwünschungen der Tyrannen und Menschenverächter begeistert ein. Als die am 20. April erfolgte Kriegserklärung an Oesterreich vier Tage später in Strassburg bekannt wurde, erreichte diese Stimmung ihren Höhepunkt.

Claude Joseph Rouget de Lisle, zu Lons-le-Saulnier im Jura 1760 geboren, stand damals als Genieoffizier in Strassburg, war ein eifriges Clubmitglied und verkehrte als Redacteur der »Feuille de Strasbourg«, welche die politischen Ansichten des Maire vertrat, viel im Hause desselben; da Friedrich von Dietrich aber ein passionirter Dilettant war, so schätzte er Rouget bald auch von einer anderen Seite, nämlich als »poète et compositeur fort aimable«, wie ihn Frau von Dietrich nennt. Nach der Version Lamartine's [1]) hätte der Maire nun eines Abends die letzte Flasche Rheinwein entkorkt, damit Rouget daraus Anregung zu einem begeisterten Vaterlandsliede schöpfe; auf seinem Zimmer angekommen, habe dieser »tantôt l'air avant les paroles, tantôt les paroles avant l'air« erfunden, so dass er Poesie nicht von Musik mehr habe trennen können, und am andern Morgen seine Inspiration niedergeschrieben. Darauf sei er zu Dietrich geeilt, dieser habe Freunde geladen, und begleitet von einer der Damen des Hauses, habe Rouget sein Werk vorgetragen und grossen Enthusiasmus damit hervorgerufen. Gibt sich nun auch die letzte Flasche trotz der notorischen Theurung als dichterische Ausschmückung, so ist doch die Behauptung, dass Dietrich den jungen Genieoffizier zu dem Werke angeregt habe, durch Masclet, einen Kameraden des Autors, und de la Barre bezeugt, vor Allem aber durch Frau von Dietrich, welche an ihren Bruder (im Mai) schrieb: »Mon mari a imaginé de faire composer un

___
[1]) Histoire des Girondins Buch XVI, cap. 29 u. 30.

chant de circonstance. Le capitaine du génie Rouget de Lisle a rapidement fait la musique du chant de guerre«. [1]) Dagegen fällt es nicht schwer in's Gewicht, dass Mad. Voiart, bei welcher Rouget in seinen alten Tagen wohnte, berichtet, er sei von Offizieren zur Abfassung des Werkes aufgefordert worden, und dass v. Schauenburg nach Mittheilungen von Zeitgenossen behauptet, die Marseillaise sei für ein Offiziersmahl geschrieben und auch bei dieser Gelegenheit das erste Mal gesungen worden. Neu kann ich noch eine mir handschriftlich vorliegende Notiz von einem alten Elsässer, M ü h l, dem Bruder des Dichters, mittheilen; dieselbe stützt sich auf einen Bericht seines Vaters, der Rouget, damals einen schmächtigen Herrn von Anstand und künstlerischen Alluren, persönlich kannte und die Entstehungsgeschichte miterlebte. Danach sei unser Autor von Kameraden gehänselt worden, dass er nichts Gescheidtes mit seiner Kunst fördern werde, am nächsten Abend habe er aber das Werk geschaffen und dann in einer Gesellschaft, bei welcher auch Vater Mühl zugegen war, unter rauschendem Beifall zum Vortrag gebracht. Dass diese Gesellschaft aber bei Dietrich stattgefunden habe, bekräftigte Engelhardt nach Erzählungen seines Vaters und Onkels, die auch die Anregung an demselben Ort geschehen lassen.

Aus alledem geht hervor, dass Dietrich, dessen Geschmack »Ça ira« und die »Carmagnole« nicht zusagten, ein K r i e g s l i e d von Rouget wünschte und ihn dazu auf einer seiner Soiréen aufforderte. Dabei können Kameraden von ihm zugegen gewesen, auch das Sticheln mag vielleicht ächt sein; die zweite Gesellschaft war aber sicher von Offizieren besucht, und wenn es wahr ist, dass in Strassburg noch alte Bilder existiren, welche Rouget in Gesellschaft beim Vortrag seines Liedes zeigen, so dürfte auch die diesbezügliche, übrigens naheliegende und oben bestätigte Version ihre Richtigkeit haben. Schliesslich sagt Rouget selbst in einer Note seiner Liedersammlung von 1825: »Je fis les paroles et l'air de ce chant à Strasbourg, dans la nuit qui suivit la proclamation de la guerre, fin avril 1792«; die erste Soirée bei Dietrich ist also auf den Abend des 24. April anzusetzen. Wenn Loth aber [2])

---

[1]) Seinguerlet, Strasbourg pendant la révolution p. 111.
[2]) Le chant de la Marseillaise p. 10.

aus dem Ausdruck der Frau von Dietrich »un chant de circonstance« schliesst, Rouget habe dasselbe geschaffen »pour varier les
distractions du salon de M. de Dietrich«, so wolle man daraus
nur entnehmen, dass er nicht die Prätension hatte, ein Nationallied
zu liefern, sondern zunächst für private Kreise arbeitete; ein
»chant de guerre« konnte aber unmöglich blos zum Zeitvertreib
dienen, der politische Zweck war damit von selbst gegeben, wenn
das Produkt sich auch vorläufig nicht an die grosse Oeffentlichkeit wandte.

Jener Autor, mit dem wir mehr zu verhandeln haben, bean-
standet aber auch die Version, dass Rouget in seiner Inspiration
Text und Melodie gleichzeitig geschaffen habe. Neben Lamartine sind Gindre de Mancy, Mad. Voiart, Cornède Miramont, de la
Barre, Barbet ebenfalls dieser Meinung; alle berichten einstimmig,
dass Rouget, zu Hause angekommen, seine Violine zur Hand
genommen habe, und sich ganz von selbst Worte und Melodie
allmälig mit einander verbunden hätten. »Aber so«, sagt Loth,
»arbeitet man gewöhnlich nicht; man macht vielmehr entweder den
Text nach einer Melodie oder die Melodie zu einem Texte, und in
diesem Fall hätte Rouget den Sang nur nach den Worten improvisiren können.« Indessen wenn der richtige Chansonnier schon
seine Verse summt, so nimmt der Dichtercomponist gewiss bei
der Textbildung noch mehr Rücksicht auf die Melodie, und es
wäre ja denkbar, dass Rouget, dem der Inhalt seines Liedes
sammt Phrasen, Reimen und Rhythmus schon durch den Kopf
gegangen war, zum Abschluss eines Verses gekommen wäre, indem er auf dem Instrument eine Melodie versuchte.

Viel wichtiger ist der Einwurf, dass die Melodie eine zu
ausgearbeitete Factur habe und Rouget zu sehr Dilettant gewesen
sei, um sie improvisiren zu können. Das Erste bedarf keines Beweises, ebenso ist aber auch der Behauptung noch nicht wider-
sprochen worden, dass unser Componist sonst nichts Aussergewöhn-
liches zu Tage gefördert hat. Es bliebe also nur die Annahme
übrig, dass er entweder dieses eine Mal den Besuch des Genius
erhielt, wie St. Beuve sagt, oder aber, dass er nach einer Vorlage
arbeitete. In letzterem Fall würde sich die Tradition dann so erklären lassen, dass er auf seiner Violine nach Reminiscenzen suchte,
die sich für seinen Stoff eigneten, und nach glücklichem Resultate

den Text fertig stellte; auch eine solche Operation könnte man »gleichzeitiges Finden von Text und Melodie« nennen.

Ohne uns vorläufig für einen dieser Fälle zu entscheiden, gehen wir nun zum Text über, bezüglich dessen uns Seinguerlet den Beweis erbracht hat, dass nicht blos die Ideen, sondern auch ganze Phrasen in der Luft lagen. »La Marseillaise« sagt derselbe [1]) »n'est pas sortie tout armée de l'imagination de Rouget de Lisle; elle est née dans l'atmosphère des clubs de Strasbourg. Son langage n'est pas celui d'un poète d'occasion, c'est l'expression même de l'enthousiasme de tout un peuple; les images, les mouvements, les cris qu'on y admire, ce sont les images, les mouvements, les cris, qui étaient familiers aux hommes de la révolution.« [1]) Weniger wichtig ist, was Gudbrand Vigfusson bemerkt hat, dass einzelne Ausdrücke an Racine's Esther und Athalie erinnern[2]); sie mögen dem Autor entschlüpft sein, wie wir heute ohne Weiteres eine Schiller'sche Phrase oder ein Shakespeare'sches Kraftwort verwenden. Was aber das erste Moment anlangt, so gibt eine Note Rouget's zu dem »Roland à Roncevaux«, einem Kriegslied, welches er wenige Tage nach der Marseillaise schrieb, einen richtigen Fingerzeig. »On a profité«, sagt er, »sans scrupule de quelques-uns des traits de Sedaine . . . ce n'est pas un plagiat, c'est un hommage à cet homme célèbre«. Auch die Benutzung der Ideen des Clubs ist eine erlaubte Verherrlichung derselben, nur hat der Dichter dabei eben kein anderes Verdienst, als, durch dieselben begeistert, eine angemessene Form hinzugefunden zu haben. Er versetzte sich nicht in die Stimmung

---

[1]) a. a. O. p. 112. Aus einer Clubadresse werden zum Beweis folgende Sätze mitgetheilt: »Aux armes, citoyens!« »Qu'ils tremblent donc ces despotes couronnés! L'éclat de la liberté luira pour tous les hommes. Vous vous montrez dignes enfants de la liberté, courez à la victoire, dissipez les armées des despotes, immolez sans remords les traîtres, les rebelles.« Nach diesen Documenten kann man Sarcey Recht geben, der von der Marseillaise rühmte »ce chant n'est pas d'un poète, c'est du coeur même de la nature, qu'il s'est échappé en un jour de fièvre patriotique«.

[2]) So das »Chères soeurs, n'entendez-vous pas des cruels Tyriens la trompette qui sonne?« (Ath. IV.), das »j'entends même les cris des barbares soldats« der Salomith. das »On égorge à la fois les enfants, les vieillards . . Le fils dans les bras de son père« (Esther I. 5), endlich das »Dieu, qui combat pour nous? Dieu dont le bras vengeur« (Athalie I. 2).

des Augenblicks, um ein originelles Symbol zu schaffen, sondern übernahm fremdes Gold, um es im Kleinen auszumünzen. Dementsprechend hat auch ein Mann, der ihn gut kannte, der Weimarer Hofkapellmeister A. Chelard [1]), stets behauptet, dass er ein Dichter niederer Ordnung gewesen sei, der mit seinem Kriegslied einmal einen glücklichen Griff gethan habe.

Nah läge nun die Annahme, dass der Componist auch nicht grösser in ihm gewesen sei und gleichfalls eine passende Anleihe gemacht habe. In der That berichtete der alte Mühl weiter, dass man in der Gesellschaft, wo das Lied zum Vortrag gekommen wäre — also der zweiten Soirée bei Dietrich — die Bemerkung gemacht hätte, die Melodie zeige Aehnlichkeit mit einer gewissen vorhandenen Pièce; der Autor habe erwidert, dieselbe sei ihm bei der Composition möglicherweise in die Erinnerung gekommen, doch habe man dieser Entdeckung keinen Werth beigelegt und sie nicht verfolgt. Für uns ergibt sich aber daraus bis auf Weiteres das Resultat, dass Rouget, ein geschmackvoller Dichterdilettant und schreibfertiger Gelegenheitscomponist, seiner Aufgabe, ein Kriegslied anzufertigen, dadurch in schnellster Frist gerecht wurde, dass er mit Benutzung fremder Motive aber in glücklicher Stimmung die Marseillaise producirte. Es wäre zwar ein seltener Fall, dass jemand in seinem ganzen Leben nur ein einziges Mal in's Schwarze träfe, bei Verhältnissen wie den angegebenen aber immerhin erklärlich. Indessen ist die Sache nicht ganz so schlimm, denn Rouget hat mindestens auch mit dem späteren Kriegsgesang der ägyptischen Armee und dem Lied mit dem Refrain »Mourir pour la patrie« etc., auf welches wir später noch zurückkommen, Glück gemacht. So beschränkt sein Gebiet war, muss demnach doch gesagt werden, dass er für patriotische Motive etwas hatte, und trotz der Entlehnung des Stoffes sowie der musikalischen Elemente wäre in beiderlei Hinsicht bei der Marseillaise mindestens der »glückliche Griff« anzuerkennen, der nicht durch blindes Zutappen entsteht, sondern Geschmack und

---

[1]) Rouget hatte den Text zu einer Oper Macbeth geschrieben, die Chelard 1827 in der grossen Pariser Oper wohl elf Mal zur Aufführung brachte; die Verse waren aber so unsangbar und das Ganze so undramatisch, dass Heigel eine vollständige Umarbeitung vornehmen musste, in welcher Form dann das Werk 1828 in München grossen Erfolg hatte und dem Componisten die Berufung zum bayrischen Hofkapellmeister eintrug.

Bildung voraussetzt. Man erinnere sich dazu, dass Rouget's Ehrgeiz von allen Seiten angeregt war und die allgemeine Stimmung
sehr hoch ging, an dem 24. April sogar einen enthusiastischen
Charakter angenommen hatte; so kam es, dass der im Grunde
mittelmässige Künstler fortgerissen wurde und mit fremder Hilfe
etwas nicht Gewöhnliches zu Stande brachte.

2. Vom Chant de guerre zur „Marseillaise".

Das Kriegslied soll bereits am 29. April 1792 bei der Parade
auf offenem Markte in Strassburg gesungen worden sein und die
Jugend so entflammt haben, dass sich viele Freiwillige anwerben
liessen. Indess ist diese Thatsache, wenn sie überhaupt in dieser
Form wahr ist, erst Monate später passirt, als nämlich die »Marseillaise« an den Ort ihrer Entstehung zurückkam; vorläufig begnügte man sich im Salon und in Gesellschaften das Lied zum
Vortrag zu bringen, freilich unter grossem Enthusiasmus. Dietrich
verfehlte nicht, in seinen Kreisen Propaganda zu machen, was
daraus hervorgeht, dass ihn eben an jenem 29. April der Kom-
mandant der Festung Schlettstadt, Duchastelet, um eine versprochene Abschrift ersuchte[1]), und Frau von Dietrich hatte alle
Hände voll zu thun, um Arrangements für Clavecin und andere Instrumente herzustellen[2]). Dennoch scheint die erste Ausgabe[3]), welche wohl in den Mai oder Juni fällt, in erster Linie
nicht dazu bestimmt gewesen zu sein, den starken Nachfragen zu
genügen, sie war vielmehr eine officielle Huldigung für den Komman-
danten der Rheinarmee und ging, wie man weiter aus der Stellung
des Druckers schliessen kann, wahrscheinlich von Dietrich aus, der
das von ihm patronisirte Lied auf diese Weise für seine politischen
Zwecke verwandte; deshalb entfiel auch die Nennung des Autors,
womit den späteren Vermuthungen Thor und Thür geöffnet wurde.

[1]) L. Spach, Frédéric de Dietrich (1857) p. 70.
[2]) Scinguerlet p 111.
[3]) Der Titel lautet: CHANT DE GUERRE / pour l'armée du Rhin, /
Dedié / Au maréchal LUKNER / A STRASBOURG. / De l'imprimerie de Ph. J.
Dannbach, imprimeur de la municipalité. Soweit bekannt existiren nur noch
4 Exemplare dieses Druckes, welcher nur 6 Strophen aufweist. Der Vers »Nous
entrerons dans la carrière« ist von einem andern Verfasser für die Jugend hinzugefügt und zuerst am 14. Oct. 1792 gesungen worden.

Natürlich verbreitete sich aber damit das Werk, und so erhielt auch
ein Organist in Marcillargne ein Exemplar oder eine Abschrift; er
spielte die Melodie in der Kirche — denn nach damaliger Sitte war es
ganz üblich, weltliche Musik für Vorspiele, Messen und Cantaten ent-
sprechend zu verwerthen — und verbreitete das Lied in der Gemeinde.

In diesem Marcillargne, das in den Sümpfen von Languedoc liegt, römischen Ursprungs (Marcelli ager) und prostestantisch
war, zündete dasselbe nun mächtig, und als die Freiwilligen nach
der Hauptstadt abzogen, nahmen sie es als Schutz- und Trutzlied mit. Unterdessen hatte es am 25. Juni 1792 der Bürger
Mireur, Abgeordneter von Montpellier, bei dem Bankette gesungen,
das der Club der Verfassungsfreunde den Marseiller Freiwilligen
gab, und am folgenden Tage erschien es anonym im Journal
des départements méridionaux et des Débats des Amis de la
Constitution unter dem Titel »Chant de guerre aux armées des
frontières«. Alle Freiwilligen, welche unter der Führung von
Barbaroux abrückten, erhielten einen Abdruck, waren aber nicht
wenig erstaunt, als sie die Marcillargneser, welche unterwegs
zu ihnen stiessen, bereits im Besitze der köstlichen Novität fanden.
Nun sangen beide Truppen vereint bei ihrem Einzug in Paris am
30. Juli das Lied, welches sofort volksthümlich und als »L'hymne des
Marseillois« instrumentirt wurde; dann ward es in einer lyrischen
Scene mit Recitativ, Chor und Ballet von Gardel, zusammen mit
dem Lied »Veillons au salut de l'Empire« und unter dem Gesammt-
titel »Offrande à la liberté« von Gossec für grosses Orchester
bearbeitet, zuerst am 2. October in der grossen Oper mit Pomp vorgetragen und elektrisirte ganz Paris. Wie es schon am 7. Juli in den
Affiches de Strasbourg — abermals anonym — erschien, so wurde
es nun auch in den Pariser Journalen gedruckt; in der Hauptstadt hielt man es aber für ein Produkt der Marseiller, und alle
officiellen Ausgaben sowie das Decret des Nationalconvents (28. September), das es zur Nationalhymne promovirte, sprachen von der
»Hymne des Marseillois«. Die Einzelstimmen, welche wie die Chronique de Paris vom 27. August den Text. und wie der Courier de
Strasbourg vom 27. October Text und Melodie Rouget de Lisle
zusprachen, verhallten in dem allgemeinen Trubel, so dass man
zuletzt auch in Strassburg nicht den Kriegsgesang Rouget's de
Lisle, sondern das »Kriegslied der Marseiller« kennen lernte.

Unter diesem Titel hat es nämlich Eulogius Schneider in's Deutsche übertragen; ein Exemplar des Flugblattes, welches das Lied in Strassburg und dem Elsass erst populär gemacht hat, wird auf der Strassburger Universitäts- und Landesbibliothek aufbewahrt und hat folgenden Wortlaut:

1.

Auf Franken eilet zum Gefechte!
   Es kömmt heran der Siegestag.
Auf zeigt was gegen Fürstenknechte
   Ein freigewordnes Volk vermag.
Ach Franken sollen fremde Horden
   Verwüsten euer Eigenthum!
   Und euer Glück und euren Ruhm
Und Greis und Kind und Gattin morden?
   Ergreift das Rächerschwerdt,
   Auf rüstet euch mit Muth!
   Zum Streit, zum Streit,
Die Erde rauche vom Tyrannen-Blut.

2.

Was hat doch diese Räuberbande,
   Diess fürstliche Gesindel vor?
Was will in unsrem freien Lande
   Ein Preussen- und Uhlanencorps?
Ha! wisset ihr's, warum sie schnauben
   Den Tigern gleich, nach eurem Blut?
   Sie wollen euch das höchste Gut,
Sie wollen euch die Freiheit rauben.
   Ergreift das Rächerschwerdt etc.

3 (4).

Herbei Tyrannen und Verräther,
   Und sprechet uns noch ferner Hohn!
Herbei, verrugte Missethäter!
   Empfanget den verdienten Lohn!
Es komme der Tyrannen Ende!
   Wer zählt der freien Franken Heer?
   Der zählet auch den Sand am Meer,
Der zählt die Stern' am Firmamente.
   Ergreift das Rächerschwerdt etc.

4 (5).

Auf, Franken, kämpft als edle Sieger,
   Beweiss't was Kraft und Grossmuth kann!
Vernichtet die gekrönten Tiger
   Und schon't den schwachen Unterthan.

Lasst Kugeln auf die Schlösser regnen,
  Zerstöret jedes Räubernest!
Befreit die Welt von dieser Pest,
  Dann werden euch die Völker segnen.
Ergreift das Rächerschwerdt etc.

5 (6).

O Vaterland! für dich zu sterben
  Ist jeder Frankensohn bereit.
O Freiheit schüze deine Erben
  Und stärke unsern Arm im Streit!
Zu Grunde gehen deine Feinde!
  Und Sieg und Ruhm begleite dich!
Um deine Fahne sammlen sich
Die Völker all' und werden Freunde.
Ergreift das Rächerschwerdt etc.

Damit nicht zufrieden, erschien aber noch eine zweite deutsche Uebersetzung, und auf dem Exemplar dieses fliegenden Blattes,
welches die Strassburger Universitäts- und Landesbibliothek bewahrt, hat der Buchhändler, Drucker und Sammler F. C. Heitz
bemerkt: »Dass diese Uebersetzung von Eul. Schneider ist, beweist
die Stelle T. I. p. 337 im Argos, als Einleitung beim Marseiller-
Lied, (zum dritten Male) übersetzt von einem Deutschen.« In der
That spricht derselbe hier davon, dass seine Uebersetzung »der
erhabenen Freiheitshymne der Marseiller« bereits im Publikum
bekannt sei, und »Marseiller Freyheits-Gesang« betitelt
sich die zweite Fassung, welche folgendermaßen lautet:

1.

Auf, Brüder auf! dem Tag entgegen,
  Der unser Volk unsterblich macht.
Seht, wie so grimmig und verwegen,
  Die Tyranney aufs neu' erwacht.
Hört Ihr das Toben ihrer Horden,
  Der wilden Brut Gebrüll und Spiel:
  Und wer ist ihrer Würglust Ziel?
Ach Wir und Unsre heil'gen Rechte!
  Auf, Bürger! auf! zur Wehr,
  Erlegt die wilde Bruth.
    Glück zu, Glück zu!
    Es dünge bald
  Das Feld ihr schnödes Blut.

2.

Was will mit ihrer Sklavenbande
  Die ränkenvolle Fürstengunst?
Wem diese Ketten, wem zur Schande?
  Soll wieder herrschen Unvernunft!

13

Uns Franken, Uns, o fern ihr Lieben,
 Fern sey von uns die Schande doch,
Und sollten sie das alte Joch
Uns wieder auf den Nacken schieben?
Auf, Bürger! auf! zur Wehr etc.

3.

Uns Ehr in Weib und Kindern nehmen
Hiess ihnen bald gerechter Raub,
Und hergedrung'ne Horden kämen
Uns hinzutretten in den Staub.
Dann hieng es ab von Sklaven-Händen
 Zu beugen unser freyes Haupt.
 Und ihren Treibern wär's erlaubt
Zu quälen gnädigst wen sie fänden.
Auf, Bürger! auf! etc.

4.

Despoten zittert, und ihr Schlangen,
 Verhasst sogar an Franzens Thron.
Verräther zittert, denn empfangen,
 Empfangen sollt ihr euern Lohn.
Das Volk ist da euch zu bekriegen,
 Und wenn im Kampf ein Jüngling fällt,
 So sind in unsrer neuen Welt,
Statt eines, Tausend zu besiegen.
Auf, Bürger! auf! etc.

5.

Doch Brüder, menschliches Erbarmen
 Sey unsrer Herzen erster Drang,
Schlagt! doch verschont, verschont des Armen,
 Den sein Tyrann zur Trommel zwang.
Des Tigers nie, der seinem Helden
 Dem Bouillie gleich aus Frevlerlust,
 Nur sucht die Treu der Mutterbrust
Mit gift'gen Bissen zu vergelten.
Auf, Bürger! auf! etc.

6.

Gründ, o Beglückerinn der Staaten!
 Du Gottheit unsrer Republik,
Fruchtbare Mutter grosser Thaten,
 Gründ auch, o Freyheit! unser Glück.
Lass jedem Volk es wohl ergehen,
 Das seine Huld mit uns vereint.
 Und sterbend müssen unsre Feind'
Die Siegesfahne glorreich sehen.
Auf, Bürger! auf! etc.

Wenn es nicht schon die verschiedene Ueberschrift ange-
zeigt hat, so wird man jetzt erkannt haben, was Eulogius Schneider
bewog, die Marseillaise zum zweiten Male zu übertragen : das
erste Blatt gibt ein Kriegslied der Rheinarmee, das zweite den
Freiheitssang der Republik. In beiden Fällen hat sich der Ueber-
setzer bedeutende Nachhilfen erlaubt; dieselben sind aber nicht
nur für ihn charakteristisch, sondern zeigen darüber hinaus, in
welchem Sinne die grosse Masse die Marseillaise aufgefasst wissen
wollte. Rouget war ein unverfälschter Royalist, und hat das
nicht nur bewiesen, indem er seinem Fahneneide treu blieb,
sondern auch in Hymnen, wie er sie bei jedem besonderen Ereigniss zu schreiben liebte, mehrfach zum Ausdruck gebracht.
Er besang Robespierre's Sturz und das Ende der Schreckensherrschaft, Bonaparte's Eintritt und die Rückkehr Ludwigs XVIII
— nebenbei gesagt, ohne Wirkung zu machen; dabei war er aber
auch von den grossen Ideen der Freiheit, Menschlichkeit und
Vernunft durchdrungen, ein Anhänger jener idealen Revolution,
welcher die Besten der Zeit zujubelten, ohne der Veränderung der
herrschenden Staatsform und gewaltsamen Vernichtung des Bestehenden das Wort zu reden. Das Moment, welches es möglich
machte, dass sein Kriegslied von den Jacobinern aufgenommen
und zum Symbol erhoben werden konnte, war lediglich die eigenthümliche Form, welche jenen Ideen im Verhältniss zu den auswärtigen Feinden von dem Strassburger Club gegeben worden war.
Da war allerdings von keinem König und keiner Regierung die
Rede, sondern die enfants de la patrie, die citoyens und guerriers
fiers et magnanimes wurden gegen die absolutistischen Feinde des
Fortschritts und der Aufklärung, die verbündeten Könige und ihre
Heere aufgerufen, die tyrans und despotes vils et sanguinaires
sammt ihrer horde d'esclaves et de traîtres mercennaires et féroces.
Und dazu die vier Worte: jour de gloire, sang impur, liberté
chérie, amour sacré de la patrie — vier umfassende und viel-
deutige Worte! Im Handumdrehen stellte Schneider der fürstlichen
Räuberbande und fremden Pest die im freien Vaterlande freige-
wordenen Franken gegenüber — noch ein Schritt, und die neue
Welt erscheint vor unseren Augen und die Republik als allein
würdiger Tempel der Freiheit. Offenbar haben die Revolutionshelden und ihr Anhang das Original auch so verstanden, oder

vielmehr die Stichworte so verstanden, denn nachdem die Hymne
einmal Boden gefasst hatte, wurden diese lediglich noch beachtet.
In ihnen fand man aber alle Schreckensmaximen wieder; ist doch
die Leidenschaft diejenige Qualität, welche sich mit dem Heraus-
lesen grundsätzlich nicht beschäftigt, vielmehr alles hineinliest,
was sie zu erfahren wünscht.

Wie leicht übrigens das Lied von Leuten, die der Politik
und Aufklärung fern standen, im Sinne des Umsturzes sans
phrase gedeutet werden konnte, beweist des Dichters eigene
Mutter. Entrüstet konnte sie ihn fragen, was das für ein revo-
lutionäres Lied sei, welches eine Horde von Räubern auf ihrem
Zuge durch Frankreich singe und in das man ihren Namen
menge; die »Räuber« dagegen proscribirten den Verfasser wegen
seines Royalismus, und als er durch die Schluchten des Jura
flüchtete, schlugen seine Klänge als Todesdrohung an sein Ohr.
Der Enthusiasmus verfolgte ihn, den er selbst entzündet hatte;
er wurde eingekerkert, und nur der Sturz Robespierre's rettete
ihn vor der Guillotine. Deshalb protestirte er auch nicht gegen
die falschen Prätendenten, sondern nahm erst in seinen »Essais
en vers et en prose« (1796) Veranlassung, »le chant des combats,
vulgairement l'hynne des Marseillois« zu reclamiren, worauf ihm
die Directorialregierung im September 1797 neben andern Künstlern
als Dichter und Componisten des Marseiller Liedes, dem »véritable Tyrtée français«, auf dem Champ-de-Mars die öffentliche
Anerkennung aussprach. Hiermit war er als Dichter der Marseillaise für immer anerkannt, über den Componisten gerieth
man dagegen wieder in Zweifel; er selbst kam, ohne irgend
welche Beachtung zu finden, ziemlich tief herunter, bis ihm Louis
Philipp nach der Julirevolution einen Jahresgehalt von 1200 Frcs.
aussetzte. Nachdem der einundsiebzigjährige Greis eine National-
belohnung zurückgewiesen hatte, starb er am 27. Juni 1836 halb-
vergessen in Choisy-le-Roi bei Paris, erhielt aber später daselbst
ein Denkmal errichtet.

3. Die sechzehn Componisten der Marseillaise.

Da bei der ersten Ausgabe des Kriegsliedes der Componist nicht genannt war, rieth man zunächst auf beliebige Grössen. In Marseille (Juni 1792) nahm man die Melodie für eine Entlehnung aus Sargines von d'A l a y r a c, verführt durch die ähnlichen Worte »Aux ennemis de la patrie allons présenter l'étendard«; Spätere hielten sich dann lediglich an das Wort »Sargines« und schrieben P a e r die Composition zu, da derselbe auch eine Oper unter diesem Titel gefertigt hat.   Die Chronique de Paris nannte dagegen (August 1792) einen gewissen A l l e m a n d als Componisten und behauptete, derselbe habe die Melodie für die Armee des Herzogs von Biron gesetzt — mythisches Dunkel bedeckt diese Geschichte. Unterdessen hatte Rouget sein Werk an bekannte Musiker wie G r é t r y, G o s s e c, M é h u l gesandt, und allen diesen, welche in der Folge Bearbeitungen der Melodie gemacht oder Accompagnements dazu geschrieben haben, ist, wie aus demselben Grunde P l e y e l, die Ehre widerfahren, für den Originalcomponisten gehalten zu werden.[1]) Eine ungreifbare Person ist aber wieder der Chevalier d'H u n a, von dem ein Lied bei einem Concert in Lausanne 1778 gesungen wurde, das die Urmelodie der Marseillaise enthalten haben soll; so erzählte eine alte Dame 51 Jahre später an de Frarières, der das Geheimniss nach wieder 50 Jahren preissgab.

Ungleich wichtiger ist es, dass eine Ausgabe der Marseillaise vom Jahre 1793 den Titel trägt: »Marche des Marseillois, musique du citoyen Navogille — à Paris chez Goujon, magasin de musique et de cartes géographiques, grande cour du Palais de l'Egalité.« Navogille wurde aber G. J u l i e n genannt, ehemals Violoncellist der Comédie Italienne und der Kapelle des (ülteren) Herzogs von Orleans, und dieser war es gewesen, der 1785 in einem Concert bei der Madame de Montesson »un petit air allemand avec refrain en choeur« vorführte, das wiederum die Urmelodie der Marseillaise gewesen sein soll. Die Gewährsmänner dieser Version sind indess von Bedeutung, denn Castil-Blaze erfuhr sie von Imbault, der damals das Orchester leitete, und Déslauriers, dem Herausgeber der Werke Glucks, von denen der Eine wie der Andere wohl im Stande war, eine so charakteristische wie durch den Refrain leicht kenntliche Melodie

---

[1]) Grétry, Mémoires III, p. 13. Note.

zu merken. Imbault hat als späterer Verleger der Marseillaise
wohlweislich geschwiegen, und Castil-Blaze ist erst nach dem
Tode von Rouget de Lisle mit seiner Entdeckung hervorgetreten[1]),
die allerdings auch des urkundlichen Beweises entbehrt, mindestens aber eine sehr gut gestützte Conjectur darstellt. Ich weiss
sehr wohl, dass man Castil-Blaze in Frankreich als einen bizarren
und capriciösen Forscher betrachtet und dass neben seinen Ansichten über den Devin du village namentlich die über die Marseillaise dieses Urtheil verschuldet haben. Indessen hat er eine
Fülle von neuen Aufschlüssen gegeben, welche Stich halten, und
viel Merkwürdiges treu im Gedächtniss bewahrt; wo er aber wie
hier als Ohrenzeuge berichtet, ist er geradezu unanfechtbar. Bizarr
ist dabei lediglich die Behauptung, dass man Julien deshalb als
Componisten der Marseillaise bezeichnet habe, weil er dereinst
die Melodie bei Mad. de Montesson vorgeführt hätte. In der That,
der Verleger müsste einmal ein Gelehrter wie Castil-Blaze gewesen
sein und dann wieder Componist mit ausübendem Musiker ver-
wechselt haben! Es existirt aber noch eine zweite Ausgabe —
die, welche Fétis benutzte — mit der ausführlicheren Notiz:
»paroles du citoyen Rouget de l'Isle, musique du citoyen Navoigille, à Paris chez Frère, passage du Saumon, où l'on trouve
tous les airs patriotiques des vrais sans-culottes.« Ich vermuthe
allerdings stark, dass hier ein Nachdruck vorliegt, indessen zeigt
gerade die Gegenüberstellung von Rouget als Textdichter und
Julien als Componist, dass Letzterer sich als solchen gerirte.
Dazu weicht seine Melodie von der bei Dannbach publicirten in
bedeutsamer Weise ab; wenn man Castil-Blaze's obige Darstellung
acceptirt, müsste man also sagen, dass Julien im Gegensatz zu der
ungenügenden Fassung Rougets eine geschmackvollere und cor-
rectere Bearbeitung der deutschen Melodie geliefert hat.

Ist dem aber so, dann lässt sich die Version, dass Alexandre
Boucher der Componist der Marseillaise sei, auf folgende Weise
erklären. Dieser berühmte Violinist, Alexandre des violons oder
Alexander der Grosse genannt und ein Doppelgänger Napoleons I.,
war Julien's Schüler. Von diesem hörte er — vor dem Jahre
1792 — die deutsche Melodie und fertigte darauf einen Marsch,
ohne dass er später dadurch veranlasst worden wäre, sich ein

[1]) Molière Musicien II. p. 451.

Anrecht auf die Marseillaise zuzuschreiben, wie dies sein Lehrer that. Erst nach langen Jahren kam er einmal mit Rouget in Paris auf einem Diner zusammen, und nun erklärte dieser, dass er seine Melodie nach einem Marsch geformt habe, dessen Provenienz ihm unbekannt sei. Diese an und für sich sehr wichtige Mittheilung führte dazu, dass sich Boucher in seinen alten Tagen für den wahren Componisten der Marseillaise hielt; in begreiflicher Eitelkeit meinte er, dass seine Gestaltung das Wesentliche an der Sache gewesen sei, während ihm, selbst wenn der Regimentsmarsch direkt der seinige und nicht eine andere Bearbeitung derselben Urmelodie gewesen wäre, keinerlei Autorenrecht zustand.

So hätten wir schon ausser Rouget zehn Namen, denen man die Composition zugeschrieben hat; der namenlose Deutsche erhielt aber in der Folge noch drei Landsleute zu Collegen. Zunächst theilte Karl Gaillard, der Herausgeber der Berliner musikalischen Zeitung, in seinem Blatt 1844 und sodann in der Leipziger allgemeinen musikalischen Zeitung 1848 mit, dass nach dem Bericht alter Berliner das Original der Marseillaise von J. G. Forster gedichtet und von Joh. Friedr. Reichardt gesetzt worden sei. Beide Männer waren allerdings begeisterte Bewunderer der französischen Revolution, doch könnte es sich bei ihnen selbstverständlich nur um Uebersetzung und Harmonisirung des Werkes von Rouget gehandelt haben. Weiter hat man den Theoretiker und Componisten J. H. Knecht mit demselben in Verbindung gebracht; er ist auch Nichtmusikern dadurch bekannt, dass er 1801 ein Tedeum Franz II. und gleichzeitig dem Consul Bonaparte widmete, möglicherweise hat ihn diese eigenthümliche politische Anschauung bewogen, die Marseillaise irgendwie zu bearbeiten.

Es folgt nun die Entdeckung F. B. Hamma's, der in der Gartenlaube ausführte [1]), dass die Melodie der Marseillaise fast Note für Note im Credo der von 1776 datirten Messe No. IV (ex G) des kurpfälzischen Hofcapellmeisters Holtzmann enthalten sei, desselben Holtzmann, von dem Mozart in Briefen aus Mannheim an seinen Vater Rühmliches melde. Die Kirchenmusik habe in der 2. Hälfte des XVIII. Jahrhunderts in katholischen Landen ungefähr die Stelle unserer Gesangvereine vertreten, und dabei ein so ungezwungener Ton geherrscht, dass sich jeder gern

---

[1]) Jahrgang 1861, Nr. 16.

betheiligt, die Componisten aber ad modernum genium gern etwas
»Lustiges« gebracht hätten; so werde Rouget seinen musikalischen
Edelstein in der Kirche gefunden und auf sein begeistertes Gedicht übertragen haben. Diese Entdeckung hatte Hamma in der
Musikbibliothek der Stadtkirche zu Meersburg gemacht und ver-
kündete nun urbi et orbi, dass sich daselbst jedermann von der
Richtigkeit überzeugen könne. Fünfundzwanzig Jahre lang ging
seine Notiz von Tageszeitung zu Tageszeitung und fand in musikalische und allgemeine Lexica bereitwillig Eingang, obgleich die
Sache auf den ersten Blick sehr zweifelhaft hätte erscheinen
müssen, denn der kurpfälzische Hofcapellmeister in Mannheim, von
dem Mozart berichtete, hiess Holzbauer, während ein Holtzmann
niemals in Mannheim, aber auch nicht in Meersburg [1]) existirt
hat, wo es übrigens doch nur Capellmeister des Bischofs von
Constanz hätte geben können. Also wiederum eine mystische Persönlichkeit, dieser Hofcapellmeister Holtzmann!

Nun wandte man sich von Paris, Brüssel und Wien aus zwar
sehr oft nach Meersburg, um Näheres zu erfahren, das Ergebniss
war aber stets ein »non possumus«, die Messe mit dem Marseillaise-
credo war nicht aufzufinden. Nur eine Messe des vorigen Jahrhunderts war in Stimmen vorhanden, die auf dem Umschlag und
einer Stimme von neuerer Hand den Namen Holzmann zeigte,
aber weder im Credo noch Gloria noch einer anderen Stelle einen
Anklang aufwies, übrigens auch wohl von Holzbauer sein dürfte.
Auch Fridolin Hamma wurde ohne Resultat interviewt. 1861 besuchte ihn der badische Hofgerichtsdirector Christ mit seinem Sohne
in Neustadt a. d. Haardt, konnte aber nichts weiter herausbringen,
als dass sich das Manuscript in Meersburg »verschoben« haben
müsse; später (1882) schrieb er an Tappert, dass der Bürger-
meister loci die Messe, die er übrigens aufgeführt hatte, an
sich genommen, dieselbe sich aber nach dessen Tode nicht mehr
habe auffinden lassen [2]). Nun hagelte es Schläge auf ihn, namentlich seit es sich herausstellte, dass die Missa No. IV ex G von
Ignaz Holzbauer in der Musikbibliothek der Mannheimer Jesuiten-
(früheren Hof-) Kirche vorhanden ist, aber nicht eine Notenfolge,
und im Credo erst recht nicht, eine Aehnlichkeit mit der Mar-

[1]) In einem Lexicon ist das sogar in »Merseburg« verdruckt!
[2]) Neue Berl. Musikztg. XLVI p. 308.

seillaise aufweist. Später hat Hamma auf den Vorwurf, in seiner
Missa III ein Plagiat an Casciolini begangen zu haben, erwidert,
dass sich die fremde Musik durch »unfreiwillige Verwechslung«
in seine Entwürfe eingeschlichen haben müsse; von dieser selben
Lüderlichkeit war auch seine Entdeckung beeinflusst, doch ist es
gar nicht ausgeschlossen, dass er wirklich die Melodie der Marseillaise in einem Credo gefunden hat, welches nur nicht die Vorlage, sondern eine Nachahmung derselben gewesen ist[1]).   Auch
Castil-Blaze nennt einen Kirchengesang, der sich nur durch Tempo
und Ausdruck unterschied, und Johannes Scherr [2]) hat als Junge
in einer schwäbischen Dorfkirche eine Weihnachtscantate mit der
Melodie des französischen Revolutionsliedes mitgesungen. Dasselbe hat sich jenseits wie diesseits des Rheines mit unglaub-
licher Schnelligkeit verbreitet, und nicht zum Letzten durch die
Organisten; ist doch in St. Martin zu Tours sogar das Ça ira als
Praeludium zum Gloria in excelsis erklungen![3])

Inzwischen war aber auch in Frankreich wieder die Frage
nach dem Componisten der Melodie behandelt worden und sogar
ein Prozess um dieselbe in Fluss gekommen. Fétis hatte
in einem Artikel der Gazette Musicale (1863) und dann im
7. Bande seiner Biographie universelle (1864) auf Grund der Ausgabe von 1793 Navoigille für den wirklichen Componisten bezeichnet; die republikanischen Journale opponirten, vor Allem
fühlte sich aber der Neffe von Rouget in seiner Familienehre ge-
kränkt und strengte einen Prozess an, trotzdem Fétis »berichtigte«, dass die Strassburger Ausgabe des Chant de guerre älter
sei als die Pariser mit Navoigille's Namen[4]). Moritz Hartmann[5])
nannte dieses Vorgehen des Neffen einen edlen Zug und rührend dazu, weil die Marseillaise für die ganze Familie ein wahres Nibelungen-
gold geworden sei. Rouget war, abwechselnd verfolgt und gerühmt,
zeitlebens in misslichen Verhältnissen gewesen, seinen Bruder hatten
die Feinde der Hymne soweit gebracht, dass er ein Landgut, das

---

[1]) Tappert, Wandernde Melodien p. 59 theilt die Aufzeichnung Hamma's mit.
[2]) Blücher und seine Zeit, I. p. 441.
[3]) Sammlung von (musikal.) Anecdoten (1810) p. 69.
[4]) Der Streit ist ausführlich dargestellt bei A. Loquin, mélodies populaires I. p. 113 f. und Loth a. a. O. p. 43 f.
[5]) Zuerst in der Ostdeutschen Post, dann in den Signalen 1864 No. 42 etc.

einzige Besitzthum der Familie, verschleuderte und sich in einer
fernen Gegend verbarg; der Neffe, der sich jetzt ingénieur civile
et l'un des redacteurs de l'Orphéon illustré nannte, hatte noch
vor Kurzem in der Boutique einer Seitenstrasse des Faubourg St.
Denis als Verkäufer von Stickmustern sein Leben gefristet, und
seine Tochter musste als Musiklehrerin à 40 sous le cachet, dem
Wind, dem Regen, dem Sturm entgegen, von Haus zu Haus laufen.
    Ganz unerwartet erhielt Fétis aber in dem Organisten der
Kirche St. Roch zu Paris, Charles Vervoitte, einen Verbündeten, indem derselbe ihm das Manuscript eines Oratoriums
übergab, das die vollständige Melodie der Marseillaise enthielt und
von ihm für älter als dieselbe ausgegeben wurde. Nach einer
langen Correspondenz sah der Neffe wohl ein, dass er seinen Prozess
möglicherweise verlieren könne, und begnügte sich in einem Buche
seine Beweismittel für die Autorschaft seines Verwandten zusammengestellt zu haben[1]). Fétis aber hat von jenem Manuscript keinen
Gebrauch gemacht, was Loth damit erklären will, dass er ein ab-
gesagter Feind öffentlicher Polemik war, aber auch so gedeutet
werden könnte, dass ihm, obwohl er Rouget nicht für den Originalcomponisten hielt, am Ende auch der neue Prätendent nicht als
solcher erschien. Er starb (1871), Vervoitte, zu einem literarischen
Streite weder geneigt noch gewappnet, starb auch, und nun erst
verwerthete Arthur Loth in seinem »Le chant de la Marseillaise
et son véritable auteur« (1886) das gedachte Oratorium, indem
er zugleich ein Facsimile der bedeutsamen Stelle beifügte.
    Der Text dieses Oratoriums, »Esther« genannt, folgt Racine's
gleichnamiger Tragödie; die Introduction, welche hier allein in
Frage kommt, trägt den Titel »die Verleumdung«, ist der dritten
Scene des dritten Actes entnommen und zeigt mit einigen Varianten
die Melodie der Marseillaise. Dieselbe ist wie die erste Ausgabe
Rouget's in Cdur und Zweizweiteltact alla breve geschrieben und
mit der Vorschrift Allegro versehen; ein Solosopran singt die
durchcomponirten Strophen, deren letzte vom Chor wiederholt
wird. Der Componist ist Jean-Baptiste-Lucien Grisons, welcher
urkundlich von 1775 bis 1787 als chef de maitrise (Capellmeister)
an der Kirche in St. Omer (Département Pas de Calais) vorkommt,

---

[1]) A. Rouget de Lisle, La vérité sur la paternité de la Marseillaise,
Paris 1865.

und in diesem Zeitraum das, übrigens ganz von seiner Hand geschriebene, Oratorium geschaffen haben muss. Beweis dessen ist nicht bloss die Aufschrift, welche ihm den später verlorenen Titel gibt, sondern die reine Unmöglichkeit, dass ein solch royalistischer und kirchlicher Text in der Revolutionszeit zu einer öffentlichen Aufführung verwandt wurde. Dass die Marseillaise bei diesem Kirchenstück benutzt sein könnte, wäre nach unseren früheren Erfahrungen an sich gar nicht unmöglich; aber Esther mit der Offrande à la liberté von Gossec in Parallele zu setzen, geht durchaus nicht an, weil hier das Thema ein revolutionsgemässes, dort ein geradezu revolutionswidriges ist, und später, wo die Marseillaise verpönt war, dieselbe zu benutzen, hätte keinen Sinn gehabt. Die Behauptung Vervoitte's, dass Grisons' Melodie älter ist wie die Marseillaise, muss also als durchaus zutreffend anerkannt werden.

Warum protestirte Grisons aber nicht, als Rouget öffentlich als Componist der Marseillaise gefeiert wurde, oder als man später Anderen diese Ehre zuwiess? Und wie waren Rouget und die Strassburger (Mühl) zur Kenntniss einer Manuscript gebliebenen Composition eines nur am Orte bekannten Organisten gekommen? Liegt da die Annahme nicht viel näher, dass Grisons das nachgewiesenermassen sehr bekannt gewordene deutsche Lied, welches Julien bei Mad. de Montesson vorführte, — und es war auch durchcomponirt und mit einem Chorrefrain! — seinerseits verwandt hat? Ja diese Conjectur erklärt die Verschiedenheiten in seiner Fassung und der Rouget's überraschend gut, indem hier der Dilettant unsicher und, wie Grétry sagt, unwissend vorging — es ist die Rede von der ersten Ausgabe — dort aber der Fachmusiker hübsch nach der Regel wiedergab. Der Triumph Gluck's hatte damals der deutschen Musik Eingang und Beliebtheit verschafft, und wenn noch gar die Melodie von den deutschen Regimentern aufgenommen worden sein sollte, so wäre nicht nur die allgemeine Verbreitung bestens erklärt, sondern speziell auch Rouget's eigene Behauptung, dass er einen Marsch benützt habe, der herrenloses Gut war.

Im Einzelnen hat Tappert [1]) die Phrase auf »contre nous de la tyrannie l'étendard sanglant est levé, l'étendard sanglant est

---

[1]) a. a. O. p. 63.

levé« als herrenloses deutsches Gut nachgewiesen. So sehr aber
der ganze erste Theil dem gemüthlichen Charakter des deutschen
Liedes entspricht, so wenig kann der zweite etwas Theatralisches
verleugnen, und doch widerstrebt er gerade, wie wir später sehen
werden, dem französischen Volksgesange. Dafür kommt der Refrain wieder kräftig und klar zu Gehör, und hier wollen wir vor-
weg bemerken, dass Rouget's Worte diesen Vorzug besonders heraus-
heben und verstärken. Abschliessend glaube ich also, dass dieser
bei Composition seines Kriegsliedes die ihm in Marschform bekannte (und auch so wiedergegebene) deutsche Melodie zu Grunde
gelegt hat[1]); diese war es, die ihm, als er auf seiner Violine verschiedene Weisen versuchte, entgegenklang. Zwar findet diese
ganze Gedankenreihe in den bisherigen Untersuchungen keine
Bestätigung, doch stützt sich das Hauptargument auf die gewich-
tige Stimme Castil-Blaze's, und der jüngere Fétis hat wenigstens
die Möglichkeit betont, dass Grisons die deutsche Melodie verwandt haben könnte. Er hat damit offenbar die Ansicht seines
Vaters ausgesprochen, während dieser selbst, nach seinen früheren
Zugeständnissen an Rouget's Neffen und seinen späteren Aus-
lassungen an Vervoitte, Anstand nahm, sich zu corrigiren.

Inzwischen wollen wir Loth nicht Veranlassung geben, den
gegen Hamma erhobenen Vorwurf zu wiederholen, dass wir her-
gebrachtermassen annexionsgierig wären. Wir halten die Ueber-
nahme deutscher Melodien in französischen Besitz für ebenso berechtigt wie den umgekehrten Fall, falls dies in selbständiger
Weise geschieht; Rouget aber hat sich durch Verwendung des
deutschen Marsches ein derartiges Verdienst erworben und zwar
vor Grisons mit seiner correcteren Wiedergabe. Zuletzt muss nämlich das oben Angedeutete verallgemeinert und gesagt werden,
dass seine Wahl ausserordentlich glücklich ausfiel und der Text die
Melodie zu etwas ganz Anderem gemacht hat, als sie ursprünglich war. Hier kommt uns Castil-Blaze von Neuem zu Hilfe,
indem er ausführt, dass »la romance la plus timide et la plus
suave« durch Rouget zu »le cri de guerre ou de vengeance le

---

[1]) Jetzt können wir auch die Vermuthung wagen, dass der Allemand,
welcher für den Herzog v. Biron einen Marsch setzte (p. 197) »un« Allemand
war, d. h. dass dessen Pfeifer die deutsche Melodie der Mad. de Montesson in
Marschform wiedergaben.

plus énergique« wurde, dass »le parolier fit tonner les notes que
le compositeur allemand caressait avec une onction toute religieuse«.
Die bei Mad. de Montesson vorgetragene Melodie dürfte allerdings
schon durch den Marsch kräftiger gestaltet worden sein, aber die
scharfe Rhythmik, welche uns heute entgegentritt [1]), hat schlechterdings der Text Rouget's verschuldet, und Shakespeare oder Goethe
würden denselben nicht blos belobt haben, dass er das Brauch-
bare nahm wo er es fand, sondern auch weil er das Fremde sich
anzueignen und zu beleben verstand. In diesem Sinne bleibt
Rouget de Lisle wie der Dichter auch der Componist der Marseillaise, zugleich ein weithin sichtbares Beispiel dafür, dass ein
Künstler niederer Observanz, der sich an fremdem Feuer würmt,
unter glücklichen Umständen einen Griff zu thun vermag, der
dem Genius Ehre machen würde.

In einem andern Sinne ist Rouget aber nicht oder wenigstens
nicht allein der Componist der Marseillaise, da nämlich die Form,
in welcher wir dieselbe heute kennen, von derjenigen bedeutend
abweicht, welche die Dannbach'sche Ausgabe aufweist. Will man
sich auf diese beschränken, so gehört die Melodie Rouget zu,
aber die Ausgabe letzter Hand in den Chants von 1825 zeigt
grosse Verbesserungen, welche nicht auf sein Conto kommen,
und die moderne, definitive Form fügt denselben noch einige hinzu.
Das grösste Verdienst in dieser Hinsicht gebührt G o s s e c ,
welcher sich in seiner obengenannten Bearbeitung von 1792 als
feinfühliger und correcter Componist zeigte, [1]), während J u l i e n
1793 nicht minder wichtige Veränderungen brachte. Man kann
kaum annehmen, dass Rouget die Provenienz derselben nicht gekannt hat; aber er wird sie seiner Arbeit und seinem Ruhm
gegenüber als minderwerthig betrachtet haben und übernahm sie
deshalb in seine 1825er Ausgabe ohne aufklärende Bemerkung,
obwohl er damit eine annähernd neue, mindestens sehr verbesserte
Melodie gab. Die einzelnen Phasen dieser Entwicklung hat Anatole
L o q u i n in seinen »Mélodies populaires de la France« I. Serie
(1879) ausführlich besprochen, auch zum Beweise Abdrücke der
Fassungen von 1792, 1793, 1825 und 1879 beigegeben. Es
wäre dem nur hinzuzufügen, dass die gerade Linie mehrfach

---

[1]) Die Partitur der »Offrande« ist nicht originaliter erhalten, doch gibt
die Ausgabe des Kriegsdepartements (1792) Gossec's Aenderungen.

unterbrochen wurde, indem man von den Besserungen wieder ab-
ging und zum Theil sich sogar Varianten gestattete, welche den
älteren bedeutend nachstanden; in den dreissiger Jahren war die
Melodie geradezu verballhornt, und es bedurfte der Autorität
namhafter Musiker, wie Castil-Blaze und Berlioz, um Wandlung
zu schaffen. Letzterer hatte auch, ähnlich wie Gossec, eine Bearbeitung für zwei Chöre und grosses Orchester gesetzt, welche
er dem Autor dedicirte, doch ist dieselbe nicht zur Aufführung
gekommen, obwohl dieser den Reichthum der Mittel rühmte.
Loquin schliesst seine Darstellung mit einem Vergleich zwischen
Marseillaise und Ilias. Es gab einen Rouget, wie es einen Homer
gab, meint er, und, wie ohne Homer keine Ilias, gäbe es auch
ohne Rouget keine Marseillaise; beide Werke sind aber so aus-
gestaltet, verbessert, nachgefeilt, dass man nicht schlechthin das
eine dem blinden Sänger, das andere dem jungen Genieoffizier
zuschreiben kann. Diese gaben lediglich das Skelett, den Embryo,
den Canevas, und bezeichnet man die Producte dennoch mit
ihrem Namen, so kann derselbe nur als Collectivum gelten.

---

4. Aus der politischen Geschichte der Marseillaise.

Vor der Revolution gab es keine allgemein anerkannte
Nationalhymne in Frankreich; man hat wohl »Vive Henry IV.«
dafür ausgeben wollen, dessen Melodie auf einen alten Contretanz
»les tricotets« zurückgeht, indess kann dasselbe das Kneiplied
nicht verleugnen. Dagegen nahmen das »Ça ira« und die «Carmagnole«, welche den wilden Geist gut zum Ausdruck brachten,
der damals die Massen beseelte, jenen Charakter an und waren
drei Jahre ohne Concurrenz, da die Arie aus Grétry's Richard
Löwenherz, welcher wir in d'Alvimare's Geschichte begegneten,
nur bei den Royalisten erklang und somit bald verstummte.

Das »Ça ira« hat einen ziemlich complicirten Ursprung. [2])
Franklin gebrauchte diese Redensart, sobald er die ameri-

---

[1]) Die Benützungen der Marseillaise sind überaus zahlreich: Meyerbeer
in der Verschwörungsscene der Hugenotten, Schumann in den beiden Grena-
dieren, dem Faschingsschwank, der Ouverture zu Hermann und Dorothea, Tschai-
kowsky in der Ouverture 1812, Litolff in der Ouverture zu Robespierre, etc.

[2]) Castil-Blaze, Molière Musicien II. p. 449, 455.

kanische Insurrection einen Erfolg erringen sah, und L a f a -
y e t t e brachte sie nach Frankreich herüber. Er liess durch
L a d r é , einen Pariser Strassensänger, ein Lied darauf dichten,
und dieser legte seinem Product die Melodie des »Carillon national«
zu Grunde, eines Contretanzes von B é c o u r t, welchen auch die
Königin auf dem Clavecin spielte. Weil Lafayette einige Verse
zu brutal erschienen, ersetzte er sie durch eigene, musste indessen, als er das Lied bei dem Marsch nach Versailles am
5./6. October 1789 anstimmen liess, zu seinem Aerger den Original-
text Ladré's vernehmen. Als das »Ça ira« von den Parisern ge-
trüllert wurde, um sich bei den Arbeiten anzufeuern, welche auf
dem Marsfelde für die Feier des Föderationsfestes vom 14. Juli 1790
vorgenommen wurden, war dagegen ein anderer Text untergelegt,
und so hat es hundert »Ça ira« - Lieder gegeben, welche nur
diese Phrase und die Melodie mit einander gemein hatten. Letztere
erschien darauf wieder als Tanz und als Militärmarsch, der merkwürdigerweise zum Kaiser-Alexander-Marsch und dann mehrfach
benutzt wurde, während die Urmelodie z. B. in Rossini's Tancred
wiederkehrt und im Andante von Beethovens F-dur Symphonie
anklingt.

Das zweite Gassenlied der Schreckenszeit, die C a r m a g -
n o l e, hat seinen Namen aller Wahrscheinlichkeit nach von den in
Paris sehr zahlreich vertretenen Savoyardenknaben, die zum grössten
Theil aus der sardinischen Stadt Carmagnola kamen; es begann
mit den Worten: »Madam' Veto avait promis«, und jede Strophe
schloss mit dem Refrain »Dansons la Carmagnole! Vive le son
de canon!« Man weiss fast gar nichts über die Entstehung; nur
das ist sicher, dass die Melodie sehr alt ist und aus der Provence
stammt. Das Lied erschien 1792 im Druck, erfreute sich neben
dem Carillon National der grössten Anrüchigkeit, unterschied
sich aber von den anderen Revolutionsgesängen dadurch, dass
man mit ihm einen Rundtanz verband. Nachdem es alle Aus-
brüche des politischen Fanatismus begleitet hatte, wurde es durch
Gesetz vom 18. Brumaire 1799 verboten, und dabei blieb es auch
unter Bonapartes Herrschaft, so dass es allmälig in Vergessenheit
sank und mit den Napoleonischen Kriegen gänzlich verscholl.

Die M a r s e i l l a i s e ist bezüglich der Wirkung mit diesen
Gesängen nicht zu vergleichen, es gibt überhaupt kein National-

lied, das solch einschneidenden Einfluss auf die Stimmung, ja auf
Thaten und Geschicke einer Nation ausgeübt hat, wie dieser
Schlachtgesang der Revolutionskriege. Ein General schrieb einmal
an den Convent: »Ich habe die Schlacht gewonnen, die Marseillaise theilte mit mir das Commando«; ein anderer verlangte
entweder 1000 Mann Verstärkung oder eine Auflage der Marseillaise, und ein dritter meinte: »Ohne die Marseillaise wäre ich
gezwungen, mich einer gegen zwei zu schlagen, mit ihr kämpfe
ich einer gegen vier.« Dass dies nicht etwa enthusiastische Ueber-
treibungen sind, beweisen Aussprüche deutscher Männer in derselben Tonart. Wie Carnot zu Rouget sagte: »Bürger, Deine
Marseillaise hat der Republik hunderttausend Vertheidiger geschenkt«, so meinte Klopstock, als er dem Verfasser in Hamburg
begegnete, das Lied habe fünfzigtausend Deutschen das Leben
gekostet, und Kotzebue rief: »Barbar, wie viele meiner Brüder
hat dein Gesang getödtet!« Auch das ist verbürgt, was der Abbé
v. Montgaillard erzählt, dass bei dem Uebergang über den
St. Bernhard, als die ermatteten Soldaten die Kanonen nicht
mehr schleppen konnten, der Gesang der Hymne neuen Muth
erzeugte und den schwierigen Transport mit bewunderungswürdiger
Schnelligkeit vor sich gehen liess. Jawohl, Wunder hat das Lied
vollbringen helfen, aber ebenso hat es auch unerhörte Greuel begleitet und gefördert, all die Verurtheilungen und Enthauptungen,
all die Vernichtung der Ordnung und Zerstörung des Herge-
brachten.

Als Napoleon Kaiser geworden war, schaffte er deshalb
die Marseillaise gleich der Carmagnole ab; er verbot sogar den
»Chant du départ (Text von Marie-Joseph Chénier, Musik von
Méhul), welcher, gelegentlich des Nationalfestes 1794 entstanden,
der würdige Bruder der Marseillaise genannt wurde und gleich
derselben oft genug Sieg wie Verwüstung begleitet hatte. Nachdem in den Zeiten des Consulats die Militärmusiken wenigstens
noch die Musik gespielt hatten, ging auch dieses Nationaldenkmal
unter; die Romanze »Partant pour la Syrie« zur Nationalhymne zu erheben, gelang aber dem ersten Napoleon so wenig
wie später dem dritten. Während der »hundert Tage« kam
man wieder auf die Marseillaise zurück, und die neue Begeisterung stand der alten wenig nach; dagegen mussten ihre Klänge

bei Waterloo vor dem »Heil Dir im Siegerkranz« und dem »Rule Britannia« verstummen, wie später 1870 die Wacht am Rhein das alte Revolutionslied übertönte.

Von 1815—1830 hatte Frankreich keine allgemein anerkannte Nationalhymne. Während die Marseillaise als staatsgefährlich verfolgt wurde[1]), versuchte man es wieder mit »O Richard, o mon roi« und später unter Karl X. — man staune — mit dem »Malbrough s'en va-t-en guerre«; auch »Charmante Gabrielle« und »Où peut-on être mieux« taufte man als Nationallied, aber das Volk wollte nie mitsingen. Die neue Hymne der Julirevolution war die Parisienne, über welche wir später ausführlicher handeln wollen; daneben lebte auch die Marseillaise von Neuem auf, wurde aber von Louis Philipp abermals »in die Fesseln des Schweigens gelegt«. 1840 liess bekanntlich der kleine Thiers seinen Hahnenschrei nach dem Rheine los, den Nicolaus Becker aus Köln als Rabenschrei deutete; dann folgte A. de Mussets scharfe Duplik »Nous l'avons eu«, und Lamartine suchte mit seiner Friedensmarseillaise zu vermitteln. Damals war es, als der Republikaner Armand Marrast, des Bühnensingsangs müde, einmal in der grossen Oper »die Marseillaise, die Marseillaise!« rief. Sänger, Chor und Orchester begannen auch wirklich den Revolutionsgesang, und das ganze Haus stimmte ein; die Oper war zu Ende, und nach dem »Amour sacré de la patrie« eilte die begeisterte Menge, wenn auch gerade nicht zu den Waffen oder an den Rhein, so doch in die Cafés oder nach Hause.

In der Februarrevolution von 1848 kam als Novität das Girondistenlied mit dem Refrain »Mourir pour la patrie« auf, welches in Text und Melodie von Rouget de Lisle herstammt und später mit geringen Abänderungen von Alexandre Dumas in

---

[1]) Der bourbonische Oberst v. Schauenburg dichtete damals eine Parodie auf die Marseillaise, welche begann:

Allons, enfants de la courtille,
Le jour de boire est arrivé.
Déjà le champagne petille
Les pâtés sont tous préparés!
Entendez-vous dans ces campagnes
Rôtir les solides dindons,
Les ragoûts et les jambons etc.

14

seinen Chevalier de Maison rouge übernommen und von Pierre-
Joseph-Alphonse Varney musikalisch bearbeitet wurde; bald liess
es sich indessen von der alten Marseillaise überholen, die nun ihren
dritten Siegeszug begann. Sogar die Rachel ward durch sie zur
Sängerin, die classische Scene des Théâtre français zur Singhalle,
und als im Cirque ein grosses Spektakelstück »die französische
Revolution« gegeben wurde, worin die angeworbenen Jünglinge
die Marseillaise anstimmten, sangen die Zuschauer nicht allein mit,
sondern mehrere hatten nicht übel Lust, auf die Bühne zu klettern,
um sich — anwerben zu lassen. Das ist wunderbar, in der That;
in Belgien dagegen machte die Marseillaise sammt der Rachel
auch einmal Fiasco. Wie 1830 die Revolution in Brüssel mit
einer Theaterkundgebung während der »Stummen von Portici«
losbrach, so wollten jetzt Franzosen und französisch gesinnte Belgier
im Stadttheater des so lange orangistisch gebliebenen Gent eine
Scene aufführen, welche die Französisirung Belgiens veranlassen
sollte; die Rachel sollte, eine französische Fahne in der Hand, die
Marseillaise declamiren und sodann durch den Ruf »Es lebe die
Republik! Es lebe Frankreich!« die Gemüther aufreizen. Aber
Dr. Snellaert, der gelehrte Freund der Gebrüder Grimm, rief seine
vlämischen Mannen, darunter Prudens van Duyse und Heeremans
zusammen; beim Auftreten der Rachel sprangen sie lärmend auf
die Bänke, die Schauspielerin wich vor dem Ruf: »A bas la Marseillaise! Hoog leve 't vaderland!« erschrocken zurück, der Vor-
hang fiel und die Fransquillons zogen kleinmüthig ab. Das war
der Putsch von »Risquons-tout«.

Napoleon III. machte es wie sein Vorgänger auf dem französischen Throne; die Marseillaise war eine der Früchte, nach
denen die Anhänger der Liberté nicht langen durften. Dafür
wurde gelegentlich der Weltausstellung von 1867 ein Preis für
ein Nationallied ausgeschrieben, allein ein chant patriotique kam
nicht zu Tage. Dadurch mochte Napoleon einsehen, dass sich
so etwas auf Commando nicht fertigen lässt, und so gab er die
alte Marseillaise frei, als er den Krieg mit Deutschland begann;
er liebte sie nicht, aber für den momentanen Zweck konnte sie
am Ende helfen. Nun raste das Lied wieder wie eine Furie
durch die Gassen von Paris und die Reihen der französischen
Armee; sogar die starke Mademoiselle Sass musste in der Equi-

page auf dem Boulevard mit ihrem noch stärkeren Organ die Hymne anstimmen, kannte aber leider nicht alle Strophen auswendig, und das Volk vermochte ihr nicht zu souffliren. In den Theatern ging es besser, da wurde der Gesang einstudirt und mit Nachhilfe des Orchester gesungen nach Herzenslust; auch während der Belagerung von Paris rief man das alte Siegeslied zu Hilfe, es blieb aber nur bei unschuldigen Versuchen, und allmälig wurde es ganz still davon. Die Zeit der Wunder schien vorbei; als man aber das Lied in den Tagen der Commune sang, da verhüllte sein Genius das Antlitz, denn Greuel waren es, die es begleitete — Franzosen begingen sie gegen Franzosen und gegen die Monumente ihrer Hauptstadt und ihrer Geschichte.

Sowohl unter Thiers wie unter Mac Mahon war die Marseillaise geradezu verpönt; man erinnerte sich lediglich an die von ihr patronisirten Unthaten und suchte alles Nachtheilige hervor, nannte sie »l'hymne de l'émeute«, fand den Text stupid und übertrieben, die Musik mittelmässig. Charles Gounod musste sich in Gemeinschaft mit Paul Déroulède an die Arbeit machen, allein das Volkslied blieb wieder aus, während sich der Gassenhauer »En rev'nant de la revue« grosses Terrain eroberte. Endlich liess Boulanger von den Militärkapellen eine durch das Comité des Pariser Musikconservatoire verbesserte Marseillaise spielen, welche die Pariser indess solange als »Boulangère« verspotteten, bis die alte Fassung wieder durchdrang. Obwohl der Text nur noch vom historischen Standpunkt zu verstehen ist und recht brutal von dem sang impur spricht, welcher die französischen Aecker tränken soll, erklang er nun auch bei friedlichen Anlässen; indessen sind ja die Texte anderer Nationallieder auch kriegerisch angehaucht und werden beibehalten, obwohl sie nicht mehr actuell sind.

Die Klerikalen und die Bonapartisten murrten, aber die »République française« trat wirksam für das alte Symbol ein. Vorübergehend machte sich allerdings ein Zweifel geltend, als man sich Russland zu nähern suchte (1891), und der Marquis de Castellane schlug aus Schonung für das Ausland den Faustmarsch, die Triumphode von Fr. Holmes oder Massenet's Bundessang als Nationallied vor. Aber merkwürdig, der Schlachtgesang der französischen Revolutionskriege fand bei den Russen begeisterte Aufnahme, und damit war jeder Einwand vernichtet; er förderte Carnot's, er

förderte Faure's Missionen im Auslande[1]) und erfreut sich seitdem
in der dritten Republik allgemeiner Anerkennung. Es ist mit
den historischen Nationalliedern eben ein eigen Ding: oft sind die
Worte gleichgiltig, und es ist nur das Nationale und Alterthüm-
liche, welches anzieht, noch öfter scheint aber die durch die Melodie erregte allgemein erhobene Stimmung das allein Wirksame.

Schliesslich möge eine Schilderung der »Marseillaise
in Action« folgen, wie sie Ernst Pasqué nach eigenen Erleb-
nissen aufgezeichnet hat; es ist dies das Einzige, das ich aus
seinen Aufsätzen über diesen Gegenstand geben kann, da er
wie manch Anderer erst Fétis zustimmte, dann Hamma glaubte,
bei näherem Zusehen diesen gänzlich verwarf, dafür Loth freudig
begrüsste und mit dessen Resultaten die Frage für definitiv er-
ledigt hielt. »Am 12. und 13. Mai 1839,« beginnt er, »hatte
einer jener Revolutionsversuche stattgefunden, durch welche die
Regierung Louis Philipps oft und gewiss nicht angenehm überrascht wurde. Etwa hundert junge Leute hatten einen Waffen-
laden, dann die Wachtposten des Stadthauses und des Justiz-
palastes gestürmt; von den Linientruppen zurückgeschlagen, ver-
barrikadirten sie' sich in den Strassen St. Denis und St. Martin,
und erst am andern Tage gelang es der bewaffneten Macht den
Aufstand zu überwältigen. Wenn es hierbei auch nicht so blutig
herging wie bei dem früheren Revolutionsversuch von 1834, wo
die Chasseurs d'Afrique in der Strasse Transnonnain in ein Haus,
aus dem geschossen war, eindrangen und Alles ohne Unterschied
des Alters und Geschlechts niedersäbelten, so waren doch manche
Bürger und Soldaten gefallen, unter Anderen auch ein Lieutenant
Namens Drouineau. Viele der Insurgenten und die Haupturheber
der Emeute wurden verhaftet und der Pairskammer zur Abur-
theilung überwiesen. Unter Letzteren befand sich der bekannte
Republikaner Armand Barbès, damals etwa 28 Jahr alt; man legte

---

[1]) Als 1898 in Sebastopol die Anwesenheit eines französischen Kreuzers
gefeiert wurde, verlas der General Browzyn auf einem Déjeuner dinatoire eine
von ihm verfasste francorussische Marseillaise, deren erste Strophe — mehr
wohlgemeint als schön — lautet:

> Allons, enfants de la Russie,
> Voir le beau pays de France!
> Nous y trouverons une seconde patrie
> Et un accueil cordial et franc.

ihm besonders den Tod Drouineau's zur Last, und da die rasende
See, d. h. die Pairskammer, ihr Opfer haben musste, so verur-
theilte sie Barbès, nur ihn allein, zum Tode.

Vor der Barrière St. Jaques wurden bereits Anstalten
zur Errichtung der Guillotine getroffen; am andern Tage früh
fünf Uhr sollte die Execution erfolgen. Als aber der Abend
kam, wurde es im Revolutionsviertel ungewöhnlich lebendig, aus
allen Gassen, Höfen, Passagen und Culs-de-sac kam es hervor,
Arbeiter in Blousen, Handwerker, Commis, Künstler, Gamins und
Gesindel, und das Schicksal von Barbès wurde lebhaft besprochen.
Ich war damals achtzehn Jahre alt und konnte, da ich in der
Nähe wohnte, der Lust nicht widerstehen, mir eine solche Emeute
genauer zu betrachten. Aber die Stimmung der Menge ist an-
steckend; bald war ich auch ein Freund von Barbès, der für
Menschenrechte gekämpft hatte. Das Reden ging allmälig in Schreien
und Lärmen über, endlich donnerte es: »La Marseillaise, la
Marseillaise!« Nun bildeten sich sofort lange Reihen, und Arm
in Arm, in einer Kette, breit wie die Strasse, schritt man dahin,
bunt gemischt, wie es der Zufall fügte. Ich war von meinen
Freunden getrennt worden, und ehe ich's mich versah, hatte ein
Blousenmann meinen einen, ein anständig gekleideter junger
Mensch meinen andern Arm ergriffen. Schon wogte es fort, und
die Marseillaise, an allen Ecken und Enden, in allen möglichen
und unmöglichen Tonarten angestimmt, bewirkte ein ohrzer-
reissendes Getöse.

Ich befand mich mitten unter wirklichen »Enfants de
Paris«, die sich durch alles Andere, nur nicht durch Stimme
und Gesangstalent auszeichnen. Ich kannte mehrere Strophen auswendig, und da ich angehender Sänger war, so stimmte ich den
Revolutionsgesang mit aller Kraft meiner jugendlichen Lunge an,
in einer Tonart, die es jeder Stimme möglich machte mitzusingen.
Die dünnen, theilweise sogar hässlichen Stimmen klammerten
sich förmlich an die meinige an, und ich brachte sie auch endlich
in's Fahrwasser. Bei der Wiederholung der ersten Strophe — es
wurde vorläufig nur diese eine gesungen — gingen die ersten vier
Zeilen auch ganz vortrefflich, aber nun begann es zu hapern. Der
zweite Theil wollte nicht herauskommen; er wurde zwar gesungen,
aber nicht wie er geschrieben steht, es war ein wüstes Umher-

tappen und Suchen, dass ich selbst den Faden verlor. Aber
beim Refrain, dem »Schwibbogen«, wie ein bekannter rheini-
scher Capellmeister zu sagen pflegte, fanden sich die verirrten
Singschafe wieder, und nun war es, als ob die Kehlen sich rächen
und etwas extra zu Gute thun wollten. Der Refrain kam wie
aus der Kanone geschossen, so dass ich mächtig ergriffen wurde;
die Luft dröhnte und die Häuser der Strasse von St. Denis
zitterten, so brüllten die Tausende[1]).

Es wurde weiter marschirt und weiter gesungen. Ich
stimmte die zweite Strophe an, aber die Wenigsten um mich her
kannten den Text, und so lehnten sich Manche, wie früher an
meine Töne, so jetzt an meine Worte an; Andere brummten nur
und wieder Andere fingen frischweg die erste Strophe von Neuem
an. Beim dritten Couplet ging es noch schlimmer, und erst als
ich das »amour sacré de la patrie« begann, da brüllte Alles begeistert mit. Aber auch nur die ersten zwei Zeilen, dann begann
man wieder die erste Strophe, und so ging es in infinitum nach
dem Beispiel des deutschen Pfaunenschmied:

> Und wer das Lied nicht weiter kann,
> Der fängt es wieder von vorne an.

Dazwischen wurde aus Leibeskräften »Vive Barbès!« ge-
schrien, zu einem »A bas le gouvernement!« verstiegen sich nur
einzelne Stimmen. Wo wir aber hinkamen, wurden hastig die
Läden geschlossen; wir zogen durch die untere Hälfte der Strasse
St. Denis nach der Seine, dann über den Chateletplatz und schliesslich in die Strasse St. Martin. Der Haufen war mittlerweile
furchtbar angeschwollen, als aber unser Vortrab in der Gegend
der rue de la Verrerie anlangte, wurde in der Ferne Pferdegetrappel
laut. »Les municipaux!« schrie es durch alle Reihen bis zu den
letzten Nachzüglern, und blitzschnell machten die Helden kehrt;
ich natürlich auch, und kaum war ich in einer der engen Neben-
gassen über einige am Boden liegende junge Revolutionäre gefallen, als furchtbare Schreie in St. Martin ertönten. Die Situation
war kritisch, jede Boutique geschlossen, rechts und links der Feind
in Gestalt von Municipalgarden und Stadtsergeanten! Da gelang
es mir, mich in eine der dunklen und schmutzigen Alleen, welche

---

[1]) Vergleiche auch H. Berlioz, Mémoires I. p. 157.

die Eingänge der Häuser dort bilden, zu flüchten; hinter mir fiel die eisenvergitterte Thür in's Schloss und ich war in Sicherheit. Als ich spät in der Nacht nach Hause kam, war die Emeute längst zu Ende. Viele Verhaftungen und auch Verwundungen hatten stattgefunden, doch waren die Pariser nicht aggressiv vorgegangen. Konnte man nun aber von einem solchen Singsang keine Wunder erwarten, wie sie aus der alten Zeit berichtet werden, so hatte die Marseillaise doch immerhin Anerkennenswerthes geleistet: Barbès wurde nicht hingerichtet. Die Zeitungen erzählten zwar, auf Fürbitten des Herzogs und der guten Herzogin von Orléans hätte Louis Philipp noch in der Nacht den Gnadenakt unterzeichnet, allein das Volk wusste es besser, dass die Marseillaise ein klein wenig Furcht verbreitet hatte.

So stand es mit der Marseillaise zur Zeit Louis Philipp's; auch 1870 hatten sich die Pariser noch nicht alle sechs Strophen angeeignet, und als ich am 14. Juli 1880 der ersten Feier des Republikfestes beiwohnte, fand ich meine alte Bemerkung bezüglich des Gesanges bestätigt. Die Banden, welche über die Boulevards zogen und ohne Instrumentalbegleitung die Hymne brüllten, geriethen bei dem gefährlichen Mittelsatz noch schlimmer aus den Fugen als ihre Vorgänger von 1839; aber beim Refrain ging es wieder los, und diesmal war es nicht mehr schön — im Gegentheil. Ich will nicht leugnen, dass die Hauptwirkung des politischen Gesangs in dem Zusammenwirken und der mächtigen Kraftentwicklung liegt, aber, um die früheren Wunder zu erklären, möchte ich doch beinahe glauben, dass die alten Franzosen, die auch unzweifelhaft jeder Strophe ihr Recht gaben, »etwas musikalischer gewesen sind«.

XII.
Die Parisienne.

(»Peuple français, peuple de braves«, Hymne von C. Delavigne.)

1. Von Harburg nach Boston.

Vor mir liegt ein grosses Quartblatt, welches einmal — im Jahre des Heils 1740 — an einem Stadtthore oder einem schwarzen Brett geprangt hat, und darauf verordnet Ernst August, »Hertzog zu Sachsen, Jülich, Cleve und Berg, auch Engern und Westpfahlen etc., der Römisch-Kayserlichen Majestät commandirender General der Cavallerie, auch Obrister über zwey Regimenter zu Ross und zu Fuss«. Um den zeitherigen »gewaltsamen Werbungen oder Menschen-Räubereyen« zu steuern, erklärt er die »frembden Werber als Menschen- und Seelen-Verkäufer für vogelfrey« und will sie »gleich denen Strassen-Räubern angesehen und bestrafet« wissen. »Derjenige frembde Werber, er seye Officiers, Gemeiner oder sonst jemand, Manns- oder Weibspersohn, so sich in dergleichen Metier betreten lässet, von der Strassen abgehend nach langen Leuten sich erkündiget oder derer Bekanntschaft suchet, ist lebendig oder todt zu liefern, dessen bey sich habende Sachen sollen aber demjenigen, welcher dergleichen Persohnen einliefert, heimfallen; gleichwie derjenige, welcher Unserer Unterthanen einen, er sey Hoher oder Niedriger, Manns- oder Weibspersohn, Geist- oder Weltlicher, Knecht oder Magd, welche letztere sonderlich in denen Wirthshäusern vor anderen verdächtig sind, mit Grund anzeigen wird, 50 Rthlr. Recompens erhalten, dessen Nahmen aber verschwiegen bleiben soll.«

So väterlich sorgte ein kleiner deutscher Fürst für seine Unterthanen, als die Vorliebe König Friedrich Wilhelms I. von

Preussen eine Jagd auf »lange Kerle« veranlasst hatte. Fünfund-
dreissig Jahre später, und eine Reihe deutscher Staaten schlossen
mit Grossbritannien Verträge, nach denen sie so und so viel tausend Landeskinder für den Krieg gegen die dreizehn rebellischen
Provinzen Nordamerikas zu liefern hatten! Hessen-Cassel voran,
dessen Landgraf Friedrich II. seinen guten Namen dadurch ver-
unzierte, cassirten Hannover, Braunschweig, Anhalt, Waldeck und
Ansbach ohne Erröthen ihre Millionen ein, und mit Ueberredung
und List, wenn nöthig mit Gewalt und Betrug suchten die privi-
legirten Werber ihre Aufgabe zu erfüllen. Wie eine mehrfach
citirte Zeitstimme sagt, wurden zwar auf diese Weise verun-
glückte Existenzen und unlautre Elemente ins Ausland gezogen,
um die man nicht zu trauern hatte, aber, durch das ansehnliche
Handgeld und die Hoffnung auf grösseren Gewinn verführt, ent-
zogen sich auch tüchtige junge Leute dem Vaterlande und noch
mehr wurden gegen ihren Willen in den Tod oder ein trauriges
Dasein gelockt. In den Berichten der Geschichtsschreiber steht als
Beispiel solch gewaltsamer Anwerbung Seume voran, und seine
Erlebnisse wie seine Berichte haben viel zu dem Odium beigetragen,
welches sich alsobald auf diesen Menschenhandel ergoss.

In der kleinen hannoverschen Festung Harburg an der
Elbe sollte in den ersten Monaten des Jahres 1776 ein grösseres
Corps versammelt, eingekleidet und verschifft werden, und wohl
noch nie, so lange sich dort Mauern und Wassergräben befanden,
hatten dieselben ein so reges und buntes Leben in ihrem Bereich
gesehen. »Wer will mit nach Amerika?« sangen die ersten An-
kömmlinge,

> Die Hannoveraner sind schon da,
> Die Hessen werben mit Gewalt,
> Kommen die Braunschweiger auch alsbald.

Wirklich liessen diese nicht lange auf sich warten, und nach und
nach wurden 16,000 junge kräftige Männer eingeliefert, so dass
das Städtchen sie am Ende kaum mehr zu fassen vermochte.
Wenn aber auch der Abschied aus den gewohnten Kreisen, der
freiwillige und unfreiwillige, seine Schatten warf, so stellte sich
doch bald ein gewisser Gleichmuth ein und ging zuletzt in Lustigkeit über, mochte sich dieselbe auch in Galgenhumor, natürlichen
Frohsinn und extravaganten Uebermuth mit hundert Nuancen

und Mischungen gliedern. Die Liedchen zeigen, was hauptsächlich
an dieser Wandlung schuld war; da heisst es z. B.:

> Adchö, mein Hessenland, Adchö!
> Jetzt kommt Amerika,
> Und unser Glück geht in die Höh,
> Goldberge sind allda[1]).

Das rothe Gold spielt die Hauptrolle, denn es kommt in Amerika
»man nur so hergerollt«, und im Uebrigen:

> Es giebt auch im Ausland von fröhlicher Laun,
> Dort Mädels, hübsch, scherzlich und weisslich und braun,
> Und haben Soldaten Geld, Mädel und Wein,
> So können sie niemalen glücklicher sein.

> Und führt uns der Himmel nach Hause zurück,
> So haben wir Ruhm und Dukaten und Glück;
> Doch sterben wir als tapfre Soldaten auch gleich,
> So deckt uns dort Erde so gut wie bei euch.

Gewiss ist, dass man in Harburg mehr singen und jubiliren
als weinen und wehklagen hörte. In ihren blauen, roth ge-
fütterten Röcken und weissen Westen zogen die Bursche lärmend
durch die Gassen, um sich in den Schenken an einem kräftigen
Trunk gütlich zu thun, an Tänzerinnen fehlte es nie und nirgends,
und selbst die ehrsamen Bürger verschmähten es nicht, auf glückliche Fahrt und frohe Wiederkehr den gebotenen Humpen zu
leeren. Und wie bei den Gemeinen, so war es auch bei den
Offizieren, unter denen sich übrigens auch viele preussische befanden; sie träumten von Kriegsruhm und guter Beute, wurden
dazu mit grosser Zuvorkommenheit behandelt und zeigten ihrerseits eine solche Leutseligkeit, dass sie nicht selten an den allgemeinen Belustigungen Antheil nahmen.

Indessen war dies nur ein Zwischenstadium, und bald hiess
es nach dem Muster eines Braunschweigischen Liedchens:

> Nun adje, mein Harburg hier!
> Hier ist g'wesen gut Wein und Bier.
> Nun adje, wir gehen fort
> An ein wunderschönes Ort!

Die Einschiffung vollzog sich, wenn auch langsam, so doch
ohne Unterbrechung, und bald schwamm die deutsche Soldaten-
waare auf sogenannten Böcken die Elbe hinab, um in Cuxhaven

---

[1]) Ditfurth, die hist. Volkslieder von 1763—1872 p. 7 f.

von englischen Transportschiffen aufgenommen zu werden. Als damit der letzte Abschied von der Heimath herankam, schlug die Stimmung plötzlich um, Lust und Lied verstummte, und selbst die Ausgelassensten und Sorglosesten verfielen in ein dumpfes Brüten. So war eins dieser Schiffe schon mehrere Tage auf hoher See, und noch immer herrschte unheimliche Stille unter der zahlreichen Mannschaft, bei der die Seekrankheit durchaus nur im Gemüth zu spüren war; traurig verlief die Fahrt durch die Nordsee, traurig die Fahrt durch den Canal. Am wenigsten litt eine junge, dralle Dirne, die sich als Marketenderin hatte anwerben lassen, das einzige weibliche Wesen an Bord, aber — das sah man ihr auf den ersten Blick an — recht wohl im Stande, sich jede Zudringlichkeit vom Leib zu halten. Wahrscheinlich hatte sie sich zu diesem Schritt entschlossen, weil es ihr ein junger Bursch angethan hatte; doch schienen sie sich das Wort gegeben zu haben, sich nicht zur Zielscheibe des Spottes machen zu lassen, und Niemand merkte etwas von einem Einvernehmen.

Drei Compagnien sammt Capitain und Lieutenants, Fähndrichen, Sergeanten und einer Bande Pfeifer waren in dem ziemlich grossen Fahrzeug untergebracht, und diese drangvolle Enge war auch eine der Ursachen, weshalb die Verzagtheit so lange anhielt. Indessen selbst der Regen hört endlich einmal auf, und hier meinte der Capitain einen Umschwung herbeiführen zu können, wenn er die edle Musika, so gut oder schlecht er sie bei der Hand hatte, zu Hilfe rief. Die Pfeifer begannen also ihre Märsche und Zapfenstreiche zu blasen, und siehe da, bald stimmte der Eine und Andere ein Volkslied an, bis sich ein Kreis um ihn bildete und mitsummte, mitsang, den Refrain wiederholte. Die Marketenderin wurde nicht müde, die Verzagten anbeizuholen und zum Singen anzufeuern, und wirklich schlug es ihr kaum einer ab, so dass endlich ein neuer Geist sozusagen compagnieweise erwachte und sich geltend machte.

Jetzt wurde es lebhaft auf Deck. Bald wechselten Soli mit Chorgesängen, bald spielten die Pfeifer ihre Weisen, bald suchten sie eine Begleitung zu improvisiren, und endlich wurde gar das Wort »Tanz« laut, um eine tiefe Sehnsucht nach den Harburger Schönen zu erwecken. Der Capitain meinte, in der Noth könne auch einmal ein Kamerad als Partnerin gelten, griff aber, um die

Sache in Fluss zu bringen, zu dem gewagten Mittel, mit der Marketenderin vorzutanzen. Die Pfeifer blasen einen altbekannten Marsch, nach dem es sich ganz leidlich hopsen lässt, aber statt das Beispiel nachzuahmen, bilden die Soldaten einen Kreis um das Paar, folgen bewundernd jeder Bewegung, und Jeder hegt im Stillen den Wunsch, zur Ablösung commandirt zu werden. Wenn indessen Cassio sogar im Himmel Berücksichtigung der Rangliste verlangt, so ist es nur natürlich, dass auch hier dem Capitain erst der Lieutenant und dann der Fähndrich folgt. Wie aber darauf der Sergeant das Mädel um die Taille fasst, da schliesst sich den schrillen Tönen der kleinen Flöten eine kräftige Männerstimme an und singt, den Rhythmus scharf markirend:

> Capitain, Lieutenant,
> Fähndrich, Sergeant,
> Nimm das Mädel, nimm das Mädel, nimm das Mädel bei der Hand!
> Soldaten, Kameraden.
> Soldaten, Kameraden!

Das freudige Gemurmel der Zuschauer löst sich bei diesen ebenso trefflich zur Melodie wie zur Situation passenden Worten in allgemeinen Jubel auf und, von hundert Kehlen wiederholt, tönt das Liedchen wie eine Siegesfanfare über die weite Meeresfläche hin. Der Bann war gebrochen, die alte Fröhlichkeit mit aller Kraft von Neuem erwacht. Und als jetzt die unermüdliche Marketenderin mit einem Soldaten antrat, da hatte der Sänger seine Inspiration auch auf den Anfang der Weise ausgedehnt und begleitete dieselbe zum grossen Vergnügen der Tänzer, welchen der Takt jetzt viel deutlicher zum Bewusstsein kam, mit seinem Couplet:

> Ein Schifflein sah ich fahren,
>   Capitän und Lieutenant,
> Darinnen war'n geladen
> Drei brave Compagnien Soldaten.
>   Capitän, Lieutenant,
>   Fähndrich, Sergeant,
> Nimm das Mädel, nimm das Mädel, nimm das Mädel bei der Hand!
>   Soldaten, Kameraden,
>   Soldaten, Kameraden!

Der abermalige Beifallssturm, der den einfachen Worten folgte, wurde durch die Schiffsglocke unterbrochen, welche zur Menage läutete; aber wenn auch die Marketenderin zu anderer

Beschäftigung eilen musste, die Soldaten wollten nun einmal ihren
Tanz haben, und jetzt ging es auch mit männlichen Partnern.
Das Mädel schmunzelte, als sie den guten Erfolg ihrer Mühen
sah, mahnte aber doch, darüber das Essen nicht zu vergessen, und
als die Worte in den Wind flogen, fing auch sie an zu singen:

> Was sollen die Soldaten essen,
> Capitän und Lieutenant?
> Gebratene Fisch mit Kressen,
> Das sollen die Soldaten essen.

Und der Chor fiel ein, indem er nicht übel Anstalt machte, den
Worten Folge zu geben:

> Capitän, Lieutenant,
> Fähndrich, Sergeant,
> Nimm das Mädel, nimm das Mädel, nimm das Mädel bei der Hand!
> Soldaten, Kameraden,
> Soldaten, Kameraden!

Inzwischen hatte sich der eigentliche Erfinder des Liedes am
Esstisch niedergelassen und den Zinnbecher emporhebend, der
eine wenig kostbare Abart von Wein zu fassen bestimmt war,
setzte er, während rings um ihn her der Tumult wogte, den Sang
in lustiger Ironie fort:

> Was sollen die Soldaten trinken,
> Capitän und Lieutenant?
> Den besten Wein, der zu finden,
> Den sollen die Soldaten trinken.

Vollstimmig setzte der Chor wieder ein, und wer weiss, wie viele
Verse noch gefolgt wären, wenn nicht der Herr Capitän der
Scene ein Ende gemacht und zur Tafel commandirt hätte.

Am Abend sassen die Leute wieder auf Deck und stimmten
ihr funkelnagelneues Liedlein von frischem an; natürlich wurden
auch weitere Strophen angereiht, die guten erhielten Beifall und
die schlechten gaben Anlass zu neuen Versuchen. Da sang einer,
der dem Harburger Tanze vor den heutigen Versuchen offenbar
den Vorzug gab:

> Wo sollen die Soldaten tanzen?
> Zu Harburg auf der Schanzen.

Ein Anderer meinte:

> Wo sollen die Soldaten schlafen?
> Bei ihrem Gewehr und Waffen.

Und als die gestrengen Herren Offiziere den Rücken gewendet
hatten, hiess es etwas respectwidrig:

Wie kommen die Offiziere in die Hölle?
Auf einem schwarzen Fohlen
Wird sie der Böse holen.

Doch auch die Rückseite der Medaille musste beleuchtet werden:

Wie kommen die Soldaten in den Himmel?
Auf einem weissen Schimmel,
Da reiten die Soldaten in den Himmel.

Von einem Kunstwerthe kann bei solchem Zeitvertreib natürlich keine Rede sein, genug, der Rekrutenhumor half über den
unangenehmen Augenblick hinweg, und die frische und kräftige
Melodie that dabei vorzügliche Dienste, ohne eine Art Wirths-
hauston zu verleugnen. Als das Schiff nach langer Fahrt endlich
in Boston landete, war der Sang den Soldaten so lieb geworden,
dass sie alle übrigen Lieder der Heimath darüber vergessen zu
haben schienen, und die Kameraden, welche ihnen nach der neuen
Welt folgten, machten es sich gleichfalls sofort zu eigen. So
kam es denn, dass »ein Schifflein sah ich fahren« zum Trutzlied
der Deutschen wurde, welche in Amerika kämpften, aus Zwang
gegen ein Volk kämpften, das ihnen kein Leid gethan hatte und
kaum mehr als dem Namen nach bekannt war.

---

2. Französischer Marsch und deutsches Volkslied.

Die deutschen Truppen wurden in die Heere der drei englischen Feldherren Clinton, Bourgoyne und Howe vertheilt; unter
dem Collectivnamen der »Hessen« bildeten sie den eigentlichen
Kern der königlich englischen Armee. Lord H o w e allein führte
12000 Hessen gegen New-York, darunter die später so gefürch-
teten Riedesel-Dragoner, lauter riesige Leute, die an Helm und
Degen soviel zu tragen hatten, wie die ganze Armatur eines amerikanischen Soldaten betrug. Bei dem stark befestigten B r o o k l y n
auf Long-Island kam es am 26. August 1776 zum Treffen. Die Amerikaner vertheidigten sich hinter ihren Pallisaden und Schanzen
mit grosser Hartnäckigkeit, und der Sieg war lange zweifelhaft;
da intonirten die Pfeifer das Lieblingsliedchen, die Hessen stimmten

kräftig ein, und im Sturm wurden die Schanzen genommen.
Man hat wohl in unseren Tagen mehrfach bezweifelt, dass die
alten Kriegslieder so thätigen Antheil an den Schlachten und
Siegen genommen hätten und dagegen eingewandt, dass die
Soldaten im Kampfe selbst andere Dinge zu beschicken hatten,
als sich mit Gesang zu beschäftigen. Allerdings besass man damals
nicht mehr die Musse der homerischen Krieger, indessen erlaubte
die Schlachtenpraxis immerhin eine umständlichere Vorbereitung
zu besonderen Actionen, und ganz natürlich wurde Musik und Gesang zur Anfeuerung dabei ausgiebig verwandt. Auf die Weise
verschaffte das deutsche Kriegslied den Engländern jetzt den Sieg,
Washington musste New-York aufgeben, und Lord Howe besetzte
es mit seinen tapfern Truppen.

Auch fernerhin erklang die Melodie als Marsch bei Angriff
und Sturm, als Kriegsgesang auf den Märschen und im Lager
als Tanzliedchen. Hannoveraner und Hessen spielten und sangen
sie um die Wette, und als Washington in der für die Engländer
unglücklichen Schlacht bei T r e n t o n tausend Deutsche, meist
Hannoveraner, gefangen nahm, wurde sie auch unter den Ameri-
kanern bekannt. Von diesen vernahm sie L a f a y e t t e , welcher
im Winter 1776 auf 77 nach Amerika gekommen war, um in
seiner Begeisterung für die Freiheitsidee an dem Kampf der nordamerikanischen Colonien gegen ihre Unterdrücker theilzunehmen;
sie gefiel ihm ausnehmend, und da er oft Gelegenheit hatte, sich
von ihrer anregenden Wirkung zu überzeugen, so eignete er sie
sich an und liess sie als »hannoverschen Marsch« von den
Hautboisten seines eignen Corps aufspielen. Im Herbst 1781 kehrte
er ruhmbedeckt nach Frankreich zurück, und etwa achtzehn
Monate später, als der Krieg nach achtjähriger Dauer zu Ende
ging, sahen auch die tapfern Hessen ihre Heimath wieder. Hier
erwarben sie dem erprobten Soldatenliedchen viele Freunde, ebenso
liess aber auch Lafayette den liebgewonnenen hannoverschen
Marsch in Frankreich spielen und bürgerte ihn rasch ein. Die
Hautboisten der französischen wie die Pfeifer der deutschen
Regimenter, deren Reste wir in der Rheinarmee Luckner's wieder-
gefunden haben, trugen denselben bei den militärischen Uebungen
fleissig vor, bis er mit der Revolution verschwand; in der napoleonischen Zeit tauchte er zwar nochmals auf, aber das junge

Kaiserreich bedurfte rauschenderer Klänge, und nachdem er einmal in der Liste gestrichen war, schien das Interesse für Lafayette's
Lieblingsmarsch für immer begraben.

In Deutschland dagegen wanderte das Liedchen von Mund
zu Mund und wurde aus dem Soldaten- zum Volkslied; es war
in Pommern und Westphalen so gut wie im Brandenburgischen
und dem Elsass zu Hause, ging in alle Commers-, Soldaten-
und Taschenliederbücher über und lässt sich im Volke bis auf
den heutigen Tag· nachweisen. Es ist bemerkenswerth, dass die
Varianten in Text und Melodie sehr geringfügig erscheinen, was
sicher für die grosse Verbreitung spricht, in erster Linie aber
der knorrigen — sit venia verbo — Dichtung zuzuschreiben ist,
deren Sinn und Worte keine grosse Veränderung zuliessen. Der
Thatsache. gemäss, dass sich die Parodie nur an allgemein Be-
kanntes anschliesst, muss man den Höhepunkt der Verbreitung um
1787 ansetzen; als damals ein Spottlied auf die holländische
Patriotenpartei entstand, welche den Einmarsch des preussischen
Heeres fruchtlos zu verhindern suchte, wandte man nicht nur
dieselbe Form von Frage und Antwort an, sondern es wurden
auch Kapitain, Lieutenant, Fähndrich, Sergeant, sogar noch Tam-
bour und Korporal aufgerufen, um zu hören, was die Patrioten
essen, worauf sie schlafen, womit sie spielen sollten. Da ihnen
gebratene Hühnerchen mit Pasteten. Bettchen mit schönen Laken,
Karten und schöne Mädchen verschrieben werden, ist es klar,
worauf die Sänger zielten; stärker noch wurde die Melodie geändert,
doch haben sich die Holländer offenbar nicht nur an dem »Ein
Schifflein sah ich fahren‹ ergötzt, sondern auch nicht viel Anderes
bei dem preussischen Heere vernommen. Kunstlos und derb wie
sein Musterlied, lautet der Sang in der ersten Strophe:

> Wat zullen ons Patriotjens eeten,
> Als zij in t'leger zyn?
> Gebraden hoenderkens met pasteten
> Zullen ons Patriotjens eeten.
>> Kapitein, luitenant,
>> Vaanderik, sergeant,
>> Tambour, korporal,
>> Patriotjens, kameradjens!

3. Die Barbistenhymne.

Im Sommer des Jahres 1830 tanzte Paris auf einem Vulcan — ein geflügeltes Wort, welches Salvandy, der damalige französische Gesandte in Neapel, auf einem Balle im Palais-royal creirte. Im März war die Kammer plötzlich vertagt worden, das verhasste Ministerium Polignac bereitete seine berüchtigten Ordonnanzen vor, ganz Paris war in einer unbeschreiblichen Aufregung, die durch die Oppositionsjournale noch unablässig gesteigert wurde.

In dieser Zeit feierte eine Gesellschaft von Gelehrten, Schriftstellern und Künstlern eins ihrer Jahresfeste. Es waren dies die sogenannten Barbisten, Männer, welche in dem berühmten Collège St. Barbe am Panthéon ihre Vorbereitungsstudien gemacht hatten und sich regelmässig am Tage der heil. Barbara wie zu Anfang des Sommers zu einem gemeinschaftlichen Mahle vereinten, um den alten Zusammenhang zu erneuern und zu befestigen. In einem der grossen Restaurants des Palais-royal fand die Sitzung statt, und neben Toasten auf hervorragende, Denkreden auf heimgegangene Genossen wurden auch die Tagesbegebenheiten in den Kreis der Betrachtung gezogen. Da erhob sich ein Akademiker, zugleich Bibliothekar des damals für freisinnig geltenden Herzogs Louis Philipp von Orleans, Casimir Delavigne; von heiligem Zorn gegen die reaktionäre Regierung Karls X. erfüllt, hatte er eine Hymne gedichtet, und trug sie jetzt zum erstenmal seinen Freunden und ehemaligen Schulgenossen vor. »Peuple français«, begann er:

>»Peuple français, peuple de braves,
>La liberté rouvre ses bras;
>On nous disait: Soyez esclaves!
>Nous avons dit: Soyons soldats!
>Soudain Paris dans sa mémoire
>A retrouvé son cri de gloire:
>En avant, marchons
>Contre leurs canons!
>A travers le fer, le feu des bataillons,
>Courons
>A la victoire!«

Ganz für die augenblickliche politische Stimmung geschaffen, wurde das Lied mit lauter Begeisterung entgegengenommen, sofort als ein würdiges Seitenstück der Marseillaise bezeichnet und als

15

»Parisienne« getauft. Um Kampf und Sieg zu begleiten, fehlte ihm nur die Melodie; aber sofort trat ein anderer Festgenosse auf, ein blühender junger Mann, der mit blitzenden Augen und erhobenen Tons diesem Mangel ehestens abzuhelfen und damit den Parisern, für welche der Text ja bestimmt war, ein neues Volkslied schenken zu wollen versprach. Dieser Mann war Adolphe Nourrit, der gefeierte Tenor der grossen Oper, »Créateur« der Helden Masaniello, Arnold, Robert und Raoul, auch gelegentlicher Componist, aber allbekannter und bewunderter Liedersänger in Salon und Concertsaal. Er nahm die Hymne Delavignes mit nach Hause, setzte sich noch in derselben Nacht an sein Instrument und bemühte sich, eine Melodie zu erfinden; doch vergebens, nichts erschien ihm passend und würdig, was er versuchte. Da erinnerte er sich einer alten, scharf rhythmisirten Weise, die er in der Jugend in seiner Vaterstadt Montpellier von den Hautboisten des dort in Garnison stehenden Regiments vernommen hatte, eines alten »hannoverschen Marsches aus der Zeit Ludwigs XVI.« — so nennt er ihn selbst. Derselbe schien ihm zu den Worten zu passen, als wäre er mit ihnen entstanden, und so hielt der Freiheitsgesang der Julirevolution unter dem Schutz der alten Militärmelodie seinen Einzug in Paris, um — so träumten die Autoren — an Wirkung der Marseillaise nichts nachzugeben.

Wie Nourrit zu der Melodie der Parisienne gelangte, ist für die Entstehung der Marsailleisenweise höchst instruktiv: es wird Rouget de Lisle wohl geradeso gegangen sein, erst mag er selbständig zu componiren versucht haben und dann auf den alten Marsch gefallen sein, der seinen Wünschen volles Genüge that. Uebrigens suchte man auch bei der Parisienne zunächst nicht nach dem Componisten; sie verbreitete sich mit rasender Schnelligkeit, ertönte bald an allen Ecken und Enden von Paris, und in der That hatte das Volk seine Siege in den drei blutigen Julitagen theilweise ihrer anfeuernden Kraft zu danken. Nachdem sie darauf von Auber harmonisirt und instrumentirt worden war, wurde sie am 2. August im Théâtre Porte St. Martin und zwei Tage darauf nach einer Aufführung der Stummen von Portici in der grossen Oper von Nourrit vorgetragen, um einen Sturm von Beifall zu erwecken. Dass sie aber auf ein deutsches Lied zurückzuführen ist, hat man damals nicht geahnt, höchstens daran

erinnert, dass sie bereits 1828 in einem Vaudeville von G. Delavigne und Scribe »Le baron de Trenck«, benutzt worden war;
erst später theilte Ponchard seinen Schülern als Neuigkeit mit,
dass der »hannoversche Marsch« Nourrit's nichts Anderes sei als
der Marsch Lafayette's, während Andr. Kretschmer die Melodie
1834 auf »Ein Schifflein sah ich fahren« zurückführte[1]). Wie
dieselbe 1776 dazu gedient hatte, die junge nordamerikanische
Freiheit zu bekämpfen, so stritt sie vierundfünfzig Jahre später
für die neue Freiheit Frankreichs und sühnte so die Schuld,
welche sie unbewusst früher auf sich geladen hatte. Denkwürdig,
dass ein deutsches Volks- und Soldatenliedlein die revolutionären
Bewegungen für die gloire und liberté begleitete! Wem es aber
unglaublich klingt, dass sich die heroische französische Hymne
nach derselben Melodie singen lässt wie das deutsche Schelmenlied,
der mag den Versuch nicht scheuen; er wird allerdings finden, dass
trotz Auber's Bemühungen der Schluss besser zu den deutschen
als den französischen Worten passt, aber im Grossen und Ganzen
haben dieselben doch einen leidlichen Unterschlupf gefunden.

---

[1]) Der Güte des Herrn Dr. Max Friedländer verdanke ich den Nachweis
dieses Aufsatzes des bekannten Volksliedersammlers in W. Alexis' Freimüthigem
1834 No. 143. Irrthümlicherweise hält Kretschmer nur Sovinski für den Be-
arbeiter, während derselbe lediglich eine Clavierbegleitung setzte.

XIII.
Der Troubadour im Lied und in der Oper.

1. Der Troubadour im Liede.

Die alten Troubadours wie Gillem de Poitiers, Bertran de Born, Châtelain de Coucy, König Yibaut schwanden mit den Jahrhunderten sammt ihren Liedern aus dem Gedächtniss ihrer Landsleute. Das classische Zeitalter kümmerte sich ebensowenig um sie wie die Epoche der Empfindsamkeit und der Encyclopädisten, die der Revolution hatte aber erst recht kein Interesse an ihnen; erst unter dem Kaiserreich lebten sie wieder auf, aber nicht in ihren Liedern, sondern als Repräsentanten des Sängerthums in neugeschaffenen Gesängen. Was die provençalische Tradition von jenem Gillem de Poitiers erzählt, dass er gut mit den Waffen umzugehen, aber sich auch nicht minder auf Dichten und Singen verstanden habe und überdem einer der artigsten Männer und grössten Frauenverehrer gewesen sei, das wurde zum Charakteristikum der ganzen Gattung, und so verstand man, ohne sich auf weitere historische Finessen einzulassen, unter einem Troubadour kurz und bündig einen ritterlichen Minnesänger oder einen sangkundigen galanten Ritter.

Wir haben oben gesehen, wie d'Alvimare den Troubadour zuerst wieder erstehen liess; da aber die Zeiten dem Thema günstig waren, so fand dasselbe vielen Beifall und grosse Verwendung. Napoleon hatte sich einen neuen glänzenden Hofstaat geschaffen, war aber auch emsig bemüht, die Reste des alten Adels zu sich heranzuziehen; so war er allem gewogen, was die ritter-

lichen Traditionen wachrufen konnte, und dazu gehörte natürlich
vor Allem der Troubadour mit dem Schwert und der Harfe. Auch
die andauernden Kriege, welche den »Abschied von der Geliebten«
nur zu oft aller Orten wiederholen liessen, trugen dazu bei, das
Motiv auszubilden und zu variiren, so dass schliesslich Troubadour-
lieder von jeder Qualität in zahlloser Menge erstanden. Mit Bei-
hülfe der Guitarre verbreiteten sich dieselben unter dem Volk und
der besseren Gesellschaft, entzückten und trösteten, um mit dem
Ende des Krieges, ihrer nächsten Veranlassung, in Vergessenheit
zu sinken oder in neuer Form wieder aufzuleben. Die vielen
»Abschiedslieder«, welche damals in Frankreich angestimmt und
in Deutschland nachgesungen wurden, sind im Grunde nichts als
Nachkömmlinge des Liedes von d'Alvimare; bald wird Harfe und
Schwert, bald das Schwert allein verherrlicht, niemals aber fehlt
die Dame.

Eins der frühesten Erzeugnisse dieser Art ist die von Hortense,
der Königin von Holland, gedichtete und componirte Romanze
»Partant pour la Syrie«, in welcher »der junge und schöne Dunois«
vor seinem Auszug in den Kampf die Mutter Gottes anfleht, ihn
die Schönste lieben und den Tapfersten im Kampfe sein zu lassen,
worauf denn auch der Landesfürst in der letzten Strophe dem
Tapfersten die Schönste zur Gemahlin gibt, nämlich seine Tochter,
die des Reimes wegen Isabelle genannt wird. Die Unterlage
dieser Romanze war eine kleine Oper von Plantade, dem Musik-
lehrer von Hortense Beauharnais im Institut der Madame Campan,
die unter dem Titel »Au plus brave la plus belle« 1794 im
Théâtre Louvois zu Paris aufgeführt wurde; das neue Produkt
ist indess nichts Besonderes, der Text fade und die Melodie
leierkastenmässig, weshalb auch spätere Versuche, eine napoleonische
Nationalhymne daraus zu machen, misslingen mussten.

Ungefähr gleichzeitig entstand »Le Troubadour« von Souvent(?),
der »mit brennender Liebe« in den Kampf hinauszieht und einen
seitdem unzählige Male verbrauchten Refrain anstimmt, nach
einem vorhandenen deutschen Text mit folgenden Worten:

Mein Arm dem Vaterlande!
Mein Herz dem Liebesbande!
Zu folgen stets der Lieb' und Ehre Spur,
Das ist der Wahlspruch für den Troubadour!«

Die Melodie ist mehrfach in Deutschland benutzt worden, der Text
aber mag unserm Theodor Körner bekannt gewesen sein und
die Form seiner Romanze »Treuer Tod« beeinflusst haben, in
welcher der Ritter in den Kampf hinauszieht und seine Dame
tröstet:

> »O weine nicht die Aeuglein roth,
> Als ob nicht Trost und Hoffnung bliebe!
> Bleib' ich doch treu bis in den Tod
> Dem Vaterland und meiner Liebe!«

Die Composition dazu ist von A. E. Choron, dem berühmten
Musikgelehrten und Reorganisator des Pariser Conservatoire, zugleich Begründer einer neuen Unterrichtsmethode; als er 1806
seine ersten Romanzen und Lieder veröffentlichte, befand sich
darunter auch »La Sentinelle«, welche ungewöhnliches Glück machte
und nun in Deutschland neue Bewunderer fand. Uebrigens hat
Th. Körner später bekanntlich jene Romanze ins Leben umgesetzt
und sich als Troubadour in unserer Literatur einen besonderen
Platz errungen. Er war der Sänger und Held, wie ihn Uhland
wünschte, und seine zarte Liebe zu Toni Adamberger wie sein
Tod für das Vaterland haben seine Gestalt mit einer Gloriole
umwoben, welche uns in seinen schönen Anlagen den berufenen
Künstler feiern lässt.

Das Troubadourlied Methfessels (1817) »Ein Harfner jung
und schön« scheint sich wieder direkt an d'Alvimare anzulehnen,
dagegen liegt dem »Troubadour« K. M. von Webers (»Dir,
Vaterland, gehört mein Schwert«), welches in den »zehn schot-
tischen Nationalgesängen« für den Musikalienverleger und Kunst-
freund Georg Thomson in Edinburg enthalten ist, die Uebersetzung von Walter Scotts »the Troubadour« durch Eduard Gehe
zu Grunde. Webers Euryanthe ist keine Troubadouroper, doch
hat sich Helmina v. Chezy bei der Gestaltung des Adolar den
ritterlichen Sänger zum Vorbild genommen, und die Romanze
»unter blühenden Mandelbäumen« soll schlechterdings als Troubadourlied gelten.

Nach und nach verschwanden in Frankreich die Troubadour-
romanzen des ersten Kaiserreichs. Im Anfang der zwanziger
Jahre verfiel die Figur sogar den Witzblättern, und ich erinnere
mich z. B. einer Romanze, in welcher ein Troubadour aus dem

Heiligen Lande zurückkehrt »le luth en main et son arme au
côté«, und vor einem unbewohnten Schlosse die jammernde Stimme
erschallen lässt:

> »Je meurs de faim, abrégez ma souffrance,
> Depuis deux jours appelant le trépas,
> Je n'ai vécu que d'espérance,
> L'espérance ne nourrit pas«.

Erst unter Napoleon III. schien Schwert und Harfe mit dem schönen
Dunois wieder aufleben zu sollen, es gab sogar ganze Cyklen wie
»Le Troubadour du Nord«, sieben Romanzen von Guiliani, und
»Le Troubadour du Pérou«, acht Romanzen von Oscar Comettant;
doch war es nur ein Scheinleben, und heute ist im französischen
Lied der Troubadour sammt Harfe und Dame vergessen.

Länger hielt er sich bei uns kraft unserer angestammten
romantischen Neigung, und so kam es, dass nach Harfe und
Guitarre auch das Klavier die Begleitung übernahm. Seit Meth-
fessel und Weber haben wir noch eine grosse Anzahl von solchen
Gesängen erhalten; der sehr fleissige Liedercatalog von Ernst
Challier[1]) verzeichnet etwa zweiunddreissig Romanzen und einige
Cyklen, es wird ihrer aber ohne Zweifel noch mehr geben. Unter
Anderem hat auch der Herzog von Württemberg ein solches
Troubadourlied »O weisst du, was den wilden Schwan« etc. gesetzt, und ein anderes »Vor seiner Dame Fenster« wurde sogar
achtmal von verschiedenen Musikern componirt; übrigens dürften
auch die Romanzen »Der Sänger geht auf rauhen Pfaden« von
Novalis mit Musik von Luise Reichardt, sowie »Der Sänger sah,
als kühl der Abend thaute« von Karl Hinkel (1815) nach einer
beliebten vorhandenen Melodie zu dieser Kategorie von Liedern
gerechnet werden.

Eins verdient noch ein paar besonderer Worte, die bekannte
»Fahnenwacht«, Gedicht von Feodor Löwe, Musik von Kalliwoda.
Die überaus grosse Verbreitung und Volksthümlichkeit erlangte
es aber erst in der Composition von P. v. Lindpaintner, welche
zuerst in Methfessels »Commers und Liederbuch« 1851 erschien
und von dem berühmten Bariton Pischeck († 1873) in die grosse
Oeffentlichkeit gebracht wurde. Zuletzt wurde es überall, wo
man ging und stand, gesungen, geklimpert, georgelt und geblasen,

---

[1]) (1886) p. 843.

so dass X. Y. gegen diese Landplage zu Felde zog und in den
Setzerkasten eines Unterhaltungsblattes eine lustige Kritik ein-.
fliessen liess, die ihren Zweck so ziemlich erreichte, ohne sich
weiter als mit den vier ersten Zeilen zu befassen:

> »Der Sänger hält im Feld die Fahnenwacht,
> In seinem Arme ruht das Schwert, das scharfe;
> So steht er singend in der dunklen Nacht
> Und spielt dazu mit blut'ger Hand die Harfe.«

»So oft ich dieses Lied hörte«, beginnt X. Y., »hat mich
der Sänger gedauert, nämlich nicht der, welcher es sang, sondern der im Liede besungen wird. Was hat dieser unglückliche
Mann Alles zu thun! Ein Hercules gehört dazu, das in vierzehn
Tagen zu vollbringen, was er auf einmal leisten muss. Zuerst
muss er die Fahnenwacht halten; wie er das macht, weiss ich
nicht, aber es ist doch immer eine Beschäftigung. Ferner: in
seinen Armen ruht das scharfe Schwert. Möglich, dass es über
der langweiligen Fahnenwacht eingeschlafen ist — es ruhe sanft;
aber es ist scharf, und der Arm, in dem es ruht, muss sich vor
Verwundung hüten, der Sänger muss es also flach an den Leib
drücken, denn sonst fällt es, trotzdem es ruht, herunter und
schneidet ihm zwei bis drei Zehen ab. Indem er nun das scharfe
Schwert an sich drückt, steht der Sänger — er kann sich also
nicht einmal setzen — in der dunklen Nacht und singt. Was er
singt, kommt später, nämlich dass er die Dame, die er liebt, nicht
nennt — wir brauchen's auch gar nicht zu wissen. Es ist nur
zu hoffen, dass er nicht zu laut singt, denn sonst wacht am Ende
das ruhende Schwert auf, und es ist wie gesagt scharf. Aber
nun kommt das Beste: dieser unglückliche Mensch, der 1. die
Fahnenwacht, 2. das Schwert zu halten, 3. zu stehen, 4. zu singen
hat, soll nun auch noch die Harfe spielen! Bekanntlich steht
die Harfe nicht von selbst, sondern muss gehalten werden, und
gewöhnlich spielt man sie mit zwei Händen. Wie soll nun unser
Sänger, der steht — beim Harfenspiel muss das unbequem sein
— die Harfe halten? Mit der linken Hand drückt er das Schwert
an den Leib, mit der rechten spielt er — womit hält er die
Harfe? Ich vermuthe mit dem Kinn, das er fest auf die Harfe
stützt, um ihr einigen Halt zu geben. So spielt er also, aber —
neues Unglück! — die rechte Hand, mit der er allein spielen

kann, ist blutig — er ist also doch wohl nicht ganz vorsichtig
mit dem scharfen Schwert umgegangen. Wie gefährlich kann dies
Manöver für ihn werden! Abgesehen davon, dass die Saiten
der Harfe von den darauf fallenden Blutstropfen jedenfalls rosten
werden, kann auch leicht der Brand in die Wunde kommen,
wenn er der Hand nicht Ruhe gönnt und keinen Verband anlegt.
Armer Sänger! Ein Bild des Jammers stehst Du da, gleich einem
Sägebock, im Wundfieber, singst von der Dame, die du liebst
und Gott sei Dank nicht nennst, und willst, du armer Krüppel,
für Freiheit, Recht und Licht kämpfen! Wahrlich, du bedarfst
des Trostes, dass alle Kaufmannsdiener und Harfenmädchen von
Leipzig und Berlin für dich schwärmen«.

Wollte man eine solche Kritik auf die meisten der übrigen
Troubadourtexte — und manch' andre Lieder — anwenden, es
bliebe nicht viel übrig. Sogar dem ältesten Troubadourliede
würde es schlecht ergehen, denn originaliter schreitet der Sänger
nicht so modern daher, wie unsere Uebersetzung beliebt, sondern
»son epée et sa harpe se croisaient sur son coeur«. Zu diesen
schmachtenden Gesängen gehören die angenehm einschmeichelnden
Melodien sowie die naiven Sänger und Zuhörer der Zeit der
Guitarre, welche in den dreissiger Jahren ihren höchsten Ruhm
erreicht hatte. Damals, wo das bescheidene Instrument in jedem
Hause, fast in jeder Familie heimisch war, feierte auch der
Troubadour seine grössten Triumphe, heute aber, wo dasselbe in
die musikalische Rumpelkammer verwiesen und durch das Klavier
ersetzt, vielleicht auch nicht wirklich ersetzt ist, scheint seine
Herrschaft vorüber. Der Sänger der Fahnenwacht dürfte der Letzte
seines Stammes gewesen sein, dem ein veritabler Triumphzug durch
Deutschlands Gauen beschieden war; aber etwas Gemachtes hing
ihm schon an, es fehlte ihm die keusche Einfachheit des Volkslieds.

---

2. Der Troubadour in der Oper.

Lange vor dem Erscheinen der Romanze d'Alvimare's besass
die Oper ihren Troubadour, zwar nicht als Helden der Handlung,
dafür aber in einer historischen Persönlichkeit, nämlich in Blondel,
dem treuen Minstrel von Richard Löwenherz. Unter dem Namen

dieses romantischen Heldenkönigs hatte S e d a i n e eine Oper gedichtet, welche mit meisterlicher Musik von Grétry am 21. October
1784 zum ersten Male in der Comédie Italienne zu Paris in Scene
ging. Als armer, blinder Sänger verkleidet, zieht Blondel mit
seiner Geige — nicht Harfe — von Schloss zu Schloss, um den
gefangenen König zu finden, was ihm auch durch die Intonation
eines von Richard gesungenen Liedes gelingt. Die Arie Blondels
»O Richard, o mein König« war die Achse des Stückes, und deshalb verfehlte Grétry auch nicht, die Melodie neunmal anzubringen
und zwar, wie er in dem ersten Theile seiner Mémoires ausein-
andersetzt, sans accompagnement, avec variation, avec accompagnement, avec les paroles, avec variation à doubles cordes, dann
la moitié du refrain seulement und endlich dans le morceau
d'ensemble sur une mesure différente gesungen. Er hatte sich
grosse Mühe mit der Composition gegeben und dieselbe im modernen
Stil gehalten, »parce qu'il est aisé de croire que le poète Blondel
anticipait sur son siècle, par le goût et les connaissances« ; zum
Dank wurde die Effektnummer zum Volkslied, mit dessen
Verstummen aber auch die Oper in Frankreich ebenso wie in
Deutschland verschwand. Von Adolphe Adam modern instrumentirt und scenisch umgearbeitet nahm sie die Opéra comique 1843
von Neuem auf, der Beifall war momentan nicht unerheblich,
dauerte aber nicht lange an.

Der zweite Troubadour, wiederum ein französischer, erschien
1811 auf dem Hoftheater des Königs Jerôme in Kassel, ohne
dass sich Buch oder Partitur erhalten hätte; ein talentvoller
Dilettant, J. A. Fléché, Kammerherr des Königs, hatte die Composition geliefert. Nun aber folgt ein classisches Werk, der J o h a n n
v o n P a r i s von St. Just und B o i e l d i e u, welcher am 4. April
1812 auf der Opéra comique das Licht der Lampen erblickte. Im
Jahre 1802 hatte der Componist die Tänzerin der grossen Oper,
Clotilde Mafleuroy geheirathet, ebenso berühmt durch ihre Schönheit wie ihre galanten Abenteuer; bald aber wurde ihm das Verhältniss unerträglich, und 1803 entfloh er nach St. Petersburg, wo
er zum Hofcapellmeister ernannt wurde. Als er 1811 nach Paris
zurückkehrte, widmete er der Heimath jenes graziöse Werk, und
diese erwiderte den Gruss mit unbeschreiblichem Enthusiasmus.
Besondere Wirkung erzielte es, wenn Johann von Paris anstimmte

»der Troubadour stolz auf der Liebe Bande«, und die Prinzessin
fortfuhr »Freund Troubadour wisse, was ich begehre«; die Einfachheit der harmonischen Mittel und die Meisterschaft des Tenors
Elleviou machten das Troubadourlied neben der Seneschallarie Martin's zur volksthümlichen Nummer. In den Zeiten der Guitarre
gab es in Frankreich wie in Deutschland kein musikalisches Haus,
wo dasselbe nicht erklungen wäre, ein Umstand, welcher den
Autor bewog, die ihm sehr sympathische Romanzenform auch in
seinen späteren Werken zu berücksichtigen. Ein Fürst Gallitzin
wollte allerdings den Maestro überbieten und componirte den Text
der Romanze Johanns noch einmal; nur zu bald musste er indess
einsehen, dass das, was er als kindliche Schlichtheit verurtheilt
hatte, Ausdruck gereifter Kunst war.

Die nächste Troubadouroper, welche den langathmigen Titel
trägt: »Der Prinz als Troubadour oder der grosse Verführer der
Damen«, hat der Librettist Duval theilweise ganz unverkennbar
nach dem Vorbild des Johann von Paris gearbeitet. Hier ist es
der leichtlebige Herzog von Aquitanien, der, als Troubadour verkleidet, sich mit seinem Minstrel, Berengar du grand Manoir,
in das Schloss des Barons von Tourville einschleicht, um dessen
hübsche Enkelin Laurette zum Zeitvertreib zu gewinnen, aber
dieselbe schliesslich seinem Begleiter überlassen muss, der sie
wirklich liebt. Mehrfach werden Schwert und Harfe besonders
betont und die ritterlichen Gesinnungen von Johann von Paris
und dessen Pagen gelangen fast mit deren Worten zu Gehör;
andrerseits hat wieder Scribe den ersten Vers einer Arie Beren-
gars »plus blanche que la blanche Hermine« ohne Weiteres der
Romanze einverleibt, welche Raoul im ersten Act der Hugenotten
zum Besten gibt. Die Composition zu Duvals Texte war von der
zweiten Berühmtheit des damaligen musikalischen Frankreichs,
Méhul; auch ist die Handlung unterhaltend und die Aufführung
liess nichts zu wünschen übrig, aber die Erinnerung an Johann
von Paris war noch zu lebendig, um einen Erfolg aufkommen zu
lassen (1813).

Ganz anderer Art war die fünfte Troubadouroper, welche
Michel Caraffa 1816 auf die Bühne des San Carlotheaters in Neapel
brachte. Der Held war ein wirklicher Trouvère der Provence,
der Châtelain Raoul de Coucy, der früheste Sänger, von dem wir

ausser den Texten seiner Chansons auch noch die musikalischen
Notationen besitzen. Geboren um 1157, zog er 1190 mit Richard
Löwenherz nach dem gelobten Lande, wo er 1192 im Kampf mit
den Sarazenen fiel. Vor seinem Tode beauftragte er seinen Schild-
knappen, sein Herz der Dame, die er liebe, einer Gräfin von
Fayel, zu überbringen, doch der Ehegemahl bekam dasselbe in
die Hände und liess es in seinem Grimm der Adressatin gebraten
vorsetzen. Als dieselbe die Herkunft der Speise erfuhr, berührte
ihr Mund keine Nahrung mehr, und so starb sie buchstäblich an
dem Herzen des geliebten Sängers.

Diese etwas grausige Geschichte, welche eine alte Chronik
vom Jahr 1380 überliefert und Boccaccio wahrscheinlich in seiner
Geschichte der Frau von Roussillon (Giorn. IV. 9.) benutzt hat,
bildete die Handlung der neuen Oper, welche auf dem Titel den
Namen der Heldin in »Gabriella di Vergi« umgeändert hatte. Sie
muss indessen doch gefallen haben, denn Mercadante brachte
1830 denselben Stoff unter gleichem Titel auf die Bühne und
Donizetti setzte ihn zum dritten Male in Musik. Während
aber dieses Werk erst 1840 in Mailand aufgeführt wurde, war
bereits eine Oper gleichen Inhalts und Titels von Carlo Coccia
1836 in Florenz erschienen, und 1840 folgte eine deutsche
Gabriele von Vergy von Täglichsbeck in einer Aufführung
des Karlsruher Hoftheaters. Der Vollständigkeit halber bleibe
auch nicht unerwähnt, dass ein Ballet mit dem gleichen romantischen Inhalt unter gleichem Titel von Brambilla und Romani
in Mailand und eine Parodie in Form einer ausgelassenen Operette
von Demarquette 1871 in Paris aufgeführt wurden.

Als zwölfte Troubadouroper erschien 1842 in Pampelona
ein spanisches Werk »el trovador« von Don Francisco Porcel,
dann folgte 1846 in Palermo »Il trovatore di Ravenna« von
Bonnano und 1847 in Braunschweig ein Troubadour von Fesca,
dessen Text der Darsteller der Titelrolle, der Heldentenor Schmetzer,
nach einem krausen französischen Melodrama gearbeitet hatte.
Da tritt endlich am 17. Januar 1853 Verdis »Il trovatore« ins
Bühnenleben und beginnt von Rom aus seinen Triumphzug durch
alle Theile der bekannten Welt. Man würde sich von demselben
keinen richtigen Begriff machen, wollte man ihn, um ein heutiges
Beispiel zu nehmen, nach Mascagnis erstem Erfolg beurtheilen;

er war wohl gerade so stürmisch, aber viel nachhaltiger, so dass, Alles in Allem genommen, vielleicht keine Oper dieses Jahrhunderts eine grössere Anziehungskraft entfaltet hat. Indess ist damit die Reihe der Nachfahren von Sedaine und Grétry nicht erschöpft; es folgte 1876 noch eine Pariser Operette »Le Troubadour jonquille« (»der gelbe Troubadour«) von Demarquette, demselben Componisten, der bereits fünf Jahre früher den armen Ritter und Sänger Raoul de Coucy parodirt hatte, endlich am 8. Juni 1886 in London noch eine grosse Oper in 4 Acten »The Troubadour« von Mackenzie, die indess ein sehr stilles Dasein geführt und bald zur Ruhe gegangen zu sein scheint.

Von all diesen 17 Bühnenwerken lebt heute die Verdische Oper noch und hat auch wahrscheinlich, aber nicht blos wegen des mehr oder minder schönen, übrigens erst von Wachtel eingelegten, hohen C der Tenöre, ihre Rolle noch nicht ausgespielt; daneben erklingt zeitweilig der Gesang des ritterlichen Troubadourkönigs in Boieldieus lieblicher Gestaltung und scheint sich neben seinem leidenschaftlichen italienischen Nebenbuhler auch ferner behaupten zu wollen. Allerdings weist der Troubadour in seinen ersten zwei Akten manchen Gassenhauer auf, aber der dritte Akt entschädigt durch ebenso viele Treffer, unter denen das Terzett geradezu eine musikalische Perle genannt werden muss. Haben sich hier die Schattenseiten erst allmälig gezeigt, so hat beim Johann von Paris schon Héquet den Mangel an Gefühl scharf betont, aber die Liebenswürdigkeit und Eleganz der Musik verdeckten denselben zusehends, und so ist es auch geblieben, nachdem er durch den Nebenbuhler noch fühlbarer gemacht worden war. Ob der Eine den Andern schliesslich überleben wird, ob sie Beide mit einander zur Ruhe gehen werden, wer will es sagen; vielleicht erscheint aber noch einmal, wenn der bel canto wieder zur Herrschaft gelangen wird, ein würdiger Enkel der alten Troubadours auf den Brettern.

Druck von Reinhold Mahlau, Fa. Mahlau & Waldschmidt, Frankfurt a. M.